서양사 개념어 사전

서양사 개념어 사전

교양인이 알아야 할 서양 역사의 모든 것

김응종 지음

살림

들어가는 글

『서양사 개념어 사전』 집필을 제안받았을 때 많이 망설였다. 내가 관심을 가지고 공부하는 부분만 조금 알 뿐 서양사 전 부분에 걸쳐서는 부끄러울 정도의 피상적인 지식밖에 가지고 있지 못하기 때문이었다. 그럼에도 불구하고 '사전' 집필이라는 무모한 작업에 나선 것은 정확한 '사실' 인식이 중요하며 그 필요성이 절실하다는 나름대로의 판단 때문이었다.

역사는 사실적인 학문으로 알려져 있으며, 또 그러한 점에서 학문적 가치와 권위를 인정받지만, 역사적 사실을 안다는 것은 불가능에 가까울 정도로 어렵다. 그것은 역사라는 지식이 생산되는 과정을 조금만 생각해 보아도 알 수 있다. 역사는 일어난 사실로서의 역사와 그 사실에 대한 해석으로서의 역사라는 두 가지 의미를 가지고 있다. 그러나 일어난 사실로서의 역사는 그것이 일어난 순간에 사라져 버리고 오로지 사실의 흔적만 남는다. 역사가는 과거의 사실(또는 사실이라고 추정하는 것)이 남긴 '증언'을 가지고 그 사실을 재구성하는데, 역사가가 다루는 '증언' 역시 증인의 주관적인 생각이다. 또한 역사가 역시 주관적으로 증언을 청취할 수밖에 없기 때문에, 또 근본적으로는 증언의 양이 턱없이 적기 때문에, 사실을 정확히 재구성하는 것은 불가능하다. 역사가는 사실에 접근하기 위해서 노력할 뿐이다.

여기서 내가 강조하고 싶은 것은 '노력'이다. 세기말적 현상으로 유행했던 포스트모더니즘에 의하면, 역사는 역사가에 의해서 '만들어지는 것'이고, 그런 점에서 '허구(픽션)'와 다르지 않다. 역사가 허구라는 인식은 본질적으로는 옳으며, 또 그렇기 때문에 역사가들은 포스트모더니즘의 발견을 기다릴 필요도 없이 이미 오래전부터 그러한 한계를 인식하고 있었다. 그러면서도 역사가들은 사실에 근접하기 위해서 '노력'해왔다. 이에 반해, 포스트모더니즘의 '허구론'은 역사가들을 허망하게 만들고 허무주의로 내몰지 않았나 싶다. 포스트모더니즘에 경도된 역사가들은 '사실'은 없다고 속단하고, 사실을 인식하려는 힘든 노력을 아예 포기하고, 역사와 문학의 경계에서, 역사와 예술의 경계에서 '탈경계'의 구호를 외치며 사실주의적인 역사에서 벗어나려는 작업에만 몰두함으로써 결과적으로는 역사를 방기(放棄)하지 않았나 하는 생각이 든다.

역사가들마저 사실을 포기한다면 누가 사실을 말해줄 것인가? 허구와 픽션만이 있고 사실과 진실은 그 어디에도 없다는 말인가? 그렇지 않을 것이다. 소문과 괴담이 세상을 지배하도록 내버려 두어서는 안 된다. 사실은 잘 드러나지 않지만, 분명히 있다. '사실'을 밝히는 것은 참으로 어려운 일이지만 그래도 역사가는 그 노력을 해야 한다. 구도자의 자세로 '사실'을 향해 나아가야 한다. 이것이, 역설적으로, 포스트모던 시대가 역사가에게 부여한 의무가 아닐까 싶다.

사전은 연구서나 연구논문과 달리 기본적인 '사실'을 소개하는 책이기에, 이 책을 집필할 때 최우선적으로 고려한 것은 '사실'을 체계적으로 기술하는 것이었다. 제한된 지면 때문에 내용을 충분히 담을 수는 없었지만, 가급적 '어원'적인 설명을 붙임으로써 독자들 스스로 사실과 개념의 실마리를 풀 수 있도록 했으며, 기존의 해석상의 오류를 바로잡고 관점의 다양화를 유도하여 역사적인 이해도를 높일 수 있도록 노력했다. 그러나 다시 말하지만, '사실'을 아는 것도, '사실'을 쓰는 것도 어려운 일이다. 사전에 담겨있는 내용도 결국에는 집필자의 생각이지 '사실'은 아니다. 사전은 독자들이 더 높은 역사의 세계로 나아가는 것을 도와주는 발판에 불과한 것이다. 사전은 시작이지 끝이 아니다. 독자들이 이 책을 읽고 궁금증을 해결하는 동시에 지적 호기심을 느끼고 역사의 세계로 탐구 여행을 떠날 생각을 하게 된다면 그것만으로도 대성공이다.

이 책의 135개 표제어는 기본적으로 고등학교 세계사 교과서에서 선택한 것이다. 고등학교 교과서에 없는 개념들도 물론 있는데, 그러한 것들은 현대사회를 이해하는 데 꼭 필요하다고 집필자가 판단한 것 가운데 추린 것이다. 종교와 관련된 항목, 파시즘과 관련된 항목이 상대적으로 많은 것은 이러한 이유에서이다. 예리한 독자들은 곧 알겠지만, 역사는 사실만을 건조하게 기록하는 것이 아니다. 역사는, E. H. 카의 말대로, 역사가와 과거의 대화를 통해 만들어지며, 역사가는 역사를 통해서 역사가와의 대화, 그리고 독자와의 대화를 시도하는 것이다. 이 책은 사전이기 때문에 독자들은 관심있는 항목을 찾아볼 수 있게 구성되어 있지만, 마치 연구서를 읽듯이 처음부터 끝까지 읽어도 지루하지 않을 정도로 일관된 흐름을 가지고 있다고 자부한다. 독자들에게 대화를 제안하는 것이다.

이 사전을 쓰는 데 선학(先學)들의 연구를 많이 참고했다. 고마움을 표하기 위해 주(註)를 달아야 마땅하지만 사전이라는 특수성 때문에 그렇게 하지 않은 점 양해를 구한다. 이 작업은 나 자신에게도 사실적인 기초를 다지는 좋은 기회였다. 사실과 해석 모두 중요하지만, 해석을 하는 데에는 사실이 필수적이라는 점, 그리고 조그만 사실 하나가 전반적인 해석을 바꿀 수 있음을 확인할 수 있었다. '사실'을 아는 즐거움을 독자들과 함께 나눌 수 있기를 기대한다.

2008년 여름 김응종

CONTENTS

ㄱ _ 013

가격혁명
계몽사상
고등 법원
고딕 성당
공산주의
공상적 사회주의
공안위원회
공의회
공포 정치
공화국
과학혁명
관용
광교파
교회의 대분열
구체제
국가사회주의
국가이성
귀족
금서 목록
금인칙서
기사도
길드

ㄴ _ 073

낭만주의
낭트 칙령
노예
노예무역
농노
농노 해방

ㄷ _ 093

대학
대헌장
데카브리스트의 난
도나티즘
도덕 경제
도시국가
도편추방제
독일 농민 전쟁
둠즈데이 북
드레퓌스 사건
디거스

ㄹ _ 115

라티푼디움
러시아 혁명
레닌주의
로마네스크 양식
로코코 양식
루터주의
르네상스
리소르지멘토

ㅁ _ 135

마녀사냥
마르크스주의
마키아벨리즘
매카시즘
맬서스의 세계
면벌부
명예혁명
목동 십자군
무정부주의
문화투쟁
미국 혁명
민족주의

ㅂ _ 169

바로크 양식
반교권주의
반유대주의
밸포어 선언
범신론
보나파르트주의
볼셰비키
봉건제
부르주아지
브나로드 운동
비시 정부

CONTENTS

ㅅ _ 199

사회적 다원주의
사회주의
산악파
산업 혁명
삼신분회
상퀼로트
생디칼리슴
성상 파괴 운동
성전 기사단
소비에트
수평파
시오니즘
신성 로마 제국
실재론
십자군

ㅇ _ 233

아날학파
아르미니우스주의
얀센주의
어린이 십자군
에라스투스주의
역사주의
예수회
오리엔탈리즘
왕
유럽연합
유토피아
의회
이단
이신론
인간과 시민의 권리 선언
인종 학살
인클로저

ㅈ _ 287

자본주의
자연법
자유사상가
자유주의
자코뱅주의
장원
재세례파
재정복
전체주의
절대주의
제국주의
젠더
젠트리
조합주의
중농주의
중상주의

ㅊ _ 325

청교도
청교도 혁명
초야권

ㅋ _ 333

칼뱅주의
콘스탄티누스 황제의 기진장

ㅌ _ 341

타보르파
테르미도르 9일
트렌토 공의회

ㅍ _ 347

파리코뮌
파시즘
프랑스 혁명
프로테스탄티즘
프롱드 난
프리메이슨

ㅎ _ 369

한자 동맹
헬레니즘
휴머니즘

ㄱ

001 가격혁명
Price Revolution

가격혁명이란 16세기 중반부터 17세기 중반에 이르는 약 1세기 동안 유럽에서 물가가 급등한 현상을 가리킨다. 이 시기 동안 스페인과 영국의 곡물 가격은 약 3.5배 올랐는데, 당시 기준으로는 그야말로 혁명적이었다.

가격 상승의 원인은 무엇일까? 당시 사람들은 그 원인을 흉작·수출 초과·독점·과중한 세금, 그리고 귀금속의 대량 유입으로 인한 '화폐의 패러독스'에서 찾았다. 특히 귀금속의 대량 유입(처음에는 중부 유럽, 그 다음에는 아메리카 대륙으로부터의 유입)이 화폐의 구매력을 감소시켜 결과적으로 가격 상승을 일으켰음은 부정할 수 없다. 아메리카로부터의 귀금속의 유입이 줄어들면서 가격 상승도 둔화된 것이 그 증거이다. 그러나 우리에게 일반적으로 알려진 것처럼 귀금속의 유입이 가격 상승의 유일한 원인은 아니었다. 페르낭 브로델은 가격 상승의 배후에는 아메리카 대륙에서의 귀금속 채굴을 독려한 유럽의 경제성장에 있다고 말한다. 가격 상승은 보통 호경기의 지표이기 때문이다. 실제로 가격 상승은 아메리카로부터 귀금속이 유입되기 이전부터 일어났는데, 부분적으로는 15세기 후반부터 유럽은 페스트로 격감된 인구를 회복하기 시작했기 때문이다. 인구 압력이 생기면서 곡물 부족

♠ 18세기의 동판화. 미국의 어느 식민지 광산에서 은을 채굴하고 있는 원주민들.

이 발생하고 그에 따라 자연스럽게 곡가가 오른 것이다.

가격혁명은 어떠한 사회적 영향을 끼쳤을까? 사실 이 부분에서는 설명이 혼란스럽다. 고등학교 교과서에는 "가격혁명으로 고정 지대를 받던 봉건 지주나 봉급생활자는 타격을 입었으나 상공 시민 계층과 지대를 부담하던 농노들(농노라는 표현은 다소 시대착오적인 표현이기 때문에 '농민'으로 바꾸어야 할 것이다)의 지위는 향상됐다."고 기술되어 있다. 이 부분에 대한 페르낭 브로델의 설명은 매우 다르다. 브로델은 다음과 같이 설명한다.

인플레이션은 부자에게도 가난한 사람에게도 영향을 준다. 그러나 모든 부자에게 영향을 주는 것은 아니다. 그것은 기업가, 상인, 금융업자들에게는 타격을 주지만 토지를 소유한 영주에게 타격을 입히는 경우는 드물다. 왜냐하면 영주는 이미 지대를 현물로 전환했으며, 현금으로 지대를 받더라도 항상 재사정(再査定)할 권리를 가지고 있었기 때문이다.

영주는 고정된 지대를 받았기 때문에 인플레이션의 타격을 받았다는 전통적인 설명은 브로델의 설명 앞에서 무너진다. 영주들을 고정 지대 앞에서 무기력한 모습으로 그리는 교과서의 설명은 지나치게 단순하며 도식적이다. 가격혁명 시기에 도시의 부자들이 토지나 영주권 구입에 열중했던 것은 그들이 바보였기 때문이 아니라 현명했기 때문이다. 토지를 제외한 모든 사업 부문이 흔들렸다. 특히 은행의 경우엔 대부분의 은행 업무가 계산 화폐로 이루어지기 때문에 인플레이션의 위험에 직접적으로 노출될 수밖에 없었다.

가격 상승의 또 다른 희생자는 기업가였다. 일반적으로 물가가 오르면 임금도 오른다. 가격혁명 당시 유럽의 많은 국가들이 대규모의 임금 상승을 경험한다. 특히 이탈리아의 도시들의 임금 상승의 폭은 주변 경쟁국에 비해 컸는데, 스페인의 임금 상승보다는 낮았지만, 영국이나 네덜란드 심지어는 프랑스의 임금 상승보다 높았다. 결국 문제는 가격이나 임금의 상승 여부가 아니라 비교 우위였기 때문에, 타국에 비해 경쟁력을 확보하지 못한 국가의 기업인들이 심각한 어려움에 처했다. 앞의 고등학교 교과서의 설명은 영국의 사례만을 적용한 것으로 이해된다. 따라서 가격혁명이 결과적으로 자본 축적에 이바지했다고 설명하고 있지만, 이 두 현상 사이에 필연적인 법칙이 개재되어 있는 것은 아니다.

002 계몽사상
Enlightenment

계몽사상(啓蒙思想)이란 영어의 'Enlightenment(빛을 비춤, 계몽)', 불어의 'Lumières(빛)'를 우리말로 옮긴 것이다. 18세기를 지칭하는 '계몽의 세기'라는 말은 역사가들이 만들어 낸 용어가 아니라 이미 18세기의 작가들이 빈번하게 사용한 용어였다. 그만큼 그들은 자신들이 몽매, 미신, 독단 등의 암흑에서 벗어나고 있다고 느꼈던 것이다. 물론 '빛'은 근대 이전부터 세상을 비추고 있었다. 그러나 이때의 빛은 중세의 빛과는 다른 새로운 빛이었다. 중세인들은 '빛은 하느님'이라고 생각했고, 그래서 그 빛을 많이 받아들이기 위해 성당의 창문을 크게 만들고 채색 유리로 장식했다. 그러나 18세기 계몽사상가들은 이러한 '계시의 빛'을 더 이상 열망하지 않았다. 계시의 빛은 인간을 내세의 구원으로 이끌지는 모르지만, 현세의 삶을 그늘지게 만드는 빛이었다. 계몽사상가들은 인간의 이성에서 발현하는 빛을 가지고 세상을 바라보았다. 계몽(빛)은 이성이었고, 계몽 시대는 이성의 시대였다.

이성의 빛이 갑자기 떨어진 것은 물론 아니었다. 르네 데카르트와 베네딕투스 데 스피노자 같은 이성주의 철학자, 토마스 홉스와 존 로크 같은 정치 철학자, 피에르 벨 같은 회의주의자들은 계몽사상의 선구자로 꼽힐 수 있다. 17세기에 이미 데카르트는 신(神)이나 초자연적인 원천을 생각하지 말고 오로지 '자연의 빛'만을 생각하라고 권했다. 17세기 과학혁명도 커다란 영향을 끼쳤다. 계몽사상가들은 뉴턴의 만유인력의 법칙과 같은 인간 사회의 움직임을 지배하는 법칙을 발견할 수 있다고 믿었다. 비유럽 문명에 대한 연구가 활발해지면서 싹튼 성서 비판과 문화적 상대주의 역시 계몽의 정신이 탄생하는 데 기여했다. 17세기의 원(proto) 계몽사상가들이 물리학, 천문학, 의학 등의 자연 탐구에 노력했다면, 18세기의 계몽사상가들은 인간 사회의 모든 영역을 탐구했다. 그들은 이성이 발견한 법칙 위에서 인간의 역사는 무한히 진보할 것으로 믿었다.

계몽사상가들은 지식은 경험에서, 그리고 인간의 이성이 인도하는 관찰에서 비롯된다고 생각했다. 그들은 진리는 아리스토텔레스의 철학이나 성서와 같은 권위가 계시해 주는 것이 아니라 인간이 이성적으로 관찰함으로써 발견할 수 있다고 생각했다. 자연, 자연법, 자연철학, 자연종교 등이 시대의 화두

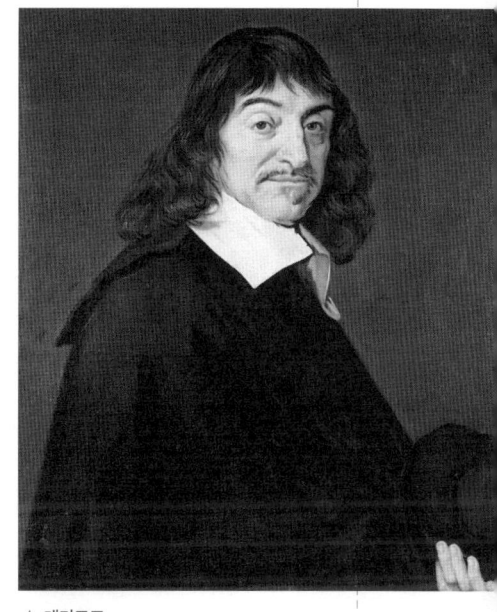

♠ 데카르트
(René Descartes, 1596~1650).

였으며, 그들은 인간의 이성으로는 이해할 수 없는 초자연적인 현상, 기적 등을 더 이상 믿지 않았다. 그들은 자연의 요구에 순응하여 자연스럽게 삶으로써 행복을 얻을 수 있다고 생각했다.

또한 계몽사상가들은 계시종교(啓示宗敎), 특히 가톨릭교회를 인간을 어둠에 빠뜨린 주범으로 보았다. 17세기 회의주의자들은 이성과 신앙 사이에서 고민하다가 무신론적인 생각을 감추거나 신앙주의로 빠지고 말았지만, 디드로나 올바크 같은 계몽사상가는 무신론을 공개적으로 천명할 정도로 대담했다. 디드로는 계몽 시대의 정신을 '자유'라고 말했다. 그러나 볼테르를 위시한 대부분의 계몽사상가들이 종교를 완전히 거부한 것은 아니었다. 그들은 이신론자(理神論者)로서 신(神), 창조, 사후세계의 존재는 받아들였지만 창조주가 자의적으로 현세에 개입하는 것

▲ 계몽시대의 정신을 '자유'라고 말한 디드로
(Denis Diderot, 1713~1784).

은 받아들이지 않았다. 이 세상은 우주와 마찬가지로 기계적인 법칙에 의해 움직일 뿐이라고 생각했다.

프랑스는 계몽사상의 진원지였다. 몽테스키외는 『페르시아인의 편지』(1721)에서 기독교 사회를 대담하게 풍자했으며, 『법의 정신』(1748)에서는 정치권력의 균형을 제안했다. 볼테르는 사회적, 종교적, 정치적 오류와 악을 통렬하게 풍자했으며, 장 칼라스의 결백을 변호함으로써 종교적 불관용을 비판했다. '미신을 타도하라.'는 대(對)기독교 성전의 구호였다. 디드로의 『백과전서』는 계몽사상의 바이블이었다. 이 야심찬 책은 초판 한 질 35권의 가격이 무려 980리브르(당시 노동자 가족의 3년치 생활비에 해당할 정도)였지만, 2만4천 질이 판매될 정도로 관심을 끌었다.

계몽사상은 일사불란한 사상 체계라기보다는 하나의 태도이며 방법이었다. 엠마누엘 칸트는 「계몽이란 무엇인가」(1784)라는 유명한 글에서, "대담하게 생각하라." "알기를 두려워하지 마라."고 역설했다. 이제 인간은 성숙했기 때문에 '알' 수 있으며, 기존의 지식과 권위를 재검토하고 비판할 수 있고, 새로운 지식 체계를 세울 수 있다는 것이었다. 계몽사상가들은 비록 Philosophe로 불렸지만 엄밀한 의미의 철학자가 아니었다. 그들은 현실을 비판하고 개혁하려는 참여 지식인이었다. 여론의 지지가 무엇보다도 중요했기 때문에 그들은 팸플릿과 익명의 전단을 썼고, 잡지와 신문에도 글을 발표했다. 계몽사상은 널리 확산됐다. 부르주아지, 귀족, 성직자뿐만 아니라 군주들 역시 계몽사상을 받아들였다. 계몽사상가들은 민중을 계도하는 '철학자-왕'의 관념을 만들었고, 프로이센의 프리드리히 2세, 러시아의 예카테리나 2세, 오스트리아의 요세프 2세 같은 '계몽전제군주'의 등장을 열렬히 환영했다.

출판은 18세기 경제의 가장 활발한 부문 가운데 하나였다. 출판이 문화적, 지적 교류를 위한 안내자 역할을 했다면 학술 기관들은 그것을 뒤따랐다. 파리와 지방의 아카데미에서는 학술적 논의가 활발하게 이루어졌다. 일상적인 수준에서는 카페, 독서회, 프리메이슨 집회소가 교류의 중심지였다. 이곳에서 온갖 종류의 사상들이 시험되고 교환됐다. 재치있고 지적인 여성들이 주관한 살롱 역시 지적 교류의 광장이었다. 새로운 공론 영역이 비판적인 사상의 토론을 위해 활짝 열렸다. 루이 16세의 재무 대신이었던 자크 네케르에 의하면, 여론은 보석이나 근위병 그리고 군대를 가지고 있지는 않지만 도시, 궁정, 그리고 심지어 국왕의 궁정에 법령을 만들어 좌지우지하는 보이지 않은 권력이었다.

역사적으로 계몽의 세기는 프랑스 혁명까지이다. 알베르 소불은 "프랑스 혁명은 계몽사상의 딸"이라고 말했다. 포스트모던 역사가들은 '역사는 픽션'이라는 명제에 도취되어, '계몽사상이 프랑스 혁명의 딸'이라고 거꾸로 말했다. 이 논쟁이 역사인식론적인 의미를 지니고 있음은 분명하다. 혁명가들은 자기들의 행동을 정당화하기 위해 계몽사상 가운데 '특정한 요소'를 우대했고, 바로 그것을 계몽사상이라고 규정했기 때문이다. 예컨대 혁명가들은 다음과 같은 교리문답을 만들어 전파했다.

문 : 혁명을 준비했던 사람은 누구인가?

답 : 엘베시우스, 마블리, 루소, 볼테르, 프랭클린.

문 : 당신은 이 위대한 사람들을 뭐라고 부르는가?

답 : 계몽사상가.

문 : 그 말은 무슨 뜻인가?

답 : 현자, 인류의 친구.

이러한 문답을 통해 계몽사상—원래는 얼마나 다양하고 모순적인 내용들이었나!—의 형체가 결정됐다. 프랑스 혁명이 계몽사상(우리가 계몽사상이라고 부르는 것)을 만들었다고 말할 수 있는 근거이다.

그렇지만, 계몽사상이 프랑스 혁명에 영향을 주었음을 부인할 수는 없다. 계몽사상가들은 혁명가가 아니었다. 그들은 전복이나 혁명을 원하지 않았다. 그들은 폭력적인 혁명이 아닌 점진적인 개혁을 원했다. 이성의 힘으로 사회의 발전 법칙을 발견하면, 자연에 위배되는 인위적인 힘을 가할 필요가 없기 때문이다. 고등학교 세계사 교과서에는 계몽사상가들이 혁명을 꿈꾸었다는 식으로 기술되어 있는데, 이것이야말로 프랑스 혁명에 의해 만들어진 시대착오적인 해석이 아닐까 싶다.

계몽사상은 해방의 이념이다. 계몽사상은 계시종교의 어두움, 절대왕정의 사슬로부터 인간을 해방시키려는 사상이었다. 이런 의미에서 계몽사상은 휴머니즘이었다. 계몽사상의 제왕인 볼테르는 "인간으로서의 당신의 존엄함을 기억하시오!"라고 말했다. 그들은 스스로를 '인류의 당(黨)'이라고 규정했으며, 혁명가들이 기억하듯이 인류의 친구였다.

혁명과 공포 정치, 전체주의, 홀로코스트 등을 겪은 후, 보수적인 사상가들 특히 독일의 보수주의자들은 이 같은 근대의 일탈의 책임을 계몽사상의 진보 관념과 유토피아적 이성주의에서 찾았다. 반(反)근대적인 포스트모더니즘은 이제까지 해방의 이념으로 인식되었던 계몽사상을 통제의 이념이라고 단죄했다. 그러나 역사학자 조지 이거스가 말했듯이, 계몽사상에서 아우슈비츠에 이르는 길은 형언할 수 없을 정도로 복잡하며, 근대주의의 적대자들이 지녔던 반(反)근대주의에 많은 것을 빚지고 있다. 계몽사상을 대체하는 것은 '야만'일 뿐이다.

▶ 관련 항목 : 프랑스 혁명

003 고등법원
Parlement

프랑스사(史)에서 고등법원을 뜻하는 'parlement'(파를르망)은 영국사에서 의회를 뜻하는 'parliament'와 동일한 어원을 가지고 있다. 'parlement'이나 'parliament' 모두 국왕의 궁정에서 나온 것이나 프랑스에서는 최고법원으로 발전했고, 영국에는 의회로 발전했다.

13세기 초까지도 국왕의 궁정은 가신, 고위 성직자, 고위 관리, 왕족들로 구성되었으며, 분명한 기능을 가지고 있지 않은 느슨한 기구였다. 성왕(聖王) 루이 9세(재위 1226~1270) 시대에 궁정이 분화되어 국왕 재판을 담당하는 특별 기구가 만들어졌으니 파리 고등법원이 바로 그것이다. 고등법원은 국왕이 지방을 순회할 때에도 파리에 남아 국왕 재판을 담당했다. 1259년에 루이 9세가 결투 상소(上訴)를 금지한 것이 고등법원의 초기 발전에 중요한 계기가 됐다. 과거의 결투 상소 제도는 판결에 불만을 느낀 재소자가 재판관이나 그의 대리인과 한판 결투를 하는 것이었는데(재소자가 이기면 재판은 없던 것이 되고, 판사 측이 이기면 재판에 따라야 함), 국왕은 재판인에 대한 결투 신청을 금지하는 대신 교회에서 사용하던 상소 절차를 도입하여 그 상소 업무를 고등법원에 맡긴 것이다.

13세기 말 파리 고등법원은 분명한 성격을 가진 기구가 됐다. 고등법원은 3개 부서로 조직됐다. 가장 중요한 기구는 최종 판결을 내리는 대법정이다. 대법정은 심사 법정과 청원 법정의 지원을 받았다. 1296년 국왕 칙령에 의하면, 대법정의 재판관 47명 가운데 41명이 법률가였다. 처음에는 파리 고등법원이 유일무이한 최고 법원이었으나, 왕령지가 확대되면서 툴루즈 고등법원(1443)을 필두로 1778년까지 모두 13개의 고등법원이 세워졌다. 영화 「마르탱 게르의 귀향」에서 재판이 열린 곳이 바로 툴루즈 고등법원이다. 그러나 파리 고등법원의 중심적 지위는 변함이 없었다. 지방 고등법원이 가지고 있지 않은 국왕과의 특별한 관계를 유지했기 때문이다.

고등법원의 주요 기능은 재판이지만, 그렇다고 해서 고등법원을 사법부로만 보는 것은 잘못이다. 당시에는 입법, 사법, 행정의 삼권이 분리되지 않았기 때문에 고등법원은 행정도 담당했다. 예를 들면 1499년 센 강의 다리가 붕괴되었을 때, 고등법원은 시장을 구속하고 시장의 임무를 대행했다. 고등법원은 일종의 입법권도 가지고 있었다. 국왕은 법을 제정한 후 그것을 고등법원에 보내 등재하는 것이 관례였다. 고등법원은 법의 문제점을 지적하고 수정을 제안하기도 했다. 국왕은 물론 이러한 '진정(陳情)'을 거부할 수 있었다. 고등법원이 등재를 거부하면 국왕은 '명령서'를 보내 등재를 강요했다. 그러면 고등법원은 거기에 응하는 것이 일반적이었다. 그 경우에 국왕은 고등법원에 임석하여 누가 최종적인 권위를 가지고 있는지를 과시했는데, 이것을 '친림법정'이라고 부른다. 비록 제한적이기는 했으나, 고등법원은 이러한 권한을 통해 국왕을 견제하는 역할을 했다.

절대왕정 시대에 삼신분회가 소집되지 않았을 때는 고등법원이 삼신분회를 대신하여 'parliament' 로서의 역할을 수행하려고 했다. 그들 역시 'parlement' 은 'parliament' 와 동일한 기원을 가진다는 사실을 알고 있었던 것이다. 그러나 고등법원은 개혁에 반대하는 입장을 견지했고, 그로 인해 야기된 구체제의 붕괴는 고등법원의 해체로 이어졌다.

004 고딕 성당
Gothic Cathedral

고딕 성당은 12세기 중엽 프랑스에서 건축되기 시작했다. '고딕' 이라는 말은 고트족에서 나온 단어이지만, 고딕 건축 양식과 고트족과는 아무 관계가 없다. 이 용어는 1530년대에 이탈리아의 예술사가인 조르지오 바사리가 투박하고 야만적인 문화를 지칭하기 위해 사용한 말이다. 당시에 '프랑스 양식'으로 알려진 고딕 양식은 첨두아치(끝이 뾰쪽한 아치), 교차아치, 플라잉 버트레스 등의 혁신적인 건축 기법을 통해 로마네스크 양식에 필수적이었던 두꺼운 벽을 없애고 창을 냈으며, 하늘 높이 우뚝 솟을 수 있었다. 이렇게 세워진 고딕 성당은 로마네스크 성당이 단순함과 육중함, 르네상스 양식이 균형과 규칙성을 특징으로 하는데 비해, 경쾌함과 정교함을 특징으로 한다.

1140년경에서 1150년 사이, 파리 근교에 있는 생드니 수도원의 원장인 쉬제는 수도원 교회를 세울 때 성가대서

♠ 플라잉 버트레스.

▲ 고딕성당의 내부.
천정의 아치가 교차되어 있다.

과 본당 부근에 뾰쪽한 아치를 사용했으며, 창을 크게 낼 수 있는 가능성을 실험했다. 그는 그리스도를 경배하기 위해 세워진 교회는 '진정한 빛'으로 밝혀져야 한다고 생각했다. 그는 교회의 성가대석이 완성되자, "성전이 온통 밝고 신비스러운 빛으로 밝혀지게 됐다."며 만족감을 표현했다. 13세기 중엽에 프랑스의 고딕 양식은 파리, 랭스, 아미앵, 샤르트르 등지의 성당에서 조화의 극치를 보여준다. 로마네스크 양식은 어두웠던 반면 고딕 양식은 채색 유리를 통해 들어온 빛으로 그 화려함을 더했다. 이처럼 빛에 매료되었던 중세를 '암흑기'라고 부르는 것은 모순이 아닐 수 없다.

005 공산주의
Communism

'공산주의'라는 말의 기원은 라틴어의 코무니스(communis) 혹은 코무니오(communio)로서, 중세 유럽의 촌락, 공동 이용지를 가리키는 말이었다. '공산주의자'라는 말은 종교개혁 시기에 초기 기독교 이념에 따라 사유재산을 철폐하고 공동체를 수립하려고 했던 재세례파 신도들이 스스로를 '코무니스테'라 칭한 데서 비롯됐다. 프랑스에서 공산주의와 공산주의자라는 말이 체계화된 것은 후기 계몽사상가인 레스티프 드 라 브르톤에 이르러서였다. 촌락에서의 공동체적 토지 소유권을 옹호하는 데서 출발했던 그의 견해는 후기에 이르면 프랑스 사회 전체의 개편에 대한 고찰로 확대됐다.

  정치 행동을 통해 공산주의 이념을 실현하고자 했던 최초의 인물은 프랑스 혁명기에 활동했던 그라쿠스 바뵈프였다. 바뵈프가 지향한 사회는 공동 생산과 공동 분배가 실현되는 공동체 사회였다. 바뵈프의 독창성은 '동등자들의 음모'라는 혁명적 봉기를 기도했다는 점에 있다. 프랑스 혁명기에 등장했던 공산주의 개념은 1840년대 이르러 확산되기 시작했다. 「나는 왜 공산주의자인가」라는 제목의 팸플릿에서 공산주의자임을 자처한 에티엔 카베는 오언, 푸리에, 생시몽 같은 초기 사회주의자들과 공통점이 많았다. 카베는 바뵈프 식의 무장봉기가 아니라 평화적 방법으로 공산주의 촌락을 건설하려 했으나 결국 실패했다. 1842년에 이르면 공산주의는 사유재산을 철폐함으로써 평등한 사회를 세우려는 이념으로 심화됐다. 마르크스는 공산주의란 사유재산의 폐지이며, 인간에 의한, 인간을 위한, 인간적 본질의 진정한 획득이라고 보았다. 마르크스와 엥겔스는 1848년의 「공산당 선언」에서 프롤레타리아 계급투쟁을 통한 사회의 근본적인 개조를 제창했다.

  그러나 1848년 혁명의 실패 이후, 공산주의라는 용어는 불온함과 폭력성의 대명사로 여겨졌다. 그리하여 19세기 후반에 이르면 무산계급 운동의 이론과 실제에서 공산주의라는 용어보다는 사회주의라는 용어가 더 많이 사용됐다. 19세기 후반의 마르크스주의 정당이나 노동 운동 단체들은 공산당, 공산주의 등의 명칭을 사용하지 않았다. 19세기 말로 갈수록 사회주의 지도자들은 혁명적 투쟁보다 국가 체제 내에서의 개량주의적 변화를 선호했다.

사회주의 지도자들 사이에 잊혀졌던 공산주의란 용어를 부활시킨 인물은 레닌이다. 1917년 2월 혁명 발발 후, 귀국하여 발표한 「4월 테제」에서 레닌은 소비에트 공화국의 즉각적인 수립을 요구하면서, 당의 명칭을 사회민주당에서 공산당으로 변경할 것을 제안했다. 생산 수단의 공동 소유 및 개인의 노동 성과에 따른 생산물 분배가 이루어지는 사회주의에서 능력에 따라 일하고 필요에 따라 분배받는 공산주의 단계로 이행해야 한다고 보았기 때문이다.

레닌 사후 권력을 장악한 스탈린 역시 '무계급 사회주의 사회의 완성과 사회주의로부터 공산주의로의 점진적인 이행의 완성'을 목표로 삼았지만, 스탈린 체제는 폭압적인 독재 체제에 지나지 않았다. 소련 공산당 최후의 지도자인 고르바초프는 다음과 같이 공산주의에서 사회주의로의 방향 전환을 선언했다.

> 우리는, 사회주의는 획일적 균등화가 아니라는 것을 분명히 밝혀 두고자 한다. 사회주의는 "각자 능력에 따라 일하고 필요에 따라 분배 받는다."는 원칙에 입각한 생활 조건과 소비 조건을 보장해 줄 수 없다. 그것은 공산주의 하에서의 일이다. 사회주의는 사회적 이익을 분배하는 기준이 다르다. 인간에 의한 인간의 착취가 존재하지 않고 부자와 빈자, 백만장자와 거지라는 구분이 존재하지 않는다. 모든 민족은 평등하고 모든 사람에게는 일자리가 보장된다. 중등 및 고등 교육은 무료이며, 의료 봉사도 무료이다. 노후는 보장된다. 이러한 것이 바로 사회주의 하에서의 사회 정의의 구현이다.

그러나 소련은 사회주의마저 지킬 수 없었다. 능력에 따라 일할 '일자리'와 필요에 따라 분배할 '재화'가 충분하지 않은 상태에서는 공산주의건 사회주의건 기만적인 유토피아에 불과하기 때문이다. 소련의

♠ 1990년 모스크바의 한 광장에서 소련의 건설자 레닌의 포스터가 찢기고 있다.

붕괴에 동반된 사회주의권의 붕괴는 공산주의 및 사회주의 이념 자체가 지구상에서 몰락한 듯한 인상을 주고 있다. 그러나 자본주의의 모순이 존재하고 빈부의 격차가 불만을 일으키는 곳에서는 모든 사람이 "자신의 능력에 따라 일하고 필요에 따라 분배 받는다."는 공산주의 사회에 대한 원초적 열망이 사라질 수 없다.

공산주의 실험 실패는 소중한 역사적 교훈을 남겨 주었다. 공산주의 사회에 도달할 수 있는 물질적인 토대를 결여한 상태에서 원초적 열망을 실현시키려는 무리한 시도는 공산주의에 담겨 있는 인간주의적인 얼굴마저도 파괴해 버린다는 사실이 바로 그것이다.

▶ 관련 항목 : 마르크스주의

006 공상적 사회주의
Utopian Socialism

　공상적 사회주의라는 용어는 마르크스와 엥겔스가 19세기 초의 오언, 생시몽, 푸리에 같은 초기 사회주의자들이 완전한 평등 사회 내지 공산주의 사회를 꿈꾸기만 했을 뿐 그러한 사회를 건설하기 위한 현실적인 방법론을 제시하지 못하고 그저 소박하게 평화적인 수단과 노력, 조그만 실험을 통해서 '새로운 사회적 복음'의 길로 나아가려 했다는 이유로 붙여 준 이름이다.

　마르크스와 엥겔스는 사회주의는 부르주아지와 프롤레타리아의 계급투쟁을 통해 필연적으로 생성된다고 보았다. 자본주의는 자본의 집중과 독점화의 길로 나아갈 수밖에 없고, 이 과정에서 다수의 프롤레타리아가 발생하는데, 프롤레타리아는 부르주아 사회를 전복시키는 혁명을 하게 된다는 것이다. 이렇게 해서 도래하는 사회는 '각자가 능력껏 일하고 필요한 만큼 분배받는 사회'이다. 이러한 과정은 우연에 의해서가 아니라 자본주의의 속성에 의해서 필연적으로 이루어지는 바, 이러한 이론적 인식 위에 서 있는 자기들의 사회주의 이론은 '과학적'이라는 것이다. 엥겔스는 다음과 같이 말했다. "두 가지 위대한 발견, 즉 유물론적 역사관과 잉여가치를 통한 자본주의적 생산의 비밀을 폭로한 것이야말로 마르크스의 공적이다. 이것들이 발견됨으로써 사회주의는 하나의 과학이 됐다."

　'공상적 사회주의자들'은 그들의 사회주의가 '공상적'이라고 말한 적이 없다. '공상적 사회주의'와 '과학적 사회주의'의 구분은 마르크스와 엥겔스의 것이다. 오언, 생시몽, 푸리에의 사회주의가 '공상적'임은 부인할 수 없다. 그리고 그들의 공동체 실험은 모두 실패로 끝났다. 그러면 마르크스와 엥겔스의 사회주의는 과학적인가? 다시 말해 필연적으로 일어날 것인가? 그리하여 인류는 마르크스가 묘사한 이상적인 사회에서 살 수 있을 것인가?

마르크스는 공산주의를 다음과 같이 설명한다. "공산주의 사회에서는 아무도 하나의 배타적인 활동 영역을 갖지 않으며 모든 사람이 그가 원하는 분야에서 자신을 수양할

▲ 앵겔스(좌)와 마르크스(우).

수 있다. 그리고 사회가 생산 전반을 통제하게 되므로 각 개인은 자신이 하고 싶은 대로 오늘은 이 일을 내일은 저 일을, 즉 아침에는 사냥하고 오후에는 낚시하고 저녁에는 소를 몰며 저녁 식사 후에는 비평을 한다. 그러면서도 사냥꾼으로도 어부로도 목동으로도 되지 않는 일이 가능하다." 마르크스와 엥겔스의 자칭 과학적 사회주의 역시 '공상적'임을 부인할 수 없다.

무엇보다도 사회주의 자체가 하나의 유토피아이다. 그것은 말 그대로 '좋은 곳'이기는 하지만 '없는 곳'이다. 그렇다고 우리가 이러한 유토피아를 꿈꾸는 것을 포기할 필요는 없다. 그것은 하나의 이데아로서 현실의 삶과 노력을 이끌어 줄 수 있기 때문이다. '공상적 사회주의'와 '과학적 사회주의'로 구분하는 것은 마르크스와 엥겔스의 자의적인 구분일 뿐 결코 객관적이거나 과학적인 구분이 아니다. '공상적 사회주의'로 부르기보다는 '초기 사회주의'로 부르는 것이 불필요한 환상을 초래하지 않아 좋다.

▶ 관련 항목 : 마르크스주의

007 공안위원회
Comité de salut public

공안(公安)이란 개인의 안전(본래 'salut'라는 개념은 종교적인 '구원'을 의미한다)이 아니라 전체의 안전을 의미한다. 국민 의회는 공안(公安)이 혁명의 핵심적인 개념임에도 불구하고 공안 담당 기구에 권력이 집중되는 것을 우려하여 전담 위원회의 설치를 망설였다. 그러나 전쟁, 전쟁에서의 패배, 그리고 방데 반란 등으로 국가의 안전에 심각한 위험이 닥치자 공안위원회의 설치를 더 이상 미룰 수 없게 됐다.

1793년 4월 6일 베르트랑 바레르의 제안으로 공안위원회가 설치됐다. 공안위원회 위원의 선출 방식은 호명에 의한 선출이었으며 임기는 한 달이었다. 1793년 7월 10일 9명(바레르·장봉 생탕드레·가스파랭·쿠통·에로 드 세셸·튀리오·프리외르 드 라 마른·생쥐스트·로베르 랭데)을 선

♣ 프랑스혁명 당시 공안위원회는 최고의 혁명 지도기관이었다.

출했는데, 가스파랭이 사임하자 로베스피에르가 선출되었고, 카르노·프리외르 드 라 코트도르·비요바렌·콜로 데르부아가 선출되고, 튀리오가 사임하여 최종적으로 12명으로 구성됐다. 이 12인 공안위원회를 '대공안위원회'라고 부른다.

공안위원회는 '정책 수행의 중심'이었고, 모든 행정기관과 공무원들을 직접적인 감독하에 두었다. 공안위원회는 외교·군사·징집·군 조직·군인 감시를 전담했으며, 산하 기관으로 전쟁 문제를 담당하는 지형 측량국·무기 화약 위원회·식량 위원회 등을 두었다. 공안위원회는 체포 명령권도 가지고 있었는데, 이 과정에서 보안위원회와 마찰을 빚기도 했다. 공안위원회는 국민 공회의 여러 위원회 가운데 하나이고, 외무와 군사를 전담하는 위원회였지만, 실제로는 테르미도르 9일까지 혁명 정부의 모든 업무, 특히 공포 정치를 주도했다.

▶ 관련 항목 : 테르미도르 9일, 프랑스 혁명

008 공의회
Council

공의회는 교황이 소집하는 주교회의로서, 보편 공의회와 지역 공의회로 나뉜다. 보편 공의회는 전 세계의 가톨릭 주교들이 모여 교회의 주요 안건을 논의하고 결정하는 회의이다. 보편 공의회는 지금까지 모두 21차례 열렸다. 제1차 보편 공의회는 325년 콘스탄티누스 황제가 소집한 니케아 공의회이고, 마지막 공의회는 1962~1965년에 열린 제2차 바티칸 공의회이다. 지역 공의회는 특정 지역 주교들의 회의이다. 그러나 지역 공의회 역시 교황의 승인을 얻어 소집되며, 지역 공의회에서 결정된 사항도 교황의 승인을 얻어야 공포할 수 있다. 비

♠ 제1차 니케아 공의회는 325년 로마 황제 콘스탄티누스 1세에 의해 소집되었다.

숫한 교회 회의로 '시노드(synod)'가 있는데, 이것은 전 세계 혹은 지역 교구의 대표들이 모이는 회의이며, 의결권은 없고 건의권만 가진다.

아타나시우스는 니케아 공의회가 신성한 공의회라고 주장했다. 보편 공의회는 전 세계의 모든 주교들이 참석하여 결정하기 때문에 오류를 범할 수 없다고 인정됐다. 공의회의 무오류성은 교황의 무오류성과 충돌할 가능성을 내포하고 있었는데, 14세기에 교황청이 오늘날 프랑스의 아비뇽으로 옮겨 가고(교황청의 아비뇽 유수), 교황의 권위가 실추하자, 공의회 수위권(首位權)을 주장하는 교회 개혁 운동이 전개됐다. 교황은 하느님으로부터 권력을 받은 것이 아니라 신자들의 위촉으로 직무를 수행하는 것이며, 공의회가 신자단을 대표하기 때문에, 교회의 최고 기관은 공의회라는 것이 공의회주의자들의 주장이었다. 교황직은 공의회의 집행기관일 뿐이어서 경우에 따라서는 공의회가 교황을 폐위시킬 수도 있다는 것이었다.

공의회 운동은 교회의 자체 개혁 운동으로 평가할 수 있으나, 교황 에우게니우스 4세(1431~1437)가 공의회 운동을 억누르고 교황수위권을 재확립함으로써 실패로 끝나고 말았다. 그 후 교황들은 공의회 운동의 재연을 두려워해서, 16세기에 루터의 종교개혁이 일어났을 때에도 공의회를 적시에 소집하지 못하는 과오를 범했다. 1870년에 열린 제1차 바티칸 공의회는 공의회 수위권을 정죄하고 교황을 일종의 '군주'로 만들었다.

009 공포 정치
La Terreur

공포 정치(恐怖政治)란 프랑스 혁명이 한창이던 1793년 9월 5일부터 1794년 7월 27일까지 혁명 정부가 실시한 잔인한 독재정치를 말한다. 공포 정치를 주도한 로베스피에르는 1794년 2월 5일, '국민 공회가 마땅히 따라야 할 정치 도덕의 원리에 관하여'라는 연설에서 '공포 정치'를 정당화시켰다.

평화 시의 민중적 정부의 활력소가 덕성이라면 혁명 시의 민중적 정부의 활력소는 덕성인 동시에 공포입니다. 덕성이 결여된 공포는 흉악하지만 공포가 결여된 덕성은 무력합니다. 공포는 신속, 준엄하고 확고부동한 정의(正義) 이외에 아무것도 아닙니다. 따라서 그것은 덕성으로부터 도출된 것이며, 하나의 특수한 원리라기보다는 조국의 보다 긴급한 요구에 부합된 민주주의의 일반 원리의 소산인 것입니다.

로베스피에르의 말대로 공포 정치는 당시 혁명 정부가 전쟁과 내전의 협공을 받던 '긴급한 요구'에서 비롯된 것이며, 공포 정치라는 신속하고 준엄한 정의(正義) 덕분에 국가와 혁명을 지켜 냈다고 말할 수 있다. 그러나 공포 정치는 '흉악'했으며 정의롭지 못했다.

1793년 9월 5일에 시작된 공포 정치는 그해 말까지 395명을 기소하여 45퍼센트인 177명에게 사형 선고를 내렸다. 방데 반란의 피해를 입은 서부의 주요 도시에서는 신원만 확인되면 무장 반란자에게 사형을 선고했다. 낭트에 파견된 카리에는 재판도 없이 루아르 강에서 '공화주의식 침례'를 벌여 2천~3천 명의 선서 거부 신부, 즉 반혁명 혐의자들을 수장(水葬)시켰다. 리옹에서는 과격한 혁명 위원회가 1,667명에게 사형 선고를 내렸으며, 기요틴에서의 처형에 시간이 너무 많이 걸리자 일제 사격의 방법을 동원했다.

이것은 하나의 전주곡에 불과했다. 공포 정치는 1794년 6월 10일의 법령에서 절정에 달한다. 피고에 대한 변호와 예비 심문 제도가 폐지되었고, 배심원들은 심증만으로도 심리할 수 있게 되었으며, 판결은 석방과 사형 중 하나만이 가능하게 됐다. 1793년 3월부터 1794년 6월 10일까지 파리에서 처형된 사람의 수가 1,251명이었음에 반해, 이날부터 테르미도르 9일(1794년 7월 27일)까지 한 달 반 동안 처형된 사람의 수는 1,376명에 달했다. 혁명재판소 검사였던 푸키에 탱빌의 표현을 빌면 "사람들의 목이 마치 판암 떨어지듯 잘려 나갔다." 공포 정치 기간 동안 약 30만 명에서 50만 명의 혐의자들이 수감되었으며, 3만 5천에서 4만 명이 처형됐다. 제3신분이 84퍼센트(부르주아 25퍼센트, 농민 28퍼센트, 상퀼로트 31퍼센트), 귀

▲ 프랑스 혁명기의 정치가 로베스피에르 (Robespierre, 1758~1794).

족은 8.5퍼센트, 성직자는 6.5퍼센트였다. 망명을 떠난 사람의 수는 약 10만 명으로 추산된다.

공포 정치는 테르미도르 9일 로베스피에르의 몰락과 함께 종식됐다. 공포 정치는 반혁명 혐의자뿐만 아니라 혁명에 무관심한 자들도 그 처벌 의지에 포함시켰다. 공포 정치는 국가 비상시에 실시된 예외적인 조치이기는 하지만 「인권선언」에 명시된 혁명의 근본정신을 부정하는 반혁명적인 광기였다.

▶ 관련 항목 : 테르미도르 9일

010 공화국
Republic

공화국 혹은 공화정을 뜻하는 'republic'이라는 단어는 라틴어 'res(일, 것, 사물)'와 'publica(공공의)'를 합성한 단어이다. 공화(共和

라는 번역어는 주나라 여왕(厲王)의 폭정으로 반란이 일어나 왕이 도피하자 제후들이 나라를 다스렸다는 '공화 시대'에서 유래했다. 공화국은 '공공의 것'이라는 뜻이니, 그것은 루이 14세가 말했다고 하는 "짐은 국가다."와 대조되는 말이다. 왕국에서는 왕이 주권을 가지며, 왕은 자기의 왕국을 아들에게 물려주는 것이 일반적이다. 반면, 공화국에서는 국민의 선거로 뽑힌 통치자가 일정한 임기 동안 통치하고 물러나는 것이 일반적이다. 공화국의 주권은 국민에게 있기 때문에 공화국은 민주주의 국가이어야 마땅하지만 실제로는 독재국가도 형식적인 선거를 통해 권력을 유지하기 때문에 공화국 가운데에는 얼마든지 군사 독재 국가나 전체주의 국가도 있을 수 있다. 권력을 세습하고 있는 북한이 조선민주주의인민공화국을 표방하는 것을 보면 공화국이라는 체제가 얼마나 선호되는지, 그리고 얼마나 남용되는지를 알 수 있다.

    서양사에 나오는 공화국으로 유명한 것은 로마 공화국이다. 전승에 의하면, 기원전 509년 로마의 귀족들은 에트루리아인 출신의 제7대 왕 타르퀴니우스를 추방하고 왕정을 종식시킨 다음 공화국을 세웠다. 왕이 가지고 있었던 권한은 두 명의 집정관(consul)에게 넘어갔다. 집정관은 민회에서 1년 임기로 선출됐다. 집정관이 두 명이었던 것은 상호 견제로 권력 남용을 방지하기 위함이었는데, 국가 비상시에는 두 명의 집정관 대신 한 명의 독재관을 임명했다. 기원전 44년 브루투스와 카시우스를 위시한 일단의 원로원 의원들은 카이사르가 공화정을 파괴하려 한다는 이유로 그를 암살했다. 그러나 암살이 공화정의 붕괴를 막지는 못했다. 내란을 수습한 옥타비아누스가 수립한 체제는 공화정과는 근본적으로 다른 제정(帝政)의 모습을 띤다.

    아테네 도시국가에서도 왕정이 폐지된 다음 아르콘(Archon)이 통치하는 공화정 시대가 열렸다. 로마의 공화정이 귀족제적인 성격에 머물렀다면, 아테네의 공화정은 민주제적인 성격으로 발전했다고 할 수 있다. 중세 베네치아 도시국가도 공화국이었는데, 총독은 귀족들의 선거에 의해 선출되었으며, 임기는 종신이었다. 영국사에서는 올리버 크롬웰이 1649년에 국왕 찰스 1세를 처형하고 세운 국가 (Commonwealth)가 바로 공화국이며, 프랑스사에서는 1789년 대혁명 이후 1792년에 제1공화국을 세웠다.

▶ 관련 항목 : 왕, 귀족

♠ 로마 공화정 말기의 정치가 브루투스.
(Marcus Junius Brutus, B.C.85~B.C.42)

011 과학혁명
Scientific Revolution

서양의 역사에서 '과학혁명'은 코페르니쿠스가 『천구의 회전에 관하여』를 출판했고, 베잘리우스가 『인체의 구조에 관하여』를 출판한 1543년에 시작하여, 뉴턴이 『프린키피아』를 출판한 1687년에 절정에 달한다. 소위 말하는 '17세기의 과학혁명'은 이같은 일련의 과학적인 발견들을 통해 중세적 패러다임을 무너뜨리고 근대적 패러다임을 수립하는 데 기여했다.

코페르니쿠스의 태양중심설은 아리스토텔레스와 플라톤이 주장했고, 중세 가톨릭교회가 받아들인 지구중심설(geocentrism)을 전복시켰다. 이것은 인간의 우주관을 그야말로 '코페르니쿠스적'으로 전환시킨 혁명적인 주장이었다. 코페르니쿠스가 우주의 구조를 해명한 바로 그 해에 베잘리우스는 소우주 즉 인체의 구조를 해명하는 데 획기적인 진전을 이룩했다. 코페르니쿠스의 지동설은 아리스토텔레스의 원운동 개념에 입각했고, 또 수학적 계산에 의한 것이어서 관찰 결과와 잘 맞지 않았는데, 케플러는 브라헤가 행한 관측 결과를 가지고 이 점을 보완하여 행성들은 타원형 궤도를 따라 태양 주위를 회전한다는 법칙을 발견했다. 갈릴레이는 망원경을 가지고 천체의 움직임을 관찰하여 코페르니쿠스의 이론을 뒷받침했다.

뉴턴은 『프린키피아(자연철학의 수학적 원리)』에서 다음과 같은 근본적인 문제를 제기했다. 첫째, 무엇이 이 무거운 지구를 계속 운동하게 하는가?(코페르니쿠스 이전에는 지구는 운동하지 않는다고 생각했다.) 둘째, 행성들은 궤도를 벗어나지 않고 움직이는 반면, 모든 지상의 물체는 왜 지구의 중심으로 떨어지려는 경향을 가지는가?(코페르니쿠스 이전에는 행성이 천사 혹은 '신적인 지성'에 의해 움직이는 구체 속에 박혀 있다고 생각했다.) 뉴턴은 케플러의 상호 인력 가설을 진지하게 받아들였으며, 베이컨 식의 관찰과 데카르트 식의 수학을 결합하여 만유인력의 법칙을 발견했다.

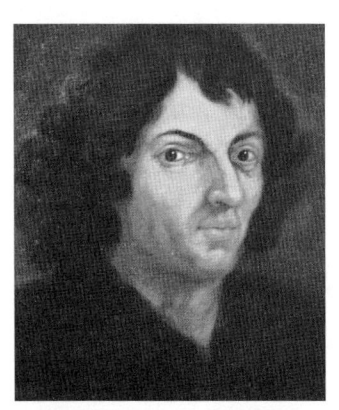

▲ 근세 지동설의 제창자 코페르니쿠스
(Nicolaus Copernicus, 1473~1543).

뉴턴의 법칙에 의하면 "우주에 존재하는 모든 물체의 소립자들은 모든 다른 소립자들을 끌어당긴다. 이 때 발생하는 인력은 두 물체 사이의 거리의 제곱에 반비례하며 두 물체의 질량의 곱에 비례한다." 이 법칙이 지상과 하늘의 영역에서 경험적으로 증명되었기 때문에 그것이 모든 운동을 설명한다는 데에 의문의 여지가 없었다. 과학사가들은 뉴턴의 법칙을 '인간 정신이 이룩한 가장 위대한 업적'으로 간주한다.『프린키피아』의 출간은 과학혁명이 이룩한 최고의 사건이었다. 왜냐하면 이 책은 코페르니쿠스, 케플러, 갈릴레이가 제시한 천문학과 물리학 이론들을 재정립했으며, 코페르니쿠스의 태양중심설에서 제기된 주요 문제들을 깔끔하게 해결했기 때문이다. 동시대의 시인 알렉산더 포프는 다음과 같이 노래했다. "자연과 자연의 법칙은 암흑 속에 묻혀 있었다. 하느님이 이르시기를, 뉴턴이여 존재하라 하시자 모든 것이 빛 속에서 모습을 드러냈다."

♠ 코페르니쿠스의 이론에 기초한 천체 설명 기구.

태양중심설은 지구중심설에 젖어 있던 기독교 신앙과 사회에 대한 충격이자 위협이었다. 교황과 절친했던 갈릴레이가 이 때문에 이단으로 몰려 박해를 받은 것을 보면 그 정도를 가늠할 수 있다. 케플러와 데카르트는 우주의 수학적 질서를 증명하는 것은 하느님의 영광을 드높이는 길이라며 몸을 사렸다. 그러나

♠ 뉴턴(Sir Isaac Newton, 1642~1727).

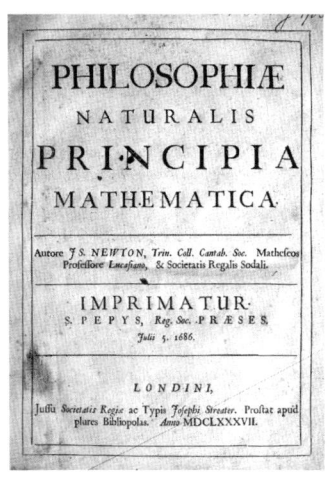

▲ 뉴턴의 『프린키피아(Principia)』.

이제 지식인들은 거대한 시계와 같이 움직이는 기계적 우주에서 신의 자의적이며 기적적인 개입은 더 이상 필요하지 않다고 확신하게 됐다.

근대 과학의 발달은 서양 문명의 특징이었으며, 서양 문명을 다른 문명들과 구분해 주는 이정표가 됐다. 과학혁명은 다른 지적 분야에도 영향을 주어 합리주의 정신을 고양시키는 데 이바지했다. 로크는 뉴턴이 우주를 움직이는 질서와 법칙을 발견한 것처럼 인간 사회를 움직이는 질서와 법칙을 발견하려 했고, 계몽사상가들은 사회의 무질서와 불합리를 제거하려 했다. 17세기 과학혁명은 18세기 계몽사상으로 이어지는 것이다.

▶ 관련 항목 : 이신론, 계몽사상

012 관용
Tolérance

1995년 11월 16일 유네스코는 '관용에 대한 원칙들의 선언'을 채택하면서, 관용은 호의, 묵인, 무관심이 아니라 세계 문화의 풍부함과 다양함을 존중하고 평가하는 것임을 천명했다. 관용은 인간의 보편적인 권리와 타인의 근본적인 자유를 인정하는 것이기 때문이다.

유네스코의 '관용론'은 관용론의 역사를 그대로 보여준다. 관용을 뜻하는 'tolérance'는 'tolérer'의 명사이다. 'tolérer'의 뜻은 '참다', '견디다', '묵인하다', '너그러이 봐주다'이다. 중세에는 관용이 없었다. 가톨릭은 이교는 물론이고 이단에 대해서도 묵인하지 않고 가혹하게 박해했다. 이단을 묵인하거나 관심 없어 하는 것은 그 자체로 악이라고 생각했기 때문이다. 관용이라는 관념이 등장한 것은 16세기 말에 종교 전쟁의 참극을 겪고 나서이다. 가톨릭 통일 세계가 깨지고, 프랑스 내에서 프로테스탄트 세력이 무시할 수 없을 정도로 강해졌으며, 두 종교 사이에 30년간 종교 전쟁이 벌어졌다. 더 이상 중세에서처럼 손쉽게 '이단'을 박해할 수 없게 되자 가톨릭교회는 '관용'하지 않을 수 없게 됐다. '묵인'하게 된 것이다.

'관용'은 인정하지 않는 것을 편의상 받아들이는 것이다. 1598년의 역사적인 낭트 칙령도 이러한 의미에서 프로테스탄트들을 관용한 것이다. 그것은 국내의 평화라는 목적을 위해 일시적으로 용인한 것이다. 국가와 가톨릭교회가 충분한 힘을 가지게 되면 '관용'을 철회할 것이었는데, 실제로 1685년 루이 14세는 낭트 칙령을 폐지하면서 프로테스탄트들에게 개종을 강요했다. 이렇게 원래 '관용'의 의미는 소극적이었다. 1694년 아카데미 프랑세즈가 정의한 관용(tolérance)의 의미도 '강제로 어떻게 할 수 없는 것을 용인하는 것'이었다. 관용은 사회의 질서와 평화를 위한 실용적인 수단에 불과했다. 관용은 수혜자가 아니라 시혜자의 덕목이었다.

17세기 말에는 두 명의 위대한 관용론자가 등장한다. 존 로크는 1685년 『관용서신』에서 양심의 자유는 자연권이기 때문에 누구도 폭력으로 종교를 강제해서는 안 된다는 점을 체계적으로 설명했다. 그러나 로크는 무신론자와 가톨릭을 관용에서 배제했으며, 공공질서를 유지하기 위해 필요하면 국가는 종교 문제에 간섭할 권리가 있음을 인정

했다. 로크에게 있어서도 관용은 소극적이며 도구적인 성격을 지니고 있었던 것이다. 로크와 동시대인이었으며, 루이 14세의 박해를 피해 네덜란드에 망명해 있던 피에르 벨은 무신론자와 가톨릭을 포함한 모든 사람에게 종교의 자유를 인정해야 한다고 주장했다. 나아가 벨에게 있어서 관용은 타인에 대한 무관심이나 임시방편이 아니었다. 사회의 질서와 평화는 이단이나 이교를 관용하기 때문이 아니라 이들을 강제

♠ 30년 전쟁(1618~1648) 당시의 바이서베르크 전투. 1620년 11월 8일, 프랑스 바이서베르크에서 티리가 이끈 카톨릭군은 프로테스탄트 제후군을 격파했다.

로 개종시키려 하기 때문에 깨지는 것이었다. 따라서 벨에게 관용은 평화를 유지하기 위한 일시적인 수단이 아니라 필수적인 수단이었다. 이렇게 해서 관용의 의미는 소극적인 차원에서 적극적이고 긍정적인 차원으로 변해 갔다. 이성의 빛으로 볼 때 불관용은 옳지 않았다. 관용이 시혜자의 덕성이 아니라 수혜자의 권리로 옮겨가고 있었던 것인데, 그 완성된 형태는 루소에게서 발견된다. 루소에게 있어서 관용은 사회

▲ 영국의 정치 사상가 로크
(John Locke, 1632~1704).

의 질서나 평화와는 무관하게 그 자체로 선이었다.

1789년 8월 28일 프랑스 혁명 직후, 국민 의회에서 '인간과 시민의 권리 선언'의 조항들을 논의할 때, 프로테스탄트 목사인 라보 생테티엔은 다음과 같이 '관용'과 자유를 구분했다. 라보 생테티엔의 발언은 '관용'의 의미 변화를 그대로 담고 있다.

여러분, 내가 요구하는 것은 관용이 아니라 자유입니다. 관용, 그것은 '용인', '용서', '베풀기' 입니다. 종교의 차이, 의견의 차이가 범죄가 아닌 한, 그것은 반대파들에게는 대단히 부당한 관념입니다. 관용, 나는 이제 그것이 금지될 차례라고 주장합니다. 우리를 연민의 대상으로, 용서받을 죄인으로만 여기는 이 부당한 말은 금지되어야 합니다. 그들은 우연과 교육에 의해서 우리와는 다른 방식으로 생각하게 된 것일 뿐인데도 말입니다. 여러분, 오류는 범죄가 아닙니다. 그것을 주장하는 사람은 그것을 진리라고 여깁니다. 그것은 그에게는 진리입니다. 그는 그렇게 말하지 않을 수 없습니다. 어느 누구도, 어떤 사회도, 그가 그렇게 하지 못하도록 막을 권리는 없습니다.

종교의 자유는 시혜가 아니라 권리임을 인정받는 데에만 종교 전쟁에서 프랑스 혁명까지 200여년이 걸렸다. 관용의 의미도 '베풀기'에서 타인의 자유와 권리의 인정으로 변했다. 전통 사회에서 타인은 종교적 이단이나 이교에 국한되었으나 이제 그것은 종교, 정치적 신념,

인종 등으로 확대됐다.

한국 사회에서도 타인에 대한 관용이 점점 중요해지고 있다. 정치적, 종교적, 인종적으로 타인과의 접촉이 늘어나고 있는 상황에서 중요한 것은 관용의 긍정적이고 적극적인 의미를 이해하고 실천하는 것이다. 나와는 다른 정치적, 종교적 신념을 가진 사람들을 내가 너그럽게 또는 불가피하게 받아들이는 것이 아니라, 그들이 나와 공존하는 것은 그들의 권리라고 인정해야 한다. 예컨대 외국인이 한국에서 사는 것은 그들의 권리라고 인정해야 하는 것이다. 우리도 과거 어느 때에는 외국인이었기 때문이다. 그들은 단지 우리보다 늦게 온 외국인이기 때문이다. 환인의 '서자'인 환웅부터 이주해 들어온 사람이 아니던가.

013 광교파
Latitudinarianism

latitude(폭, 허용, 관용)라는 말에서 파생된 이 경멸적인 용어는 17세기 말 영국 국교회의 일부 관용적인 신학자들에게 붙여진 호칭이다. 이들은 이성의 권위를 존중했기 때문에 신자의 이성과 자유를 억압하는 법적·교리적인 지배는 필요하지 않으며 구원에도 도움이 되지 않는다고 주장했다. 이들은 '하느님은 개인의 영혼의 도덕적인 상태'에만 관심을 가진다며 도덕을 강조했고, 도그마에 반대했다. 종교의 근본적인 핵심 이외의 교회 조직, 교리, 제식 같은 것에는 냉담했다.

또한 광교파는 동시대의 진보적이고 자유주의적인 움직임에 동참했다. 이들은 데카르트의 '기계론적' 철학에서 영감을 받았으며, 아이작 바로우와 아이작 뉴턴의 수학을 새로운 '빛'의 시대의 신호라고 환영했다. "참된 철학은 진정한 신성(神性)을 해치지 않는다."고 주장했는데, 이것은 성서와 이성의 빛을 조화시키는 것이었다. 한 마디로 이들은 관용적이었다. 광교파의 신학 사상은 공식적으로는 비판을 받았지만, 18세기 영국에서 지배적인 위치를 차지했다.

014 교회의 대분열

역사에서는 그리스도 교회의 대분열을 두 번 볼 수 있다. 하나는 1054년에 그리스도 교회가 로마 가톨릭과 그리스 정교회로 갈린 것이고, 다른 하나는 로마 가톨릭교회 내에서 1378년에서 1417년까지 교황이 2명―나중에는 3명―나온 것이다.

처음부터 로마 주교가 수위권을 인정받은 것은 아니다. 초기 교회에서는 로마, 알렉산드리아, 안티오키아 주교가 두드러졌는데, 그 이유는 이 도시들이 가지고 있던 정치적인 중요성 때문이었다. 로마 황제의 권좌가 로마에서 콘스탄티노플로 옮겨가자 새로운 수도 콘스탄티노플의 위상이 높아졌다. 로마는 비록 수도로서의 지위는 상실했지만 베드로의 무덤이 있는 곳이며, 주교들이 베드로의 후계자를 자처했기 때문에 여전히 높은 권위를 누리고 있었다. 이슬람의 침입으로 알렉산드리아와 안티오키아가 쇠퇴하자, 로마와 콘스탄티노플로 대립 구도가 단순화됐다.

로마 주교는 교황으로서의 수위권을 주장했으나, 동방교회는 교황의 수위권을 인정하지 않았다. 따라서 동방교회에 로마 교황의 수위권을 강요하는 것은 분열을 유발시키는 것이었다. 교리상에도 차이가 있었다. 동방교회는 381년 콘스탄티노플 보편 공의회의 결정대로 성령

♠ 1204년 십자군 원정대의 콘스탄티노플 입성.

이 성부에게서 나온다고 보았으나, 서방교회는 성령이 성부와 성자에게서 나온다고 수정했다. 로마 교회는 동방교회와 상의 없이 "성자에게서도 나온다(filioque)."는 구절을 삽입한 것이다. 동방교회에게는 공의회의 결정이 교황의 결정보다 우월한 것이었다. 또 동방교회는 로마 교회가 성직자 독신주의를 강요하고, 견진성사의 권한을 주교에게만 부여하며, 성체 성사 때 효모가 들어 있지 않은 빵의 사용을 강요하는 것에 대해서도 분개했다.

두 교회의 분열은 성상 파괴 운동을 거치면서 점점 심각해졌다. 마침내 교황 레오 9세가 총대주교 미카일 케롤라리우스와 추종자들을 파문하고 총대주교 역시 파문으로 보복함으로써 1054년에 대분열이 일어났다. 특히 1204년 십자군 원정자들이 콘스탄티노플을 점령하고 파괴하자 동방교회의 적대감은 극에 달했다. 그 후 리옹 공의회(1274)와 페라라-피렌체 공의회(1439)에서 재연합을 모색했으나 비잔티움 교회는 거절했다. 분열은 지금까지 계속되고 있다. 대분열 이후, 서방교회는 보편성을 내세우기 위해 'catholic'이라는 단어를 강조하고 동방교회는 니케아-콘스탄티노플 신경에 충실함을 내세우기 위해 'orthodox'라는 단어를 강조하고 있다.

가톨릭교회의 보편성은 중세 말에 크게 위협받았다. 교황청이 약 70년간의 '아비뇽 유수'를 끝내고 로마로 귀환한 후, 로마인 아니면 최소한 이탈리아인이 교황이 되어야 한다는 로마 시민들의 요구에 따라 바리의 대주교가 교황 우르바누스 6세로 선출됐다. 그러나 아비뇽 유수 시절의 추기경들은 교황 선출이 강압에 의한 것이기 때문에 무효라고 선언한 후, 주네브의 로베르를 교황 클레멘스 7세로 선출했다. 유감스럽게도 우르바누스는 물러나지 않았고, 클레멘스 7세는 아비뇽으로 돌아갔다. 이렇게 해서 각각 추기경단과 행정기관 나아가 수도회들을 가진 두 명의 교황이 대립하게 된 것이다. 두 교황의 추종자들은 대체로 국가별로 나뉘었으며, 그 때문에 정치적 반목이 조장됐다. 교황들이 상대방에게 저주를 퍼부으면서 대립하는 광경은 교황의 위신을 추락시켰고 엄청난 종교적 혼란을 초래했다. 어느 쪽에 붙어야 구원을 받을 것인가!

이 분열을 해소하기 위해 파리 대학에서는 두 명의 교황이 동시에 그만두거나 독립적인 재판 기관 또는 공의회의 판결에 따를 것을 제안했다. 이 마지막 제안은 점증하는 공의회 운동과 일맥상통하는 것이었다. 이 운동에 따르면 공의회는 교황보다 더 큰 권위를 가지기 때문에 양쪽 모두 이 제안을 받아들이지 않았다. 1409년, 분열을 종식시키기 위해 피사에서 공의회를 열어 제3의 교황인 알렉산데르 5세를 선출했다. 그러나 이탈리아 교황도 프랑스 교황도 물러나지 않았다. 이렇게 해서 3명의 교황이 난립하게 된 것이다. 알렉산데르 5세는 요한네스 23세에게 자리를 넘겨주었고, 요한네스 23세는 지기스문트 황제의 압력에 못 이겨 1414년에 콘스탄츠 공의회를 소집했다. 이 공의회는 요한네스 23세를 퇴위시키고 로마 교황인 그레고리우스 12세의 사임을 받아들였으며, 아비뇽의 교황 베네딕투스 13세의 요구를 거절했다. 1417년 11월 마르티누스 5세의 선출로 분열은 종식됐다.

콘스탄츠 공의회 참석자들은 공의회 중심의 교회 정부 수립을 요구함으로써 교황 군주 국가 이론에 도전했다. 그러나 공의회 운동은 1431년과 1449년의 바젤 공의회에서 실패로 끝났다. 그 다음 개혁 운동은 독일의 수도자 마르틴 루터에 의해 재개되나, 그것은 개혁이 아니라 교회의 분열로 폭발하고 만다.

015 구체제
Ancien Régime

프랑스의 역사에서 '구체제(Ancien Régime)'는 16세기에서 프랑스 혁명까지의 시기를 말한다. 그것은 연대적으로 전(前) 시기이면서 동시에 질적으로도 낡은 시기라는 의미를 담고 있다. 1789년 프랑스 혁명은 자신이 무너뜨린 체제를 '구체제'라고 명명함으로써 스스로를 '신체제'라고 규정했다. 1790년 초에 출판된 한 사전에 의하면 "정치에서, régime은 행정, 정부와 같은 뜻이다. 구체제(ancien régime), 그것은 혁명 이전에 존재했던 구(舊)행정이다. 신체제(nouveau régime)는 혁명 이후에 채택된 행정으로, 진정한 애국자들이 행복을 기대하는

♠ 프랑스혁명 당시 바스티유 감옥을 함락시키는 민중들.

행정이다. 그것은 구체제가 허용한 남용을 먹고 자란 기생충들을 좌절시키는 행정이다." 혁명사가들은 대체로 혁명사 서술을 '구체제의 모순'에서부터 시작함으로써 혁명가들의 인식을 정당화시켜 주고 있다.

다른 한편으로, 프랑스의 역사에서 구체제의 시기는 '근대'의 시기이다. 다시 말해서 국가가 점차 종교의 지배에서 벗어나 세속화되었으며, 정치 · 경제 · 사회 등 제반 부분에서 제도가 정비됐다. 따라서 '구체제'와 '신체제'는 그렇게 대조적인 체제가 아니라 어느 정도 연속성을 지닌 체제일 가능성이 높은데, '구체제'라는 말을 학술적으로 정립하는 데 기여한 알렉시 드 토크빌의 『구체제와 혁명』(1856)에서 그러한 인식을 찾아볼 수 있다. "행정의 중앙집권화는 대혁명이나 제정의 산물이 아니라 구체제의 제도이다.", "루이 16세의 치세는 군주정 최고의 번영기였다. 그리고 어떻게 이러한 번영이 혁명을 재촉했는가." 같은 장(章)들의 제목, 그리고 다음과 같은 구절은 구체제가 모순과 침체의 늪에 빠져 있던 체제라는 선입견을 불식시킨다. "1780년에 프랑스가 쇠퇴하고 있었다고 주장하는 사람은 아무도 없다. 그와 반대로 프랑스의 진보는 끝없이 계속될 듯이 보였다. 인간의 무한한 완전 가능성 이론이 탄생한 것도 바로 이때였다."

구체제는 종교가 우위에 있었던 시기였다. 가톨릭은 왕의 종교였고, 그래서 이론적으로 모든 프랑스인은 가톨릭이었다. 모든 창조와 권위의 궁극적인 원천은 하느님이었다. 왕은 왕국의 최고 입법가이며 보호자였다. 왕은 하느님으로부터 권력을 부여받았으며, 모든 프랑스인은 왕의 '신민'이었기 때문에 왕에게 복종해야 했다. 사회는 전통적으로 세 신분으로 나뉘었으며, 모든 사람은 전통과 법에 의해 정해진 자리가 있었다.

구체제는 나름대로의 원리에 의해서 움직였으며, 다른 모든 체제와 마찬가지로 밝은 면과 어두운 면을 가지고 있다. 구체제라는 기계에 고장이 생겼을 때 혁명이 일어났고 신체제라는 새로운 기계가 만들어진 것이지 그것이 원래부터 고장 나 있던 것은 아니다. 토크빌은 이 두 기계가 그렇게 다르지 않다고 보는 것이다. '구체제는 모순된 체제'라는 말은 프랑스 혁명가들이 자기들의 행위를 정당화하기 위해서 만들어 낸 담론이다. '중세는 암흑기'라는 말이 르네상스인들이 만든 담론인 것과 마찬가지로, 하나의 편견에 불과하다.

▶ 관련 항목 : 왕, 프랑스 혁명

016 국가사회주의
Nazism

　국가사회주의는 1920년 히틀러가 창설한 국가사회주의 독일 노동자당(National-Sozialistische Deutche Arbeiter-partei)에서 나온 말이다. 여기에서는 'National'을 '국가적'이라고 번역했지만 사실 'National'이라는 말은 '국가적'이라는 의미 외에도 '민족적'이라는 의미를 가지고 있다. 다의적인 용어를 옮길 때에는 부득이 하나의 의미를 선택할 수밖에 없는데, 과연 '국가적'을 택할지 '민족적'을 택할지 고민되는 순간이다. 우선 이 말은 '사회주의 인터내셔널'에 대한 대응 개념이라는 점에서, 사회주의 인터내셔널의 국제주의에 대응하는 '국가주의'라는 의미를 지니고 있다. 그렇지만 히틀러는 민족 공동체의 구성을 제창했으며, 그것은 단순히 독일이라는 국가의 경계 내에 국한되는 것이 아니라 독일 민족을 포괄하는 새로운 국경을 만드는 것이라는 점, 그리고 전선은 이렇게 외부에만 형성되는 것이 아니라 국가 내의 적(敵)인 '바람직하지 않은' 민족을 상대로도 형성된다는 점에서 '민족적'이라는 용어도 상당히 유력하다. 우리는 흔히 '국가사회주의'라고 하지만 '민족사회주의'라는 용어가 더 적절하지 않을까 싶다.
　'국가사회주의'라는 용어는 프랑스의 민족주의 작가인 모리스 바레스가 민족주의와 사회주의 그리고 반유대주의를 결합하여 만들어 낸 말이다. '국가사회주의'가 현실화된 구체적인 사례는 1911년 프랑스의 프루동 서클이라고 할 수 있다. 이것은 '유대인 자본주의'에 대한 공격적인 활동을 통해 민족주의자와 좌익 반민주주의자들을 통합하려는 목적으로 만들어진 연구회였다. 이 모임을 만든 사람은 예전에 샤를 모라스가 세운 악시옹 프랑세즈에서 과격분자로 활동했던 조르

♠ 1935년 타넨베르그의 행렬 중앙에 위치한 히틀러.

주 발루아였다. 발루아는 노동계급을 마르크스주의적 국제주의에서 국가와 민족으로 전향시키는 데 집중하기 위해 모라스에게 결별을 고했다.

히틀러는 『나의 투쟁』(1925)에서 국가사회주의 즉 나치당의 이데올로기를 정립했다. 나치즘은 피(血)의 질이라는 인위적인 기준에 의해 인간을 구분한다. 나치즘에 따르면 게르만족은 천재적인 재능을 지니고 있는 우월한 종족이기 때문에 열등한 종족들을 지배하고, 열등한 종족은 생존하기 위해서는 우월한 종족의 지배를 받아들여야 한다. 나치 정당은 사회주의적인 프로그램을 정당에 포함시켰다. 그것은 정당의 이름뿐만 아니라 국기에도 반영되어 있는데, 히틀러는 공산당에게 붉은 색의 독점을 허용하지 않기 위해서 붉은 색을 선택했노라고 밝히고 있다. 사실, 나치즘의 공적(公敵)이 공산주의라는 사실을 아는 사람들에게 나치가 '사회주의'를 표방한 것은 의아스러운 일이 아닐 수 없다. 나치즘이 사회주의를 표방한 것은 나치당 지도자들 사이에서도 심각한 불화를 초래했다. 일찍이 조셉 괴벨스는 나치즘을 '국가적 볼셰비즘'이라고 정의했다. 히틀러는 1934년에 나치즘과 공산주의의 친연성을 선언했다.

> 독일이 볼셰비키가 되는 것이 아니라 볼셰비즘이 일종의 민족사회주의가 될 것이다. 뿐만 아니라 우리와 볼셰비즘을 나누는 요소들보다는 결합시키는 요소들이 더 많다. 이 모든 것보다 더 유사한 것은 진정으로 혁명적인 감정인데, 이것은 마르크스주의자 유태인들이 있는 곳을 제외하고 러시아 전역에서 생생하다. 나는 언제나 모든 것을 고려하며, 과거의 공산주의자들이 지체 없이 당에 가입하기를 명령한다. 프티 부르주아 사회주의자와 노동운동 지도자들은 민족사회주의자가 결코 될 수 없을 것이다. 그러나 공산주의 투사들은 민족사회주의자가 될 수 있다.

이론적인 측면에서 볼 때 나치즘과 마르크시즘의 차이는 뚜렷하다. 마르크시즘은 평등한 사회를 이상화한 반면, 나치즘은 위계적인 사회를 지향했다. 마르크시즘은 사유재산을 폐지한 반면, 나치즘은 사유재산을 인정했다. 그러나 실제적인 차원에서 볼 때 두 체제 모두 전체주의적인 체제였다. 나치즘이나 공산주의나 시민들의 삶의 모든 측면을 지배하고 통제하려고 한다. 시민들은 요람에서부터 당이 통제하는 조직에 들어가며 당을 위해, 국가를 위해 봉사하도록 조련된다. 나치즘에서는 비록 사적 소유권이 폐지되지는 않았지만, 생산수단의 실질적인 소유는 정부의 수중에 있다. 나치 독일에서는 자유 기업이 사라졌으며, 자유 기업가도 사라졌다. 이들은 중앙 생산 조직국에서 내려오는 명령에 복종하지 않으면 안 됐다. 이러한 체제는 자본주의 및 시장경제와는 아무런 관계가 없었다. 그것은 단순히 독일적 유형의 사회주의였을 뿐이다.

국가사회주의 혹은 민족사회주의는 소련이 표방한 국제적 사회주의에 대응하는 사회주의였다. 히틀러의 국가사회주의는 사회주의로 가는 또 다른 길이었으며, 사회주의로의 성급한 길은 결국 파멸로 이끌 뿐이라는 점을 또 다른 사회주의보다 일찍 보여주었다.

▶ 관련 항목 : 파시즘, 전체주의, 인종 학살

017 국가이성
Raison d'Etat

국가이성(國家理性)이라는 말은 '국가의 이유', '국가의 이성'이라는 뜻이다. 국가 자체가 합당하고 충분한 이유·이성을 가지고 있기 때문에 국민들은 그것을 따라야 한다는 의미를 내포하고 있다. 국가이성이 가장 극단적인 형태로 표현된 것은 마키아벨리의 『군주론』이다. 마키아벨리는 '조국·영광·힘'을 위해서는 종교·도덕·관습·법 등에 얽매이지 말고, 수단과 방법을 가리지 말 것을 군주에게 주문했다. 마키아벨리는 "군주는 나라를 유지하기 위해서는 신의를 버릴 줄 알아야 한다."며 구체적으로 기독교 윤리에서 해방될 것을 요구했다. 마키아벨리에 의하면 국가는 이제 기독교의 섭리에서 존재 이유를 찾는 것이 아니라 국가 그 자체에서 존재 이유와 존엄성을 찾는다.

마키아벨리즘은 국가이성의 극단적이고 악마적인 표현이지만, 국가이성이 마키아벨리에게서 처음 나타난 것은 아니다. 플라톤도 이미 국가이성을 언급했다. "거짓말은 사람들에게 이롭다. 마치 의사들에게만 사용이 허가되고 일반인에게는 사용이 금지된 약품처럼 말이다. 그러므로 국가의 통치자들은 국가의 이익을 위해 적들을 속이고 시민들을 속일 수 있다. 다른 사람들은 안 된다."성(聖) 토마스 아퀴나스는 "필요에는 법이 없다."고 마치 마키아벨리처럼 말한 적이 있다. 사실 아무리 종교와 도덕으로 위장하고 있다 하여도 현실 정치가들은 언제나 국가이성의 명분과 명령에 따라 행동해 왔다고 말할 수 있다.

'국가이성'이라는 단어는 16세기에 만들어졌다. 마키아벨리는 국가이성적인 관념을 표현했지만 이 단어를 사용하지는 않았다. 이 단어는 마키아벨리의 친구인 프란체스코 귀치아르디니가 1521년과 1525년 사이에 처음 사용한 것으로 알려져 있다. "내가 피사인들을 죽이라거나 포로로 잡으라고 말했을 때, 나는 기독교식으로 말한 것이 아니라 국가들의 이성과 관습에 따라 진실 된 사물의 본성이 요구하는 바에 따라 말한 것이다." 귀치아르디니의 말에서도 기독교와의 결별, 이성과 본성의 동일시를 살펴볼 수 있다. 국가이성 역시 넓게는 근대 이성주의의 등장과 관계있다고 볼 수 있는 것이다.

1589년 예수회 신부 출신인 지오반니 보테로는 야만적인 마키아벨리즘을 고발하기 위해 『'국가이성'에 관하여』를 출판했는데, 이 책은 본의 아니게 마키아벨리즘을 확산시키는 데 기여했다. 같은 해 프랑스에서는 위그노 신자인 앙리 4세가 즉위함으로써 국가이성을 구현했다. 추기경 리슐리외는 『정치적 유언』에서 "국가의 범죄라는 문제에 있어서는 동정심의 문을 닫아야 한다."라며 마키아벨리즘을 적나라하게 지지했다. 루이 14세는 『회고록』에서 "왕들이 법을 어기며 행하는 것은 많은 경우 국가이성에 의거하는 것이다. 국가이성은 법 가운데 우선적인 법이며 통치하지 않는 사람들이 가장 잘 모르는 법이다."라며 국가이성을 실천했다. 루이 14세는 낭트 칙령을 폐지하여 프로테스

♠ 태양왕 루이 14세(Louis le Grand Monarque, 1638~1715).

탄트들을 강제로 개종시켰으며, 얀센주의자들과 계몽사상가들을 탄압하는 등 국가이성을 휘둘렀다. 국가이성은 비이성적이었다.

  프랑스 혁명 직후 제정된 헌법은 '프랑스의 왕'을 '프랑스인들의 왕'으로 만들었다. 이제 루이 16세는 '신의 은총에 의한 왕'에서 '프랑스인들의 왕'이 됐다. 다시 말해 구성원들의 의지와는 무관하게 스스로 생명과 이성을 가진 존재인 프랑스라고 하는 국가의 왕이 아니라 프랑스 국민의 대표가 된 것이다. 국왕 호칭의 변경은 국가이성이 행하던 절대주의에 대한 저항의 표현이 아니었을까 생각된다.

▶ 관련 항목 : 마키아벨리즘

018 귀족
nobility

프랑스 혁명 직전 프랑스의 인구는 약 2천8백만 명으로 추산된다. 제1신분(성직자)은 전체 인구의 약 0.5퍼센트였고, 제2신분(귀족)은 전체 인구의 약 1퍼센트였다. 제1신분이 전체 토지의 6~10퍼센트를 차지했고, 제2신분이 전체 토지의 20~25퍼센트를 차지했으니, 전체 인구의 1.5퍼센트 정도인 제1신분과 제2신분이 전체 토지의 약 3분의 1을 소유했다고 볼 수 있다.

제1신분과 제2신분이 모두 귀족인 것은 아니다. 제1신분 가운데 고위 성직자는 귀족이고, 하위 성직자는 평민이었다. 왕국의 신민은 '기능'에 의해서는 세 신분으로 구분되지만 '자질'에 의해서는 귀족과 평민으로 구분된다. 그러면 귀족의 자질이란 무엇인가? 귀족의 라틴어 어원 'nobilis'는 '고귀한', '탁월한'이라는 의미를 가지고 있다. 귀족으로서의 우월한 자질을 인정받으려면 관대함, 명예심, 용기 등의 덕목을 지니고 있어야 한다. 귀족의 자질은 세대에서 세대로 사람을 통해서 이어진다. 귀족의 자질은 혈통에 새겨져 있다. 프랑스에서 귀족을 '푸른 피'라고 부르는 것은 이러한 이유에서이다. 오래된 귀족일수록 고귀하며 확실하다. 왜냐하면 시간은 평민의 때를 벗겨 줌으로써 고귀한 자질을 강화시켜 주기 때문이다. 1583년 앙리 3세는 최소 4세대의 족보를 가진 귀족을 문벌 귀족으로 인정했다.

귀족은 남다른 사람이기에 특권을 누린다. 특권 가운데 명예적인 특권으로는 칼을 찰 수 있는 권리, 방패와 투구에 문장(紋章)을 새길 권리, 상석(上席)을 요구할 권리 등이 있으며, 사법적인 특권으로는 하급심 재판을 받지 않고 직접 바이야주(baillage)나 세네쇼세(Sénéchaussée)—당시 프랑스의 재판관할구역—의 재판을 받으며, 특히 형사적인 문제에서는 고등법원의 재판을 받는 특권을 누렸다. 처형당할 때에도 교수형이 아니라 참수형을 받는 특권이 있었다. 귀족의 가장 중요한 특권은 재정적인 권한이다. 귀족은 군역 대신 내는 세금인 인적 타유세를 내지 않으며 일반적으로 세금을 낼 경우에도 평민들보다 낮은 세율로 냈다.

♠ 독일 황족의 문장.

귀족이 귀족으로서의 특권을 누리려면 귀족다운 생활을 해야 했다. 비귀족적인 일 가운데 대표적인 것이 '상업'이었다. 귀족은 상업에 종사할 수 없었다. 귀족은 기본적으로 '연금'을 가지고 살아야 했기 때문이다. 귀족이 상업에 종사하면 귀족직을 상실했다. 그러나 귀족직의 상실은 일시적인 것이었다. 그 이유는 귀족직이 '피'에 새겨져 있기 때문이다. 귀족의 고귀함은 귀족이 상업을 할 동안에는 잠자고 있다가 상업을 그만두면 잠에서 깨어났다. 귀족 출신의 여자가 평민과 결혼한 동안에는 귀족의 지위를 상실하지만 남편이 죽으면 귀족의 지위를 회복하는 것과 마찬가지 원리였다.

귀족의 특권은 평민들의 부러움을 사기에 충분한 것이었고, 그래서 평민 가운데 귀족이 되려는 사람이 나오는 것은 당연했다. 또 왕으로서는 귀족의 면세 특권 때문에 재정적인 압박이 심했기 때문에 새로운 귀족을 임명할 필요가 있었다. 귀족을 임명하는 것은 왕의 특권이었다. 왕은 귀족임을 인정하는 특허장을 발부함으로써 귀족을 임명했다. 이것은 보상의 성격이 있는 것이지만 공짜인 경우는 드물었다. 평민들은 정부의 특별한 관직을 맡음으로써 즉시 혹은 일정 기간 후에 귀족이 됐다. 1750년 이후에는 일부 도시의 행정관이나 군장교도 귀족이 됐다.

귀족은 작위를 가진 귀족과 작위를 가지지 못한 단순 귀족으로 구분할 수 있다. 공작·후작·백작·자작·남작이 작위 귀족이며, 기사와 에퀴이에 같은 하급 귀족은 작위를 가지지 못한 귀족이다. 작위 귀족의 귀족직은 봉토에 붙어 있는 반면, 비작위 귀족의 귀족직은 사람에게 붙어 있다. 귀족의 정상에는 중신 공작이 있는데, 방계 왕족과 최고위 귀족이 여기에 포함된다. 이렇게 서열이 정해져 있지만 공작이 백작보다 반드시 강력한 것은 아니었다. 귀족 가운데 오랜 혈통을 자랑하며 전통적으로 전투에 종사한 귀족을 대검(帶劍) 귀족이라고 부르며, 고등법원이나 기타 주요 관직을 통해서 귀족이 된 귀족을 법복(法服) 귀족이라고 부른다.

귀족은 세습되는 것이기에 가문의 소유물이었다. 그것은 세습되었을 뿐만 아니라 양도나 매매가 가능했다. 1604년의 폴레트세는 상속의 경우에는 관직 가격의 60분의 1, 양도의 경우에는 관직 가격의 8분의 1을 내는 조건으로 그것을 허용했다. 과거처럼 고귀한 혈통이나 국왕의 특권만이 귀족을 만드는 것이 아니라 '돈'도 귀족을 만들 수 있는 사회로 변한 것이다. 신분 사회의 상징이었던 귀족이 혈통이 아니라 '돈'에 의해 좌우되게 되는 모순이 발생한 것이다. 프랑스 혁명은 귀족제를 폐지함으로써 이러한 모순을 해결했다.

▶ 관련 항목 : 왕, 절대주의

019 금서 목록
Index librorum prohibitorum

　금서(禁書)란 정치 당국이나 종교 당국에서 서적의 출판이나 소유 및 열람을 금하는 것이다. 동서고금을 막론하고 금서는 존재했다. 중국에서는 진시황의 분서갱유(焚書坑儒), 서양에서는 가톨릭교회의 금서 목록이 유명하며, 우리나라에서도 조선 후기에 가톨릭 관련 서적을 금서로 지정했다. 김정호의 「대동여지도」, 박지원의 『열하일기』도 금서였다고 한다.

　인터넷을 검색하다 보면 엉뚱한 이야기들을 자주 접하게 되는데, 반기독교시민운동연합이라는 단체에서 '악서 바이블 어린이 금서 제정 운동 1,000만 명 서명운동'을 벌이고 있다고 한다. 홍콩에서도 이러한 운동이 전개되고 있다고 하니 놀라운 일이다. 기독교에 대한 반감이 표출되는 것은 어제오늘의 일이 아니지만, 그동안은 주로 기독교인들의 일탈적인 행동에 대한 것이었지 이렇게 성서 자체를 겨냥한 것은 처음이 아닌가 싶다. 그것도 성서의 한두 구절에 대한 비판적인 해석이 아니라 성서가 청소년에게 유해한 책이니 금서로 정해야 한다는 주장은 지나치게 악의적인 공격이라는 생각이 든다.

　그런데 인터넷에 떠다니는 또 다른 이야기를 보면 가톨릭교회에서 과거에 이미 성서를 금서로 지정한 적이 있다는 기이한 이야기가 나온다. 1229년 발렌시아 공의회에서 성서를 금서 목록에 포함함으로써 평신도들이 성서를 읽지 못하게 했다는 것이다. 이 말이 사실일까? 인터넷을 검색할 때 조심해야 할 것은 인터넷의 정보를 무작정 믿어서는 안 된다는 점이다. 과연 1229년에 스페인의 발렌시아에서 공의회가 열렸는가? 그 당시에 이미 '금서 목록'이라는 것이 있었는가?

　우선 금서 목록은 1559년에 제정됐다는 점에서 위의 정보는 정확히

▲ 로마 카톨릭 교회의 금서목록(index librorum prohibitorum).

다고 볼 수 없다. 물론 기독교회는 초기부터 이교의 책을 불태웠으며, 496년경 교황 겔라시우스는 '로마 목록'에 금서와 함께 권장 도서를 싣기도 했다. 그러나 금서 목록(Index librorum prohibitorum)은 1559년에 처음 출판된다. 그러나 금서 목록이라는 것은 없었다 하더라도 교회에서 금서를 지정할 수는 있었기 때문에 평신도들에게 성서 읽기를 금할 수는 있었을 것이다.

그러면 1229년에 발렌시아에서 공의회가 열렸는가? 당시 발렌시아는 이슬람의 지배를 받고 있었기 때문에 공의회를 열 수 없었다. 그러나 그해 공의회가 열리긴 열렸는데, 프랑스의 툴루즈에서였다. 당시 이 지역은 카타르파 이단이 퍼졌던 지역이었다. 이들은 라틴어 불가타 성서를 거부하고 그 지역 언어로 번역한 성서를 사용하고 있었는데, 공의회에 모인 주교들은 카타르파 성서가 부정확한 성서였기 때문에 금서로 정한 것이다. 다시 말하면 정통 불가타 성서를 금서로 정한 것이 아니었다.

어쨌든 성서를 금서로 정해야 한다는 운동은 '눈에는 눈, 이에는 이'라는 말을 생각나게 해준다. 근대에 접어들어 르네상스와 종교개혁, 근대국가의 등장 등으로 가톨릭교회의 권위가 크게 위협받고 있던 상황에서, 인쇄술의 발명으로 '위험한 책'의 출판과 유통이 급격히 늘자 1559년에 교황 파울루스 4세는 이단 재판소의 요청에 따라 금서 목록을 출판했다. 그 후 금서 목록은 정기적으로 출판되었는데, 1948년에 나온 32차 금서 목록이 마지막이다. 1948년도 금서 목록에는 4000여 권의 서적이 이단, 부도덕, 음란, 정치적 불온 등의 이유로 금서로 지정됐다. 금서 목록의 출판은 1966년에 중단되었으며 그 실제적인 가치가 떨어져 역사 자료로만 남게 됐다.

금서 목록에는 지성사에 이름을 올린 위대한 사상가들이 모두 포함되어 있다고 해도 과언이 아니다. 에라스무스, 루터, 칼뱅, 코페르니쿠스, 갈릴레이, 마키아벨리, 조르다노 브루노, 데카르트, 몽테뉴, 파스칼, 스피노자, 밀턴, 흄, 로크, 몽테스키외, 디드로, 볼테르, 기본, 루소, 칸트, 버클리, 말브랑쉬, 라므네, 홉스, 프로이센의 프리드리히 2세, 졸라, 발자크, 콩트, 위고, 미슐레, 밀, 마르크스, 르낭, 프로이트, 시몬 드 보부아르, 사르트르……. 이렇게 인류의 위대한 스승들이 금서 목록에 이름을 올렸으니, 과연 신학교에서는 어떤 사람들을 공부하는지 궁금할 정도이다. 반면에 당연히 이름을 올렸을 것으로 예상되는 사람들 가운데 빠진 사람도 있다. 바로 아돌프 히틀러이다. 히틀러의 『나의 투쟁』은 위험하지 않다는 뜻인가? 유대인 학살에 대한 가톨릭교회의 태도가 의심받는 이유이다.

020 금인칙서
Golden Bull

금인칙서(金印勅書)는 비잔티움 제국에서 처음 사용됐다. 신성 로마 제국 황제는 비잔티움 제국 황제들을 모방하여 금인칙서를 공표했는데, 역사적으로 가장 유명한 것은 1356년 카를 4세의 금인칙서이다. 1356년의 금인칙서는 대공위시대(大空位時代) 이후 독일의 정치적 혼란을 해결하고 황제 선거 절차와 선제후(選帝侯)의 권리를 확정하기 위해 작성된 것이다.

1356년의 금인칙서는 '로마인들의 왕'을 선출하는 7명의 선제후를 명시했는데, 이들은 트리어 대주교, 마인츠 대주교, 쾰른 대주교, 작센 공작, 라인의 팔츠 백작, 브란덴부르크 변경백, 보헤미아 왕이다. 이들에 의해 뽑힌 '로마인들의 왕'은 교황에 의해 신성 로마 제국 황제로 축성된다.

금인칙서는 7명의 선제후 가운데 4명의 찬성만으로 황제의 선출이 가능하도록 함으로써 과반수 원칙을 천명했으며, 선출 절차를 상세히 규정했다. 예를 들어 선출은 30일 이내에 완료되어야 하는데, 그렇지 못하면 선제후들은 선출이 이루어질 때까지 빵과 물만 먹는다.

021 기사도
chivalry

랜슬럿은 아더왕의 원탁의 기사들 가운데 한 명이다. 그는 가장 용맹스럽고 충실한 기사로서 아더왕의 승리에 결정적인 기여를 한다. 그러나 그는 아더왕의 부인 기네비어와 운명적인 사랑에 빠진다. 랜슬럿과 아더왕의 결투가 벌어지고 결국 아더왕은 죽는다. 기네비어는 수녀원으로 들어가고 랜슬럿 역시 속죄와 기도로 여생을 보낸다.

아더왕의 전설에 나오는 이야기이다. 기사는 용맹스럽고 충실할 뿐만 아니라 순수하다. 기사의 사랑은 오로지 자식을 낳기 위한 기독교적인 사랑이나 가문의 명예를 높이기 위한 귀족의 계산된 사랑과 달리 사랑만을 위한 사랑이다. 기사의 사랑은 결혼을 위한 사랑이 아니라 순수한 사랑이다. 기사의 사랑은 대체로 주군의 부인과의 사랑이기 때문에 이루어질 수 없는 사랑이다. 그것은 대체로 비극으로 끝난다. 이러한 궁정식 사랑은 '기사 이야기'에만 존재했을까 아니면 실제로 존재했을까? 그것은 담론일까 사실일까? 기사는 무엇을 하는 사람이었을까?

기사(chevalier)는 말(cheval)을 타는 사람이다. 말을 타고 사랑하는 사람이 아니라 말을 타고 싸우는 사람(miles, 전사)이다. 또 기사(knight)는 봉사하는 시종(侍從)이다. 누구를 위해 어떻게 봉사하는가? 기사는 자기의 주군을 위해 주군의 말과 무장을 관리한다. 이렇게 기사는 원래 '싸우는 사람'이다. 10세기 말 사회가 전사와 농민으로 개편되면서 기사가 하나의 신분으로 등장한다. 이제 기사가 되기 위해서는 기사의 피를 받고 태어나야 한다. 기사들은 신분의 우월함과 결속을 과시하기 위해서 기사서임식이라는 성대한 의식을 거행한다. 기사서임식에서 주군은 기사에게 무기를 주고, 교회는 무기를 축성해 주며, 기사는 성서와 성물에 대고 충성심과 신앙심을 서약한다.

10세기 말 기사의 폭력과 무질서가 극에 달하자 교회는 '신의 평화', '신의 휴전' 등을 선포하면서 기사를 통제하기 시작한다. 기사는 원래 '싸움'으로 사는 사람이었으나, 이제 신을 위해 평화를 위해 봉사하는 '그리스도의 전사'가 된다. 이들은 기독교인에게는 '봉사자'이지만 이교도에게는 준엄하다. 그리스도의 전사들은 십자군에 참전하여 억제되었던 폭력성을 마음껏 발산한다. 어찌 보면 교회의 순화 노력은 기사들의 폭력성을 없앤 것이 아니라 방향을 전환시킨 것에 불과했다고 할 수 있다.

기사는 '그리스도의 전사'로서 이교도에게는 잔인하지만, 약자에게는 한없이 관대하다. 십자군 전사들은 예루살렘에서 고통을 받고 죽은 예수의 무덤을 보고 돌아왔고, 또 성당에서는 인간 예수의 어머니인 성모 마리아의 순수함과 모성을 강조하면서, 여성에 대한 존중이

♠ 기사상(騎士像), 16세기.

기사들의 덕목 속에 포함된다. 사랑하는 기사의 이미지가 태어나는 것이다.

역사에서는 기사도를 대략 이렇게 설명한다. 그러나 실제의 기사들이 용기, 충성, 관대함, 사랑 등과 같은 기사도 덕목을 지녔을까? 역사에 나오는 기사는 갑옷과 투구로 온몸을 감싸고 있다. 말도 마찬가지이다. 너무 무거워 잘 움직이지도 못하며, 전쟁터에서 넘어지면 혼자 힘으로는 일어서지도 못한다. 공격적이라기보다는 너무 방어적이어서 용맹한 기사라는 담론과 어울리지 않는다. 전쟁터에서 넘어지면 포로로 잡히고, 그러면 몸값을 내고 풀려났다. 중세 말 기병의 시대가 가고 보병의 시대가 오면서 기사는 활—비겁한 무기!—의 위력에 맥을 못춘다. 궁정식 사랑도 마찬가지였다. 그것은, 중세사가인 조르주 뒤비에 의하면, 기사와 주군의 부인과의 자연스럽고 순수한 사랑이 아니었다. 그것은 주군이 자기 부인을 미끼로 기사들 간의 경쟁심을 유발시켜 최종적으로 기사들의 충성심을 확보하기 위한 것이었다. 뒤비에 의하면 기사도는 신화이다. 그것은 담론으로만, 소설 속에만, 문화 속에만 존재한다. 기사도는 상승하는 천민들의 진입을 막기 위해 설치한 이데올로기적 장벽에 불과하다.

> 이제는 상민들조차도 장원을 사들였다. 생산관계에 의해 확립된 '권력자들'과 '가난한 자들' 사이의 경계, 그 계급의 경계가 사회적 사다리의 아래쪽으로 눈에 띄지 않게 이동하고 있었다. 그 경계가 있었던 원래의 자리 위에, 귀족 계급은 새로운 장벽을 구축하기 시작했다. 이 장벽은 맨처음이었던 그것의 그림자, 그것의 환영 같은 것이었다. 그것은 가상의 장벽이었다. 그것을 세운 장본인은 이데올로기였고 의식(儀式)이었다.

전쟁터에서 그렇게 '비겁'한 기사들이 목숨을 걸고 누군가를 사랑한다는 것은 아무래도 비현실적이다. 그것은 역시 소설 속에서나 존재할 법하다. 기사도, 그것은 결국 기사들이 만들어 낸 과시 문화인 것이다. 그러니 그것을 사실이었다고 이해하는 것은 기사들의 술수에 넘어가는 것이요, 서양의 문화에 대해 환상을 갖는 것이 아닐까?

022 길드
Guild

길드는 중세에 번성했던 동업 조합(동직 조합)이다. 같은 직업을 가진 상인이나 수공업자들이 공동의 이익을 도모하기 위해 결성한 일종의 노동조합이다. 상인이나 수공업자들은 도시에 기반을 두고 활동하는 사람들이기 때문에 길드는 도시의 성장과 밀접한 관계가 있다.

앙리 피렌의 고전적인 설명에 의하면, 유럽은 7세기 후반 이슬람 세력이 북아프리카와 이베리아 반도 등을 점령하면서 지중해 세계의 패권을 장악하자, 로마 시대 이래 계속되던 지중해 무역을 상실하고 대륙에 갇혀 자급자족적인 농업으로만 연명하게 된다. 그러다가 10세기 말부터 베네치아, 제노바, 피사, 아말피 같은 이탈리아의 도시를 중심으로 지중해 무역을 회복한다. 십자군 원정은 서유럽의 지중해 재정복을 촉진시킨다. 상업이 부활하자 상인들의 본거지인 도시가 성장한다. 상업과 함께, 상품을 생산하는 공업이 성장한다. 이렇게 13세기가 되면 이탈리아를 중심으로 남부 유럽, 오늘날의 프랑스 북부·벨기에·네덜란드를 중심으로 한 북부 유럽에 자율적인 경제권이 형성되며, 이 두 지역의 연결로에 있는 샹파뉴 지역에서 상업이 발전한다. 1252년에 등장한 금화는 교역의 규모를 가늠하게 해준다. 페르낭 브로델은 13세기부터 서부 유럽이 하나의 '세계-경제'로 구조화되기 시작한다고 말한다.

♠ 800년 전통의 영국 프레스톤 길드. 무역업자, 수공업자, 상인들로 구성된 길드는 이 지역에서 독점적 권리를 행사해 왔다. 사진은 1972년 길드 퍼레이드 광경.

 도시는 이렇게 새로운 현상이었지만, 그래도 봉건 영주의 지배를 벗어나지는 못했다. 그러나 도시의 상인들과 수공업자들을 농민들처럼 토지에 결박시키는 것은 영주에게 이익이 되지 않았다. 그래서 도시의 영주는 상인과 수공업자들에게 특권을 부여하여 어느 정도 자치를 허용했다. 영주가 발급한 특허장에는 길드 구성권이 명시되어 있다. 처음에는 수공업자와 상인 모두를 구성원으로 하는 하나의 길드만 있었다. 그러나 시간이 지나면서 이 두 집단은 분리되어 갔다. 상인과 수공업자라는 두 집단 사이의 이해가 상충되었기 때문이다. 상인들은 상품을 고가에 팔아 높은 이윤을 창출하기 원했고, 상품을 소비하는 입장인 수공업자들은 낮은 가격을 원했다. 결국 수공업자들은 기존의 길드를 이탈하여 수공업자 길드를 조직했다.

모든 직종에 길드가 구성됐다. 대학도 본질적으로는 교육 길드였다. 창녀들도 길드를 구성했다. 여러 공정으로 이루어지는 산업의 경우에는 각각의 공정마다 길드가 있었다. 예컨대 직물 산업에서는 방적공 길드와 방직공 길드, 축융공 길드, 염색공 길드가 따로 구성됐다. 대개 한 길드의 구성원은 같은 거리에 모여 살았다. 오늘날 도시의 거리 이름에는 이러한 길드의 흔적이 남아 있다.

길드의 본질적인 기능은 구성원들 간의 상부상조였다. 길드(guild)의 어원이 '공물을 바치다'에서 가늠할 수 있듯이 길드는 종교적인 성격을 띤 단체로 출발했다. 길드는 종교 축제를 후원하고 그 지역의 교회를 지원했다. 길드는 구성원의 장례를 치르고 유가족을 돌보았다. 구성원의 화물을 실은 배가 난파하면 그가 재기할 수 있도록 도와주었다. 길드는 구성원의 자식을 교육시키기 위한 학교를 운영했다. 길드는 그 구성원들의 이익을 위해 그 도시에서의 사업 독점권을 확보했다. 길드에 속하지 않는 자는 그 도시에서 물건을 팔 수 없었다. 외부 상인이 물건을 가지고 들어오면 그는 길드 구성원에게 그 물건을 팔든지 아니면 무거운 판매세를 물어야 했다. 길드는 구성원들을 대표하여 영주와의 교섭을 맡았으며, 시장과 시정관들을 선출하기도 했다.

길드는 구성원의 공동 이익을 위해 개인의 경제적 활동을 통제했다. 길드는 가격과 품질 그리고 생산 방법까지 규정했다. 생산물의 공급이 수요를 초과하지 못하도록 그 업종에 종사할 수 있는 업자의 수를 통제했다. 작업은 공개적으로 해야 했는데 그 이유는 작업 과정을 감독하기 위해서였다. 수공업자는 도제로서 경력을 시작했으며, 도제의 수 및 수습 기간은 길드에 의해 정해졌다. 도제는 수습 기간을 마치면 장인(匠人)으로서 길드의 구성원이 될 자격이 있음을 증명해 줄 작품(masterpiece)을 만들어 제출해야 했다. 도제는 스스로 가게를 열어 도제를 거느릴 수 있기 전에 보수를 받고 일하는 직인(journeyman) 생활을 하도록 강요되기도 했다.

  길드는 구성원들을 보호해 주었지만, 바람직하지 못한 측면도 가지고 있었다. 길드는 한 도시 안에서 독점적 지위를 누리고 있었기 때문에 가격을 올리고 품질 수준을 떨어뜨리려는 횡포를 부리기 십상이었다. 길드의 규제는 경쟁을 배제하여 기술 혁신을 저해하는 경향이 있었다. 길드의 배타성은 새로운 사업가의 도시 진입이나 정착을 방해했다. 길드의 이같은 폐쇄성은 길드 자체의 성장을 저해했다. 큰 시장과 큰 자본의 출현으로 상인 길드는 무기력해졌으며, 기술혁신은 수공업자 길드를 와해시켰다. 장인들은 기업가로 변했고 직인과 도제들은 노동자가 됐다. 결국 프랑스 혁명은 길드를 폐지했다.

ㄴ

023 낭만주의
Romanticism

낭만주의(浪漫主義)는 'romanticism'을 옮긴 말이다. 'romantic'은 영어의 'romance', 불어의 'roman'에서 왔다. 'romance'나 'roman'은 중세 기사의 모험과 사랑을 노래하는 공상적인 이야기(시 혹은 산문)이다. romanticism은 공상적인, 놀라운, 환상적인, 감상적인, 감성적인 것과 관련이 있다. 'romanticism'을 '浪漫主義'로 번역한 것은 일본인이다. '浪漫'을 우리는 '낭만'이라고 읽지만, 일본어로는 '로만'이라고 읽기 때문에 일본에서 'romanticism'을 음역하여 '浪漫主義'로 옮겼다고 한다. 그래서 번역에 관심이 많은 사람들은 '낭만주의'가 아닌 '로만주의'로 쓰기를 제안하거나 원어 그대로 로맨티시즘이라고 쓰기도 한다. 그런데 낭만주의의 낭(浪)은 '물결이 일다'·'떠돌아다니다'의 뜻이고, 만(漫)은 '넘쳐흐르다'·'어지럽다'의 뜻이니, 낭만주의(浪漫主義)는 질서·조화·균형 등의 고전주의 개념에 반대하는 'romanticism'의 의미를 그런대로 지니고 있다고 생각된다. 그러니 더 좋은 번역어를 찾기 전까지는 그대로 사용해도 무방할 것 같다.

역사적으로 볼 때, 낭만주의는 18세기 말에서 19세기 전반에 계몽주의에 반대하여 일어난 사조이다. 계몽사상이란 인간을 중세적인 몽매함, 미신, 독단 등의 암흑에서 해방시킨 '빛'이다. 그 빛은 초자연적

♠ 프랑스 낭만주의 화가 들라크루아의 〈민중을 이끄는 자유의 여신〉(1830).

인 천상의 빛이 아니라 인간의 이성의 빛이다. 계몽주의는 바로 이성주의이다. 그런데 모든 것에는 밝은 면과 어두운 면이 있는 법이다. 계몽사상은 그 나름대로 계몽의 그림자를 만들었다. 낭만주의자는 이성주의는 인간의 삶을 물질적이고 기계적으로 만든다고 비판한다. 구체적인 인간, 피와 살을 가진 인간, 인간관계 그리고 인간과 자연의 관계에 내재한 친밀하고 감성적인 면을 간과한다는 것이다. 낭만주의는 계몽주의의 이성에 대립하여 감정, 느낌, 격정, 상상력, 영감 등의 감성적인 요소를 강조한다.

낭만주의의 전조 및 계몽주의에서 낭만주의로의 이행은 후기 계몽사상가인 루소에게서 나타났다. 루소는 이성의 불완전성을 지적했으며 이성 못지않게 감성을 중시하여 "자연으로 돌아가라." 고 외쳤다. 계몽사상가들은 초자연, 기적, 신의 자의적인 개입 등에 맞서 '자연'을 강조했으나, 루소는 이성에 맞서 '자연'을 강조한 것이다. 낭만주의는 계몽사상을 보편적인 이념으로 내세운 프랑스 혁명이 보편적인 혁명이 아니라 결국에는 '프랑스의' 혁명

♠ 장 자크 루소
(Jean-Jacques Rousseau, 1712~1778).

이었음을 깨달은 독일의 지식인들 사이에서 저항의 이념으로 퍼져 나갔다.

　낭만주의는 계몽주의에 담겨 있는 합리주의와 이성주의에 대한 안티테제이다. 독일은 낭만주의의 질풍노도(疾風怒濤)에 휩쓸린 탓에 자유, 평등, 이성, 관용이라고 하는 계몽사상의 세례를 충분히 받지 못했다. 근대성이라고 하는 해방의 빛을 받지 못한 것이다. 이성적인 토론보다는 비이성적인 '힘'에 의존하는 나치즘이 뿌리내리고, 개인주의보다는 전체주의가 지배 담론이 되고, 인종 학살이라고 하는 반인류적인 범죄의 나락으로 떨어지고 만 것은 이같은 반(反)근대성 때문이 아닐까? 독일이 충분히 근대화되지 않았기 때문 아닐까? 나치즘은 근대의 '보편적인' 병리 현상이 아니라 근대화되지 못한 독일의 '특수한' 현상이 아니었을까? 나치즘을 근대의 병리 현상으로 돌림으로써 근대 즉 계몽사상에 책임을 물으려고 하는 것은 나치즘을 독일의 현상이 아니라 근대의 현상으로 돌리려는 일종의 책임 회피가 아닐까

싶다. "계몽주의를 대체하는 것은 야만뿐이다."라는 조지 이거스의 말이 생각난다.

▶ 관련 항목 : 계몽사상

024 낭트 칙령
Edict of Nantes

낭트 칙령은 1598년 프랑스 국왕 앙리 4세가 낭트에서 발표한 칙령으로서, 1562년부터 1598년까지 38년간 지속된 종교 전쟁을 종식시킨 관용 칙령이다. 이 칙령으로 프랑스에 살고 있던 위그노(칼뱅파)는 비록 제한적이기는 하지만 종교의 자유를 얻었다. 그러나 '하나의 종교, 하나의 법, 하나의 왕'이 원칙이었던 시대에 한 나라에 두 개의 종교가 공존한다는 것은 정상적이지 못했고, 그래서 앙리 4세의 손자인 루이 14세는 1685년에 낭트 칙령을 폐지했다.

종교 전쟁이 발발할 무렵 프랑스의 인구는 대략 2천만 명이었고, 이 가운데 위그노는 1백만 명 내지 2백만 명 정도였다. 이 두 기독교 종파 사이에서 1562년부터 1598년까지 모두 8차례(1562~1563, 1567~1568, 1569~1570, 1573~1574, 1576, 1577, 1579~1580, 1585~1598) 전쟁이 벌어졌다. 전쟁이 이토록 격렬하게 지속된 것은 단순히 종교적인 차이 때문만이 아니라 프랑스의 유력한 왕위 계승 후보자인 나바르 왕국의 왕 앙리가 위그노였기 때문이다. 1555년 아우구스부르크 화의에 의하면 국민은 군주의 종교를 따라야 하는데, 만일 위그노가 프랑스 왕이 되면 개종을 해야 할지 모른다고 느낀 2천만 가톨릭교도들의 불안감은 이루 말할 수 없이 컸다.

1572년 나바르의 앙리와 가톨릭인 마르그리트 공주의 결혼식에 참석하기 위해 파리에 올라온 위그노 3천 명을 학살한 성 바르텔미 축일의 학살 사건이 벌어졌다. 전국적으로 1만여 명의 위그노가 학살됐다. 1584년 국왕 앙리 3세의 동생이 죽음으로써 나바르의 앙리가 합법적인 왕위 계승자가 됐다. 이를 저지하기 위해 가톨릭 동맹이 결성되고, 기즈 공 앙리가 왕위 계승자로 부상했으나 국왕 앙리 3세에게 암살당했고, 1589년에는 국왕도 가톨릭 수도자에 의해 암살당했다. 발루아 왕조의 마지막 왕은 죽기 전에 나바르의 앙리를 정통 계승자로 인정하고 개종을 권했다. 1590년 국왕 앙리 4세는 가톨릭의 아성인 파리의 저항을 분쇄했으며(이때 약 4만 명의 시민이 아사했음.) 1593년에는 가톨릭으로 개종하여 샤르트르에서 축성을 받았다. 그리고 1598년에 낭트 칙령을 발표하여 위그노를 관용함으로써 비극적인 종교 전쟁을 종식시켰다.

위그노는 가톨릭교도와 동일한 시민적 권리를 누리고 동일한 직책을 맡을 수 있었으며, 집회와 교육의 자유를 부여받았다. 위그노들은 루앙, 보르도, 카스트르, 그르노블에 설치되어 두 종파의 판사들로 구성된 '동수 법정'에서 형사 사건 재판을 받았다. 낭트 칙령은 국고의 지원으로 목사를 부양하고 위그노 수비대의 주둔을 허용할 것임을 비밀 조항으로 규정했다. 국왕은 8년간 위그노 수비대의 보호를 받는 안전지대를 151곳의 촌락과 도시에 허용했다. 그러나 한 나라에 두 종교를 인정한다는 것은 당시로서는 획기적인 조치였고, 그만큼 두 종파 모두 만족하지 못했다. 불만은 가톨릭 측이 더 컸다. 교황은 '상상을 초월하는 최악의 칙령'이라며 반발했고, 리슐리외는 '국가 내에 국가'가 세워졌다고 불만이었다.

낭트 칙령은 가톨릭을 강요할 수 없는 상황에서 평화와 질서를 회복하기 위해 택한 일시적인 타협이었다. 시대는 한 국가에 두 개의 종교가 공존한다는 것을 받아들일 준비가 되어 있지 않았다. 1685년 강력한 국왕 루이 14세는 국민의 전폭적인 지지 속에 낭트 칙령을 폐지한다. 낭트 칙령이 종교의 자유를 허용한 문명적인 칙령이었다면 그것을 폐지한 퐁텐블로 칙령은 위그노에게 망명의 자유조차 허용하지 않고 개종을 강제한 야만적인 칙령이었다.

▶ 관련 항목 : 관용

025 노예
Slave

서양 고대 사회는 노예제 사회라고 불리니 만큼 '노예'에 대한 이해는 서양 고대 사회를 이해하는 데 매우 중요하다. 개념적으로 볼 때, 노예제 사회란 노예 노동이 경제적으로 중요한 기능을 수행하는 사회를 가리킨다. 고대 세계의 경제의 기초는 농업이었기 때문에, 서양 고대 사회의 노예는 농업 노동에 동원됐다는 인식 위에서 서양 고대 사회를 노예제 사회라고 부르는 것이다. 그러나 고대의 그 긴 기간 동안 그 넓은 지역에서 노예가 획일적으로 농업에만 동원된 것은 물론 아니었다. 서양 고대 사회의 노예는 농업 외에도 공업, 광업, 상업, 가내 노동 등 다양한 노동을 담당했다. 노예가 대량으로 농업에 동원된 것은 공화정 말기에 이탈리아와 시칠리아에 등장한 라티푼디움에서였다. 오직 이 무렵 이곳에서만 전형적인 노예제 사회를 만날 수 있는 것이다. 서양 고대 사회는 부분적으로만 노예제 사회였다. 따라서 노예제 사회라는 개념은 역사를 이해하고 설명하는 데 적절한 개념이라고는 말할 수 없다. 그것은 서양 역사의 특수성을 부각시키려는 허구적인 개념의 혐의가 짙다. 그러니 '노예제 사회'라는 유럽 중심적인 개념을 떨쳐 버리고 '노예' 그 자체를 바라보아야 한다.

♠ 서인도 제도의 플랜테이션 농장에서 커피 생산을 위해 혹사당하는 아프리카 노예들.

　노예란 무엇인가? 노예의 본질을 이해하는 데 어원적 접근은 매우 유용하다. 노예를 지칭하는 라틴 어 'servus(세르부스)'는 '살려진 자'라는 뜻이다. 원래는 죽을 운명의 사람들을 죽이지 않고 살려주었다는 의미인 것이다. 그들은 전쟁 포로였다. 성서에서도 볼 수 있듯이, 전쟁 포로들은 죽음을 면하지 못했다. 그러나 사회의 생산력이 높아지자 '노동'의 수요가 발생했고 전쟁 포로들을 노동력으로 전환시킬 필요가 생겼다. 이렇게 해서 전쟁 포로들은 죽음을 면하고 세르부스가 됐다. '살려진 자'이기는 하지만 그들의 목숨은 여전히 승자의 것이었다. 그들은 인간이 아니었다. 그들은 주인에게 생사여탈권을 빼앗긴 '말하는 도구'에 불과했다. 그들은 주인의 소유물이었다. 이러한 사실은 역설적으로 당시 사회가 '소유권'을 인정한 수준 높은 사회였음을

♠ 고대 로마 노예 반란의 지도자 스파르타쿠스(Spartacus, ? ~BC 71).

말해 준다. 마찬가지로 당시 사회는 부자유민(노예)과 자유민이 사회적으로 구별된 사회였다는 점에서 '자유'라고 하는 관념이 존중받던 사회였다고 말할 수 있다.

전쟁이 많았던 사회였던 만큼 노예도 많았다. 기원전 5세기 아테네의 인구는 대략 30만 명 정도로 추산되는데, 그 가운데 노예는 약 40퍼센트에 달했다. 아테네의 라우레이온 은광에서는 1만 명이 넘는 노예가 노동을 했으며, 펠로폰네소스 전쟁 중에는 스파르타인들의 해방 약속을 믿고 2만 명이 넘는 공업 노예들이 도망쳤다. 델로스의 노예 시장에서는 하루에 만 명의 노예가 거래됐다고 한다. 로마 시대 스페인의 카르타헤나 광산에도 4만 명이 넘는 노예가 있었다. 네로 황제 시대에 로마시 장관이었던 페다니우스 세쿤두스가 로마 시내에 소유한 저택에만 4백여 명의 노예가 있었다. 부자뿐만 아니라 가난한 자유민들도 노예를 소유하고 싶어 했으니, 노예의 존재와 소유는 자연스러운 현상으로 여겨졌다.

누구도 노예의 존재에 대해서 이의를 제기하지 않았다. 플라톤은 노예제가 아니라 노예 해방을 비판했으며, 아리스토텔레스는 "태어날 때부터 지배하도록 되어 있는 집단과 지배받도록 되어 있는 집단이 있다."라며 선천적 노예론을 제기했다. 노예 반란을 일으켰던 스파르타쿠스가 이상적으로 생각했던 사회는 자기들이 노예를 소유한 사회였다. 스토아철학은 노예들의 비인간적인 고통을 불쌍히 여겼을 뿐이며, 기독교는 원죄라는 교리를 동원하여 현실과 타협했다. 이렇게 모두가 노예제를 자연스럽게 여겼다는 점에서 당시 사회는 '노예제 사회'였다고 말할 수도 있다.

그렇다면 노예는 무슨 노동을 담당했나? 위에서 말했듯이, 노예는 공업이나 광업에 대거 동원됐다. 노예는 노예제 사회라는 개념에도 불구하고 농업에는 별로 동원되지 않다가, 로마 공화정 말기에 가서야 대량으로 라티푼디움에 동원됐다. 노예는 주인의 물건이기 때문에 그만큼 주인의 신뢰를 받았고, 그래서 뜻밖에 관리직으로 고용된 경우도 적지 않았다. 기원전 5세기에 아테네의 니키아스는 광산업을 노예에게 위임했다. 당시 아테네의 금융업 관리인은 노예이거나 해방 노예였다. 아테네의 경찰 노예는 자유민들을 체포하러 다녔다. 로마 제정 초기에 선장은 황제의 노예나 해방 노예인 반면, 선원들은 자유민인 경우가 많았다. 카이사르는 자기의 노예들에게 화폐 주조와 국고 수입의 관리를 맡겼다. 로마에서는 기품 있는 가문임을 과시하기 위해 가내 노예(요리사, 문지기, 시종, 수행원, 필사, 회계사, 의사, 문법 학자, 수사 학자, 철학자, 저술가, 가정교사, 가수, 배우, 유모)를 고용했다.

이처럼 노예는 다양한 노동에 종사했으며, 그에 따라 생활수준도 다양했다. 광산 노예와 라티푼디움 농업 노예는 그야말로 재고품 목록에 들어갈 정도로 비참한 생활을 했지만, 그밖에 노예들은 대부분 주인과 별도로 거주하면서 일정한 액수의 돈을 주인에게 바치는 외거 노예였다. 이들은 노예이면서도 저축을 했으며, 그 돈으로 자유를 사서 해방될 수도 있었다. 다시 말해 노예는 '자유'를 상실한 사람이었을 뿐이다. 노예는 법적으로는 인격성이 결여되어 가정을 가지거나 재산을 소유할 수 없었지만, 실제로는 주인의 허락을 얻어 동거 형태의 결혼을 했고 자식을 두었으며 자기 재산을 관리했다. 경제적인 측면에서 모든 노예가 자유민보다 가난한 것은 아니었다. 법적으로 주인은 노예의 생사여탈권을 가지고 있었지만, 그것은 주인의 재산 손실을 의미하기 때문에 주인으로서는 신중을 기해야 할 사안이었다.

노예의 신분은 어머니의 배를 통해 세습됐다.(귀족의 신분은 아버지를 통해 세습됐다.) 천한 신분은 여성을 통해 귀한 신분은 남성을 통해 전해진다는 것은 남녀 차별의 극단적인 모습을 살펴볼 수 있는 대목이다. 노예 신분이 선천적이라는 아리스토텔레스의 말에도 불구하고, 노예는 해방되어 자유민이 될 수 있었다. 그리스에 비해 로마에서 신분 상승이 용이했다. 전형적인 노예제 사회를 상징하는 라티푼디움은 노예 가격이 저렴할 때 가능한 것이었는데, 제정기에 접어들어 노예 가격이 앙등함에 따라 콜로누스제로 전환되었고, 그에 따라 노예의 신분이나 처지가 개선됐다.

중세에도 서기 1000년 무렵까지는 공식적으로 세르부스가 존재했다. 중세의 서기들이 세르부스라고 기록한 사람들은 '부자유민'이라는 점에서 고대의 세르부스와 동일했다. 그러나 기독교 신앙을 가진 '인간'이었다는 점에서 '물건'에 불과했던 고대의 세르부스와는 근본적으로 달랐다. 1000년 이후 서양 사회에서는 세르부스가 공식적으로 사라진다. 중세에 그리스도교인은 그리스도교인을 노예로 삼을 수 없었기 때문에 그리스도교인 노예는 없었다. 그렇다고 그리스도교인이 노예를 부릴 수 없는 것은 아니었으니, 이들은 이슬람교도나 슬라브인들을 노예로 삼거나 판매했다. 노예를 지칭하는 'slave'는 이러한 배경에서 나온 것이다. 근대에 들어 유럽인 노예 상인들은 대략 1천2백만 명의 흑인 노예들을 아메리카의 시장에 팔아넘겼다. 서양에서 노예제와 노예무역은 19세기 중반에 가서야 최종적으로 폐지된다. 이렇게 노예제는 현대에까지 진행된 장기적인 현상이다.

우리나라에도 노예가 존재했다. '노비(奴婢)'라는 말은 남자 노예와 여자 노예를 통칭하는 말로서, 조선 후기에도 대략 전체 인구의 3분의 1이 노비였다고 한다. 노비는 재산으로 취급되어 매매, 상속, 증여의 대상이었으니, 본질적으로는 서양의 노예와 다르지 않다고 말할 수 있다. 노비는 1894년 갑오개혁으로 해방된다.

▶ 관련 항목 : 농노, 노예무역

026 노예무역
Slave trade

인간의 역사는 전쟁으로 점철되어 있다. 승자는 패자의 생명과 재산을 마음대로 처분한다. 노예의 발생은 승자가 패자를 살려주고 자신의 재산으로 삼으면서이다. 그리스도교의 영향으로 서양인은 그리스도교인 노예를 소유할 수 없게 됐다. 그렇지만 서양인이 노예와의 비인간적인 관계를 즉각적으로 청산한 것은 아니었다. 그들은 그리스도교인 노예를 소유할 수는 없었지만, 그리스도교인이 아닌 노예는 소유할 수도 상품으로 판매할 수도 있었다.

인간이 상품으로 판매되어 노예로 전환된 것은 오랜 역사를 지닌다. 지중해 세계에서 아프리카 흑인들을 노예로 판매한 것은 서양인이 처음이 아니었다. 7세기 이후 아프리카 북부와 지중해를 장악한 이슬람인들은 흑인 노예무역을 독점했다. 흑인 노예는 대부분 이슬람 제국으로 팔려 갔으며, 일부는 다른 인기 상품인 금과 함께 유럽, 인도, 말레이군도, 중국 등으로 팔려 나갔다. 얼마나 많은 아프리카 흑인 노예들이 이슬람 제국으로 팔려 갔는지 추산하는 것은 불가능하지만, 학자들은 7세기에서 19세기까지 대략 1천2백만 명에서 1천4백만 명 정도일 것이라고 말한다.

이슬람인들의 노예무역이 암흑에 묻혀 있는 반면, 서양인들의 노예무역은 어느 정도 밝혀져 있어 역사의 비난을 면치 못하고 있다. 노예무역의 선두 주자는 포르투갈인이었다. 1441년 포르투갈인들이 아프리카의 흑인 노예를 포르투갈로 데려오면서부터 유럽의 대서양 노예무역이 시작된 것으로 역사에 나타난다. 1453년 콘스탄티노플이 터키에게 함락되면서 아프리카가 유럽의 유일한 노예 공급원이 됐다. 1454년에 교황은 노예무역이 합법적이라고 선언했으며, 1518년에 황제 카를5세는 노예무역과 노예제를 허가했다. 포르투갈과 스페인의 뒤를 이어 영국, 네덜란드, 프랑스 등이 노예무역에 뛰어들어 아메리카 대륙의 농장에 노예를 공급했다.

초기에 가톨릭교회는 노예무역을 정당화시켰다. 계몽 시대인 1764년에도 신학자인 장 벨롱은 "노예는 노아의 저주받은 아들인 햄의 자손이기 때문에 노예무역은 자연법과 성서에 위배되지 않는다."고 말했다. 노예는 아프리카의 내전의 결과로 생겨난 것인데 이들이 목숨을 건질 수 있었던 것은 노예무역 덕분이라는 논리도 등장했다. 레날 신부, 그레구아르 신부 등 노예무역에 반대한 신부들은 계몽사상의 재세

♠ 19세기 노예무역 광경.
15세기 중반부터 19세기 중반까지 대략 1천 2백만 명의 흑인 노예가 아메리카로 실려 갔다.

례를 받은 사람들이었다. 그렇다고 계몽사상가들이 모두 노예제의 폐지를 주장한 것은 아니었다. 계몽사상가들과 프랑스 혁명가들은 노예제의 폐지가 재산권 침해 소지가 있다며 신중을 기했다. 프랑스에서는 1788년에 '흑인 우호 협회'가 창설되고 프랑스 혁명 다음해인 1790년에는 노예제 폐지가 상정되었으나 좌절됐다. 1791년에는 생도맹그에서 노예들이 반란을 일으켜 노예제 폐지를 압박했다. 드디어 1794년 국민 공회는 프랑스의 모든 식민지에서 노예제를 폐지했다. 그러나 이것은 프랑스 상인들의 이익을 고려하지 않은 조치였기 때문에 나폴레옹은 1802년에 노예제를 부활시켰다. 노예제와 노예무역의 폐지를 주도한 것은 영국이었다. 영국에는 1787년에 '노예무역 폐지 협회'가 창설됐다. 영국의 영향을 받은 덴마크는 1803년에 최초로 노예무역을 폐지했으며, 영국은 1807년에 노예무역을 폐지했고, 1833년에 노예제를 폐지했다. 프랑스는 1815년에 노예무역을, 1848년에 노예제를 폐지했다. 교황은 1839년에야 비로소 노예제를 단죄했다. 1865년에는 미국에서 노예제가 폐지되었고, 1888년에는 브라질에서 노예제가 폐지됐다. 이렇게 노예제는 긴 자취를 남기며 역사 속으로 사라졌다.

15세기 중반부터 19세기 중반까지 4세기 동안 대략 1천2백만 명의 흑인 노예들이 아메리카로 실려 갔으며 열악한 수송 환경 때문에 13퍼센트가 수송중 목숨을 잃은 것으로 추산된다. 노예무역이 특히 활발했던 시기는 1701년에서 1800년 사이로 이 기간 동안에 전체의 54퍼센트인 6백만 명 정도가 실려 갔다. 1년에 평균 6만 명으로 당시 아프리카 인구 2천5백만 명의 0.3퍼센트이다. 이 수치는 인구의 자연증가율 1퍼센트 보다 낮은 수치였다. 정확한 수치를 제시하는 것은 불가능하지만, 어쨌든 우리가 일반적으로 상상하는 수치보다는 훨씬 적다는 것이 전문가들의 주장이다(페트레 그르누이요가 제시한 수치).

노예무역은 유럽의 산업 혁명과 어떤 관계가 있는가? 마르크스는 노예무역과 노예제 경영이 원시적 자본 축적의 주요 원천이었으며 산업 혁명의 기원이었다고 의미를 부여했다. 마르크스의 추종자들 역시 대체로 노예무역이 그 자체로 영국의 '이륙(take-off)'을 가능하게 해준 재원 조달 창구였다고 주장했다. 그러나 산업 혁명과 산업화에 대한 전문 연구는 이같은 해석을 완화시킨다. 노예무역의 수익성이 그렇게 높지 않았으며 인구 증가, 농촌의 성장, 전국 시장의 형성 등과 같은 요인들도 중요한 역할을 담당했기 때문이다. 그러나 노예무역이 산업 혁명의 재원 조달 창구가 아니었다고 해서 산업 혁명과 노예무역 사이의 관계가 부정되는 것은 아니다. 노예무역으로 부를 축적한 노예 상인들이 자본을 산업에 투자했음은 무시할 수 없기 때문이다.

노예무역은 비극적인 사건이다. 그리고 이 사건은 반복됐다는 점에서 역사의 비극이다. 이슬람인들(이들 이전에는 이집트인들), 서양인들이 노예무역의 주역이었다. 사탕수수 산업의 성장으로 노예에 대한 수요가 높아질수록 노예 원천 공급자들인 아프리카인들 사이의 내전도 빈번해졌고 아프리카는 황폐해져 갔다. 19세기에 들어 노예제와 노예무역이 폐지됐다고 해서 불쌍한 인간들의 이동이 종식된 것은 아니다. 여전히 수요가 남아 있었기 때문이다. 이제는 쿨리들의 차례였다. 영국은 제1차 세계 대전 전까지 1백만 명이 넘는 가난한 인도의 '자유' 노동자들을 자국의 식민지로 공급했으며, 프랑스도 수십만 명의 쿨리를 공급했다. 하와이와 멕시코의 사탕 수수밭으로 끌려간 한인들도 이들 불쌍한 쿨리 속에 포함될 것이다. 노예무역의 폐지 이후에 등장한 쿨리, 이것은 자발적인 이주인가 아니면 위장된 노예무역인가?

▶ 관련 항목 : 노예, 농노

027 농노
Serf

노예(奴隷)가 서양 고대 사회의 생산 계층을 나타낸다면, 농노(農奴)는 서양 중세 사회의 생산 계층을 말한다. 중세의 농노를 뜻하는 단어는 'serf(서프)'인데, 이 말은 'servus'에서 파생된 말이다. 이 두 단어는 동일한 사물이나 현상을 표현하는가 아니면 난어는 같시만 현상은

♠ 13세기 중세 농민들의 경작 광경.

다른가? 먼저 이 단어의 역사를 추적할 필요가 있다. 고대사회에서 노예를 지칭하는 데 사용된 'servus'라는 말은 중세에도 사용되어 대략 서기 1000년까지 사료에 등장한다. 다시 말하면 중세의 서기들이 볼 때 사회 계층상의 근본적인 변화가 일어나지 않은 것이다. 1000년 이후 'servus'라는 단어가 사라지는 것은 법적인 마인드를 가진 서기들이 보기에 'servus'로 표기할 만한 사람들, 즉 부자유민들이 사라졌기 때문이다. 이후 '세르부스'라는 말은 공식 문서에서는 사라진 반면, 민간에서는 'serf'라는 말이 통용된다.

서프는 법적으로는 부자유민이 아니었다. 그러면 자유민과 부자유민을 나누는 구분선은 어떻게 그어진 것인가? 자유롭다는 것은 무엇이고 자유롭지 못하다는 것은 무엇인가? 부자유민은 자유민 공동체에 속하지 않았으며, 성직자가 될 수 없었고, 군대에 가지 못했으며, 국가의 재판을 받지 않고 주인의 재판을 받았다. 부자유민은 주인의 '자의적인 지배'를 받는 사람이었다. 부자유민은 '불능(不能)'의 낙인이 찍힌 사람이었다. 세르부스는 경제적인 개념이 아니었기에, 세르부스라고 해서 반드시 가난한 것은 아니었다. 세르부스 가운데 돈이 많은 사람은 세르부스를 부리기도 했다.

서기 1000년을 넘어서면서 서양 사회에서 부자유민은 사라진다. 다시 말해 농민들은 모두 자유민이 되는 것이다. 물론 이들이 자유민이라고 해서 영주의 지배를 받지 않은 것은 아니다. 그러나 그것은 더 이상 노예를 상징하는 '자의적인 지배' 가 아니었다. 농민들은 법, 관습, 계약에 의해 정해진 지배를 받았다. 이들은 영주의 직영지를 경작해야 하는 부역과 현물을 납부해야 하는 공납의 의무를 지니고 있었고 인두세, 상속세, 혼인세 등을 바쳐야 했으며, 장원 시설 강제 사용료를 부담해야 했고, 영주의 재판을 받았지만 그렇다고 부자유민은 아니었다. 실제적인 면에서는 노예와 다름없이 영주에게 예속되어 있는 경우에도 법적으로는 자유민이었다.

우리는 이들을 농노(農奴)라고 부르는데, 이 말은 '부자유민' 이라는 의미를 내포하고 있어 오해를 불러일으킬 소지가 있다. 영주(領主)의 지배를 받는 농민을 뜻하는 '영민(領民)' 이 더 적절하지 않을까 싶다. 고대의 노예와 중세의 농노를 본질적으로 구분해 주는 것은 자유의 유무였다. 고대의 노예는 부자유민이었던 반면 중세의 농노는 자유민이었다. '농노' 라는 말 속에 들어 있는 '농업' 이 고대의 노예와 중세의 농노를 구분하는 것은 아니었다. 오히려 개념적으로 볼 때 노예의 본업은 농사가 아닌가? 게다가 고등학교 교과서에서는 "농노는 고대 노예와는 달리 가옥과 그에 딸린 텃밭 등 자신의 재산을 가질 수 있었으며, 결혼을 통해 가정을 꾸밀 수도 있었다."고 기술하고 있는데, 이 역시 오해를 초래할 수 있다. 고대의 노예 역시 사실적으로는 결혼을 하고, 가정을 꾸밀 수 있었으며, 재산을 축적할 수 있었기 때문이다. 물론 일부 특권적이고 운 좋은 노예의 경우에 한하지만 말이다.

▶ 관련 항목 : 노예, 노예무역

028 농노 해방
Emancipation of Serfs

 19세기 전반의 러시아는 정치적으로는 황제(차르)의 지배를 받는 전제국가였고, 사회경제적으로는 농노제가 유지되는 봉건국가였다. 러시아가 유럽 열강의 대열에 합류할 수 있었던 유일한 근거는 강력한 군사력이었다. 그러나 크리미아 전쟁(1853~1856)에서 러시아가 영국과 프랑스에 패배함으로써 러시아의 낙후성이 폭로됐다. 러시아의 패배는 곧 봉건적인 사회경제 체제의 패배였다. 러시아는 개혁을 필요로 했다.

 1861년 차르 알렉산드르 2세는 농노 해방을 선언했다. 당시 러시아는 인구의 90퍼센트가 농민이었다. 농민은 국가 토지에서 살고 있는 농민과 사적 지주의 토지에서 살고 있는 농민의 두 카테고리가 있었는데, 사적 지주의 토지에 살고 있는 농민들이 농노였다. 이들의 수는 대략 2천2백만 명으로 추산된다. 같은 무렵 진행된 미국에서의 노예해방이 전쟁을 동반한데 비해, 차르의 선언만으로 2천2백만 명의 농노가 평화롭게 자유를 획득했다는 사실은 농노 해방이 '인류 역사상 가장 위대한 조처'라는 평가를 정당화시키고도 남는다.

 그러나 경제적인 측면에서는 순탄하지 않았다. 농노 해방으로 농민들은 농노로 있을 때에 경작하던 토지를 분할받을 수 있었다. 지주들은 토지를 상실한 데에 대해 국가로부터 보상을 받았고, 그 대신 농민들은 그에 해당하는 액수를 49년 동안 국고에 연부(年賦)로 상환해야

♦ 피란드 헬싱키에 있는 차르 알렉산드르 2세의 동상.

했다. 그런데 대부분의 경우 분양된 토지는 너무 작았고 상환금의 액수는 지나치게 부담스러웠다. 또한 원칙적으로 토지는 농민 개인에게 분양된 것이 아니라 농민 공동체(미르) 단위로 분양되었으며, 공동체 소속 농민들 간에 주기적으로 균등하게 재분배됐다. 농민 공동체는 개개인 농민들의 납세 의무와 토지 상환금 연부 지급에 대해 연대책임을 지도록 되어 있었다. 이러한 정책을 택한 것은 무엇보다도 재정적인 문제를 고려한 것이었지만, 농민이 토지를 상실하고 무전 농민으로 전락하는 것을 방지하고자 한 것이었다. 당시의 인텔리겐챠 가운데에는 토지의 공동체 소유가 개인 소유보다 선진적인 제도라며 환영한 사람도 있었다.

비록 토지 소유의 법적인 형태가 복잡하기는 했으나 해방된 농민들은 집단 소유의 혹은 개인 소유의 토지를 경작할 수 있었으며, 상환금을 갚기 위해 농노제하에서 보다 더 많은 농업 생산물을 시장에 판매했다. 또한 농노 해방은 러시아의 산업 발전에 필요한 노동력을 공급하는 효과를 낳았다. 농노해방령에 의해 인신적으로 해방된 농민들이 토지 상환금이나 조세 납부를 위한 현금 획득의 필요성 때문에 도시로 몰려들어 값싼 노동력을 공급했기 때문이다. 농노해방령과 더불어 러시아는 뒤늦게나마 봉건제에서 벗어나 자본주의로의 길로 접어들었다.

029 대학
Universitas

중세의 학교 교육은 샤를마뉴가 칙령을 공포한 이후, 수도원 학교와 성당 학교에서 담당했으며, 교과 과정은 로마 시대 이래의 7가지 교양 학과(문법·수사학·변증법의 3학과와 산수·기하·천문·음악의 4학과)로 구성되어 있었다. 그러나 이러한 교육 기관은 이른바 '12세기의 르네상스'에서 만개한 학문과 교육의 수요를 충족시킬 수 없었다. 12세기에 이르러 유스티니아누스 법전이 발견되어 법 연구를 자극하고, 아리스토텔레스의 학문이 부활하여 논리학, 신학 등에 영향을 주었으며, 유클리드의 기하학과 아라비아 숫자에 기초한 수학이 도입되었던 것이다. 대학이라는 새로운 교육 제도는 이러한 시대적 요청에 부응하기 위한 것이었다.

최초의 대학은 12세기에 이탈리아의 볼로냐와 프랑스의 파리에 세워졌다. 대학(universitas)은 원래 교육 길드였고, 선생이나 학생은 군주의 특별한 허가 없이도 대학을 세울 수 있었다. 파리 대학은 교사가 중심이 되어 조합을 세웠고, 볼로냐 대학은 학생이 중심이 되어 조합을 세웠다. 학생은 교사를 채용하고 봉급을 지급했으며, 강의가 시원찮은 교사를 해고하거나 벌금을 부과했다. 13세기 초에 왕이나 교황이 정식으로 인가장을 발급한 것은 사실을 추인하는 것이었다. 인가장에 의해서 대학은 법적 지위를 얻게 되었고 교수나 학생에게는 통상적인

♠ 중세 대학의 수업 광경.

시민의 의무가 면제되는 특권, 예를 들면 병역의 면제라거나 도시 사법권으로부터의 면제가 부여됐다. 대학은 또한 주교의 감독에서 벗어나 자유로웠으며 학생 징계권을 위임받았다. 파리 대학은 신학 교육으로 유명했고, 볼로냐 대학은 법학 교육으로 유명했다.

프리드리히 2세가 1224년에 세운 나폴리 대학은 사실상 최초의 국립대학이었다. 1348년 카를 4세는 중부 유럽 최초의 대학인 프라하 대학을 세웠다. 그 무렵 이탈리아에는 15개, 프랑스에는 8개, 이베리아 반도에는 6개, 영국에는 2개의 대학이 있었다. 그 후에도 많은 대학이 세워져 1400년까지 유럽에는 50여개의 대학이 있었다. 학생도 많았다. 1209년 한 연대기 작가에 의하면 옥스퍼드 대학의 학생 수는 3천 명이었으며, 파리 대학 학생 수는 7천~8천 명에 달했다. 주요 대학의 학생과 교수의 비율은 전체 도시 주민의 10퍼센트를 점했던 것으로 볼 수 있다.

대학 입학의 최소 연령은 13세였으며, 6~8년이 지나야 교양 학부 과정을 졸업했다. 3학과를 마치면 문학사가 되었고, 4학과를 마치면 문학석사가 됐다. 그런 다음에는 대학에서 강의하거나 또는 법학, 의학, 신학의 박사 과정에 들어갈 수 있었다. 신학에서는 성서와 피에르 롬바르드의 명제집, 철학에서는 아리스토텔레스의 저술, 법학에서는 유스티니아누스 황제 때 편찬된 법학 강요, 교회 법령집 등이 주요 텍스트였다.

♠ 중세 대학의 7자유학과 실용학문을 보여주는 석조판. 철학(좌)과 건축(우).

강의는 교수의 강의와 토론으로 이루어졌다. 학생들은 대개 하루에 한 과목 내지 두 과목의 강의를 들었으며, 한 과목의 강의는 약 3시간이었다. 교수는 텍스트를 읽고 거기에 주석을 붙여 설명했다. 학생들은 종이를 구할 수 없었으므로 밀납판에 적었는데, 당시 비싼 서적과 숙식 때문에 고생하는 경우가 많았다. 그래서 독지가가 나서 수업료, 서적대, 숙식대 등이 부족한 학생들을 위해 콜레주라는 기숙학교를 세웠다. 로베르 드 소르봉이 1257년에 신학 박사 과정을 이수하는 16명의 학생들을 위해 세운 소르본 콜레주가 그 효시이다.

초기의 대학은 교회의 특별한 보호를 받았다. 모든 교수와 학생들은 사제처럼 삭발했으며, 교회의 은급을 받았고, 교단에 소속되어 있었으므로 세속 정부의 체포와 처벌에서 면제되어 있었다. 그러나 교황권이 쇠퇴하고 왕권이 강해짐에 따라 국왕은 대학에 대해 통제권을 행사하기 시작했다. 중세 말 국왕은 대학의 재정적 특권과 사법적 특권 및 파업권을 박탈했다. 대학은 마침내 국왕의 수중에 들어갔다.

030 대헌장
Magna Carta

대헌장은 1215년에 잉글랜드의 존(John) 왕이 공포한 헌장이다. 존 왕은 '실지왕(失地王)'이라는 별명대로 땅을 빼앗긴 왕이다. 존 왕은 프랑스 국왕인 필립 오귀스트의 계략에 넘어가 오늘날 프랑스 내에 있던 영토를 상실했다. 이에 그는 신성 로마 제국 황제와 손잡고 프랑스를 상대로 전쟁을 벌였으나, 1214년 부빈 전투에서 패배하고 말았다. 왕이 땅을 빼앗기고 전쟁에서 패배한 것은 왕의 권위와 위신에 치명적인 손상을 입히는 것이었다.

왕권의 약화는 반대로 귀족권의 강화로 나타난다. 1215년 잉글랜드의 귀족들은 존 왕에게 봉건적 권리를 주장하고 나섰다. 왕이 여기에 굴복하여 서명한 것이 바로 대헌장(마그나 카르타)이다. 대헌장은 모두 63개 조항으로 구성되어 있으며, 기본적으로 교회와 봉신들의 권리를 보장하는 헌장이다. 가장 유명한 제12조와 제39조의 내용은 다음과 같다.

> 병역면제세 또는 보조금은 어떠한 것을 막론하고 짐의 왕국 일반 회의에 의하지 않는 한, 짐의 왕국 내에 부과되지 아니한다. 그러나 짐의 신체를 속죄하기 위하여, 짐의 장남을 기사로 하기 위하여, 또는 짐의 장녀의 초혼을 위하여 부과되는 경우에는 예외로 한다. 이러한 경우라 할지라도 합리적인 보조금 이상은 징수해서는 안 된다. 전기한 제한은 런던시의 보조금에도 동일하게 적용된다.

> 자유민은 누구를 막론하고 자기와 같은 신분의 동료에 의한 합법적 재판 또는 국법에 의하지 않는 한, 체포·감금·점유 침탈·법익 박탈·추방 또는 그 외의 어떠한 방법에 의해서라도 자유가 침해되지 않으며, 또한 짐 스스로가 자유민에게 개입하거나 관헌을 파견하지 않는다.

1215년 당시의 '자유민'은 성직자와 귀족층을 뜻하며, 인구의 대다수를 차지하는 농민들은 해당하지 않았다. 그러나 이 문서는 군주와의 투쟁에서 여러 차례 확인 과정을 거치면서 인권의 준거(準據)로 변신했다. 예를 들면 제12조는 "대의(代議) 없는 과세 없다."는 원칙으로, 제39조는 배심 재판(陪審裁判)의 원칙으로 해석되었던 것이다. 이렇게 해서 원래는 '봉건 문서'였던 대헌장이 인간의 기본권을 주장한 혁명 문서의 모태로 둔갑했

♠ 대헌장.

다. 귀족들이 과도한 국왕의 권력에 재갈을 물리는 이미지는 프랑스적인 폭력이 아니라 영국적인 신사도의 상징으로 소개되곤 한다.

031 데카브리스트의 난
Dekabrist

데카브리스트는 1825년에 개혁을 요구하며 거사했던 러시아의 청년 장교들을 말한다. 러시아어 '데카브리'는 12월이기 때문에, 데카브리스트는 '12월파'로 번역할 수 있다. 이들이 1825년 12월 14일(러시아력) 니콜라이 1세의 즉위식에서 일으킨 거사는 단 두 차례의 포탄 발사로 끝나고 말았다. 데카브리스트의 난은 그 자체로는 사소한 사건이었으나 궁극적으로는 1917년 10월 혁명으로 가는 일련의 봉기의 출발이라는 점에서 의의가 있다.

그것은 '위로부터의 혁명'이었다. 그럼 귀족인 청년 장교들은 왜 반란을 일으켰나? 1812년 나폴레옹은 60만 대군을 이끌고 러시아로 쳐

♠ 데카브리스트는 1825년 12월 러시아 최초로 근대적 혁명을 꾀했다.

들어왔다. 프랑스 군은 모스크바에 입성했으나, 모스크바는 화재로 인해 폐허로 변해 있었다. 긴 행군에 지치고 굶주린 프랑스 군은 쉴 곳을 얻지 못하고 퇴각할 수밖에 없었다. 러시아 군은 후퇴하는 프랑스 군을 쫓아 파리에 입성했다. 유럽의 자유로운 공기를 흠뻑 마시고 돌아온 젊은 장교들은, 정치적으로는 한 사람이 신처럼 군림하고 경제적으로는 농노제가 존재하는 조국의 낙후된 현실을 자각하게 됐다. 그들은 '프랑스 혁명'을 꿈꾸었다. 그들은 '비밀 결사'를 조직했고 1825년 12월 14일 거사했다. 그들은 입헌군주제의 실시와 농노제의 폐지를 주장했으나, 거사 계획이 사전에 누설되어 현장에서 체포되고 말았다. 새로 황제가 된 니콜라이 1세는 반란 가담자들을 직접 심문한 후 5명은 교수형에 처하고 120명은 시베리아로 유형을 보냈다.

032 도나티즘
Donatism

로마제국은 그리스도교를 박해했다. 순교자도 많았지만 배교자도 많다. 박해가 잠잠해진 후, 배교자의 처리를 놓고 논쟁이 벌어졌는데, 이단으로 몰린 것이 바로 노바티아니즘과 도나티즘이다.

3세기 중엽 데키우스 황제의 박해가 끝난 후, 배교자들이 다시 교회로 돌아오려고 하자 이들의 수용 여부를 둘러싸고 의견이 나뉘었다. 코르넬리우스는 배교자들을 수용하려 했으나, 노바티아누스는 살인·간음·거짓 증언 등은 용서받을 수 있어도 교회를 배신하는 죄만큼은 용서받을 수 없다고 교회의 순수성을 강조하면서 코르넬리우스와 대립했다. 공의회가 배교자들을 받아들이기로 결정하자 노바티아누스는 분리되어 나가 이단으로 정죄됐다. 이 사건은 교회 구성원들이 신앙적·도덕적·윤리적 순수함에 의해서 깨끗해지는 것이 아니라 예수 그리스도의 피로 깨끗해짐을 강조한 것이다. 바로 이때 눈에 보이지 않는 교회와 눈에 보이는 교회의 개념이 생겨났는데, 눈에 보이지 않는 교회는 진정한 신도들만 모여 있는 교회이고, 눈에 보이는 교회는 진정한 신도와 그렇지 못한 신도가 함께 있는 교회이다.

4세기 초 디오클레티아누스 황제의 박해가 끝난 후, 박해에 굴복하여 성서(聖書)를 넘겨주었던 북아프리카 카르타고의 주교가 다시 주교로 선출됐다. 도나투스는 배교자 주교가 집행한 성사는 무효라고 주장함으로써 성사의 효율성에 대한 논쟁을 촉발시켰다. 도나투스의 주장은 이러하다. 첫째, 진정한 교회는 하느님께 충성스러운 그리스도인들로만 구성된다. 둘째, 박해 시에 성서를 부인한 자들은 다시 세례를 받아야 한다. 셋째, 교회와 국가는 분리되어야 한다. 넷째, 배교자로부터 받은 세례와 안수는 무효. 도나티즘에 대해 히포의 주교인 아우구스티누스는 성사의 효율성은 성직자의 신앙적·도덕적 권위에서 나오는 것이 아니고 성부·성자·성령의 이름으로 교회법에 따라 적법하게 시행하는 데에서 나온다고 주장했다.

033 도덕 경제
Moral Economy

　도덕 경제란 선의, 공정함, 정의, 호혜성 등에 기초한 경제이다. 근대 사회가 이익의 극대화를 추구하는 시장 경제의 지배를 받는다면, 전근대 사회는 도덕 경제의 지배를 받는다. 전통적 규범에 따르면, 곡물의 생산·수확 특히 곡식과 빵의 유통은 소비자의 이익을 보호하도록 조정되어야 한다. 그런데 곡식과 빵이 수요와 공급이라는 시장 경제의 원칙에 따라 수요가 적은 지역에서 수요가 많은 지역으로 흘러들어가면 기근이 발생하거나 식량 폭동이 일어날 위험이 있는데 도덕 경제론은 이러한 식량 폭동을 정당화시킨다. 전근대 시대의 민중들은 가격이란 시장에서의 수요와 공급에 의해 결정되는 것이 아니라고 생각했다. 그들은 신으로부터 주어진 '공정 가격'이 있으며, 이 가격에 따라 인간은 경제 행위를 해야 한다고 생각했다. 기독교가 지배하던 시대에 '고리대금'을 금한 것', 프랑스 혁명기에 상퀼로트가 최고 가격제를 요구한 것 등은 도덕경제의 표현으로 볼 수 있다.

034 도시국가
polis

　'도시국가'는 'polis'를 번역한 말이다. 고대 그리스에는 수백 개의 도시국가가 있었다. 도시국가의 크기는 다양했다. 넓이가 8,500평방킬로미터인 크레타 섬에는 100여개의 도시국가가 있었으니 도시국가의 평균 면적은 85평방킬로미터에 불과했다. 아테네는 2,500평방킬로미터로 초강대국이었으며, 가장 큰 도시국가였던 스파르타는 8,400평방킬로미터였다.

♠ 아테네의 아크로폴리스.

 도시국가라고 하지만 '도시'로만 이루어진 것은 아니다. 도시국가는 도시와 주변의 농촌으로 이루어졌다. 농촌에 살던 농민들도 도시국가의 '시민'이었다. 도시국가의 주민은 이러한 시민과 노예, 그리고 거류외인으로 구성되어 있었다. 시민들은 자유민으로서 도시국가의 정치에 참여했다. 다시 말해 폴리스는 자유로운 시민들이 자치하는 정치체제이다. '정치'(politics)는 '도시국가'(polis)에서 유래한 개념으로 원래 시민들의 자치라는 의미를 가지고 있다.

035 도편추방제
Ostracism

도편추방제(陶片追放制)란 아테네의 시민들이 국가에 해를 끼칠 위험이 있다고 여겨지는 사람의 이름을 도편(도자기 조각)에 써 넣어 추방한 제도이다. 기원전 487년에 처음 시행되어 기원전 417년까지 모두 11명을 추방했다. 70년 동안 11명을 추방했으니, 6년 반마다 도편추방제를 실시한 셈이다. 11명 가운데 처음 3명은 원래의 취지대로 참주를 예방하기 위한 조치로 볼 수 있지만, 그 후에는 정적 제거의 수단으로 변질됐다.

도편추방의 절차는 신중했다. 먼저 도편추방이 필요한지의 여부를 결정하는 투표를 실시했다. 도편추방이 필요하다고 결정될 경우, 추방하고 싶은 사람의 이름을 도자기 조각에 기입했다. 선동을 방지하기 위해 토론 없이 투표가 진행됐다. 투표가 끝나면 도편을 셌는데, 먼저 정족수인 6천 표가 되는지를 확인했고, 그 다음은 개인별 집계를 해서 최다 득표자를 추방하는 식이었다. 6천 표를 정족수로 보지 않고 추방에 필요한 가결수로 보는 견해도 있는데, 아테네의 인구나 선거 참여 상황 등을 고려해 볼 때 6천이라는 숫자는 정족수로 보는 게 옳을 것이다. 이렇게 결정된 사람은 10일 이내에 아테네를 떠나야 했다. 추방 기간은 10년으로 당사자만 추방했다. 재산을 몰수하지 않았고, 시

♠ 사람의 이름이 새겨진 도편 유물.

민권도 보전해 주었다.

　도편추방제는 신중한 제도였고, 또 기존의 반(反)참주법에 비하면 온건한 편이었다. 그렇지만 그것은 정의롭지 못한 제도였다. 그것은 죄가 있는 사람을 처벌하는 제도가 아니라 죄가 있을지 모르거나 앞으로 죄를 지을 가능성이 있는 사람을 처벌하는 제도였다. 그것은 일종의 인민재판에 해당하는 것으로 민주주의를 가장한 폭민정으로 보아야 할 것이다.

036 독일 농민 전쟁
der Deutsche Bauernkrieg

　루터의 종교개혁이 일어나고 7년이 지난 1524년 6월 라인 상류 지방의 쉬튈링엔 백령에 속한 촌락에서 농민 봉기가 일어났다. 추수 작업으로 바쁜 예속 농민들에게 백작 부인이 실을 감는데 사용할 달팽이 집을 수집하라는 부정기 부역을 과하자, 농민들이 격분하여 봉기를 일으킨 것이다. 1525년 1월 동쪽의 오버쉬바벤 지방에서 농민군이 구성되면서 본격적인 농민 전쟁이 시작됐다. 여기에서 유명한 '농민 강령 12개조'가 발표되었는데, 그 내용은 다음과 같다.

1. 공동체 자치에 의한 촌락 사제 임면
2. 소십일조의 폐지와 대십일조의 운영 원칙 규정
3. 농민의 인신 예속 폐지
4. 공동체의 수렵어로권 보장
5. 촌락 공동체의 삼림 이용권 보장
6. 부역의 감소
7. 토지의 차경 조건 및 부역 노동의 개선

♠ 1524년부터 1525년까지 독일 각지에서 대규모의 농민전쟁이 발발했다.

8. 지대의 인하
9. 영주의 자의적 사법권 행사 규제
10. 공동체 소속 토지 재산의 환수
11. 농민의 사망에 따른 자의적인 상속세 부과 폐지
12. 제시한 요구 사항이 성서의 가르침에 근거하고 있음을 강조

독일 농민 전쟁은 1525년 2월부터 극적인 국면으로 돌입하여 6월에 종료됐다. 사태의 절정기인 3월에서 5월까지-당대인의 추산에 의하면-대략 20만에서 30만의 농민과 도시의 하층민이 무장 봉기에 가담했으며, 이 가운데 약 10만 명의 농민이 희생당한 것으로 알려져 있다.

'전쟁'-전쟁이라는 표현은 이미 당시에 사용됐다-은 두 명의 유명한 희생자를 낳았다. 마르틴 루터와 토마스 뮌처이다. 뮌처는 처음에는 루터를 추종했으나, 점점 신비주의로 기울면서 루터와 결별했다. 뮌처는 루터를 '살찐 돼지이며 안일한 삶을 사는 형제'라고 비난했으며, 자신을 그리스도의 나라의 도래를 세상에 알릴 '새로운 다니엘'이라고 생각했다. 농민 전쟁이 일어나자 뮌처는 이것을 천년왕국의 징조라고 해석했다. 뮌처는 하느님과의 계약을 상징하는 무지개를 그린 깃발을 앞세우고 2천 명의 농민군을 지휘했다.

루터는 처음에는 농민들에게 호의적이었다. 그는 일찍이 영주가 농민에 대한 처우를 개선하지 않으면 피로 손을 씻을 것이라고 경고한 바 있다. 루터는 폭력 사태를 막기 위해 튀링겐 지역으로 가서 농민과 제후의 협상을 종용했고, 뮌처파와 열띤 신학 논쟁을 벌이기도 했다. 그러나 농민들이 복음주의로 복귀하고 하느님 앞에서의 만인 평등을 요구하며 과격해지자, 농민 봉기에 반대하는 입장을 분명히 했다.

루터는 「강도와 살인의 농민 무리들에 대항하여」에서, "농민들이 공

공연하게 반란을 일삼는다면 그것은 하느님의 법에 어긋나는 일입니다. 그러므로 누구든지 할 수 있거든, 은밀하게든지 공공연하게든지, 쳐죽이고 목 졸라 죽이고 찔러 죽이게 하십시오. 반역자보다 더 해롭고 아프며 악마적인 것은 없습니다. 그건 미친개를 죽이지 않으면 안 되는 것과 마찬가지입니다. 그 개를 때려눕히지 않으면 오히려 당신과 온 지역이 물려 죽을 것입니다."라며 무자비한 진압을 부추겼다. 뮌처는 살육 현장에서 살아남아 도시로 도주했으나 체포되어 죽는다. 루터의 뜻대로 이루어졌지만, 루터는 농민들의 지지를 상실했다. 루터에게 배신당했다고 생각한 농민들은 다시 가톨릭으로 돌아갔다. 오늘날 남부 독일이 가톨릭인 것은 여기에 기인한다.

037 둠즈데이 북
Doomsday Book

1066년 프랑스 왕국의 노르망디 공작 기욤(Guillaume)은 잉글랜드를 점령하여 정복왕 윌리엄(William)이 됐다. 1086년, 그는 과세 목적으로 전국적인 토지조사사업을 벌여『둠즈데이 북(Doomsday Book)』을 작성했다. 이 책은 당시에는 '잉글랜드에 대한 설명'으로 불렸으나, 12세기 중엽부터는 '둠즈데이 북'으로 불린다. 둠즈데이는 '최후의 심판의 날'을 뜻하는데, 아주 자세한 것까지 다루고 있어서 도저히 빠져나갈 수 없다는 데서 붙여진 이름이다. 이 책은 정밀도나 제작 속도에 있어서 중세 최고의 행정 업적으로 평가받는다.

『둠즈데이 북』은 노섬벌랜드 · 더럼 · 웨스트몰랜드 · 컴벌랜드, 북부 랭커셔를 제외한 잉글랜드의 모든 주를 망라하고 있다.『둠즈데이 북』은 2권으로 되어 있는데, 제1권『대(大)둠즈데이 북』은 조사 대상 지역 가운데 에식스·노퍽·서퍽을 뺀 모든 주에 대한 최종적인 기록을 담고 있다. 제2권 『소(小)둠즈데이 북』에는 위 3개의 주에 대해 조사관들이 보낸 보고서가 들어 있다.

제1권에는 각 주의 명칭을 제목으로 하여 국왕부터 최하위 국왕 봉토 수령자에 이르기까지 토지 소유자들의 이름이 적혀 있다. 그 다음에는 영지에 대한 사항으로, 1066년과 1086년 당시 장원 소유

♠ 둠즈데이 북.

주의 이름과 장원의 규모, 경작 가능 토지 면적, 자유농과 농노의 수, 쟁기의 수, 삼림·목초지·방목지 등 공유지의 면적, 방앗간·양어장·문화시설의 수, 그리고 마지막으로 파운드로 환산한 장원의 1년 수입 평가액 등이 자세하게 나와 있다. 『둠즈데이 북』은 잉글랜드 대다수의 촌락 및 도시에 대한 최초의 기록으로, 노르만 정복 이후의 잉글랜드를 연구하는 데 빼놓을 수 없는 중요한 자료이다.

038 드레퓌스 사건
Dreyfus Affair

1894년 말 프랑스 육군 대위 알프레드 드레퓌스는 독일군에게 비밀문서를 넘겨주었다는 죄목으로 재판에 회부됐다. 비밀문서의 필적은 드레퓌스의 필적과 달랐지만, 참모 본부는 드레퓌스를 범인으로 지목했다. 왜냐하면 드레퓌스는 유대인이었기 때문이다. 프랑스는 프랑스

▲ 드레퓌스(Alfred Dreyfus, 1859~1935).

혁명 이후 유대인에 대한 법률적인 차별을 폐지했지만 반유대주의적인 감정은 군부 같은 보수 진영에는 여전히 강하게 남아 있었다. 유대인이니 당연히 국가의 배신자라는 것이 그들의 생각이었다. 반유대주의 신문들은 '드레퓌스는 프랑스 국민을 파멸시키고 프랑스 영토를 차지하려는 국제적 유대인 조직의 스파이'라고 주장하면서 사형을 요구했다. 드레퓌스는 군사 법정에서 종신형을 선고받고, 아프리카의 기아나 해안에 있는 '악마의 섬'으로 이송됐다.

드레퓌스는 보불 전쟁 이후 독일에 귀속된 알자스 출신으로 독일에 대한 반감을 가지고 있었으며, 또한 부유했기 때문에도 독일을 위해 스파이 노릇을 할 이유가 없었다. 드레퓌스의 무죄를 확신한 가족의 노력은 아무런 결실을 거두지 못했고, 드레퓌스의 이름은 세상에서 잊혀 가고 있었다. 1896년 육군 정보국의 조르주 피카르 대령은 다른 스파이 사건을 조사하던 중 우연히 드레퓌스 사건의 서류철을 보았고, 두 가지 놀라운 사실을 발견했다. 하나는 드레퓌스의 유죄를 입증할 만한 증거가 없다는 것이었고, 다른 하나는 비밀문서의 필적이 에스테라지 소령의 필적과 동일하다는 것이었다. 그는 진상을 상부에 보고하면서 에스테라지를 체포하고 드레퓌스에 대한 재판을 다시 열어야 한다고 주장했다. 그러나 군부는 피카르 대령의 요구를 거부하고, 그를 북아프리카로 내려 보냈다.

드레퓌스 가족의 고발로 에스테라지는 재판에 회부되었지만, 재판부는 만장일치로 무죄를 선고했다. 오히려 피카르 대령이 변호사에게

♠ 드레퓌스 재판 과정이 담긴 신문.

군사 기밀을 누설했다는 혐의로 체포됐다. 유럽의 신문들은 "이제 프랑스는 존재하지 않는다."고 애도했다. 자유·평등·형제애의 나라 프랑스는 세계의 조소를 받는 신세로 전락했다. 프랑스 국민은 드레퓌스 사건 재심 요구파와 재심 반대파로 양분됐다. 공화제와 프랑스 혁명 이념에 반대하는 왕정복고주의자들과 옛 귀족들, 드레퓌스를 감옥으로 보낸 군부, 반유대주의로 무장한 과격 가톨릭주의자, 보수적인 정치인, 군국주의자들 및 이들과 연계된 신문들이 재심 반대의 깃발을 높이 들고 대중을 선동했다. 양심적 지식인과 법률가들, 공화주의자와 진보적 정치인들, 소수의 신문들이 재심 요구파를 이뤘다. 사회주의자들은 처음에는 이 사건을 부르주아의 내전으로 보고 방관했으나, 곧 드레퓌스파에 가담했다. 장 조레스는 "불법에 항거하는 것은 인간을

109

▲ 에밀 졸라(Emile Zola, 1840~1902).

구하는 것일 뿐만 아니라 직접적으로 노동계급을 위하는 것이다."라고 말했다.

1897년 1월 13일 절망의 분위기가 일거에 반전됐다. 클레망소가 운영하는 신문인 「로로르(여명)」에 에밀 졸라가 「나는 고발한다」라는 논설을 실은 것이다. 대통령에게 보내는 공개 서한 형식의 논설에서, 졸라는 드레퓌스를 죄인으로 만들어 군부의 과실을 은폐하려 한 장군들, 엉터리 증언을 한 필적 감정 전문가, 드레퓌스에게 유죄를 선고한 첫 번째 군사 재판과 에스테라지에게 무죄를 선고한 두 번째 군사 재판을 고발했다.

「로로르」는 30만 부나 팔려 나갔다. 쥘 게드는 '졸라의 편지는 우리 세기의 가장 위대한 혁명 문서'라고 평가했다. 세계 각지에서 3만 통의 편지와 전보가 날아와 졸라의 고발을 지지했다. 마크 트웨인은 「뉴욕 헤럴드」에서 이렇게 선언했다. "나는 졸라를 향한 존경과 가없는 찬사에 사무쳐 있다. 군인과 성직자 같은 겁쟁이, 위선자, 아첨꾼들은 한 해에도 100만 명씩 태어난다. 그러나 잔 다르크나 졸라 같은 인물이 태어나는 데는 5세기가 걸린다." 그러나 프랑스의 군중들은 "졸라를 죽여라!", "유대인을 죽여라!", "군대 만세!"를 외치면서 폭동을 일으켰다. 수많은 유대인들이 살상당하고 유대인 상점들이 파괴됐다.

드레퓌스 사건의 열병이 전국을 휩쓰는 가운데 에밀 졸라는 군법 회의를 비방했다는 죄로 기소되어 징역 1년을 선고받았다. 프랑스는 다시 한 번 국제적 웃음거리가 됐다. 발작적인 반유대주의에 위협을 느낀 졸라는 영국으로 망명해야만 했다. 재심 요구파에 가담한 교수들은 대학에서 쫓겨났고 드레퓌스를 두둔한 정치가들은 선거에서 대부분 낙선했다.

1898년 8월 30일 예기치 못한 사건이 일어나 사태를 반전시켰다. 일찍이 피카르 대령을 모함하기 위해 에스테라지와 짜고 문

♠ 『로로르』지에 실린 에밀 졸라의 기고문.

서를 날조했던 참모 본부의 앙리 중령이 진상이 발각될 위기에 몰리자 자살한 것이다. 이로써 재심 요구파는 유리한 국면을 맞이했다. 파리의 신문들은 일제히 참모 본부를 비난하고 나섰다. 이제 재심은 불가피해졌다. 마침내 1899년 6월 3일 고등법원은 1894년 12월의 재판이 무효임을 선언하고 재심을 명령했다.

재심이 시작됐다. 드레퓌스는 죄가 없다는 것밖에 아무 할 말이 없었다. 변호사 라보리는 법정으로 가는 길에 괴한의 저격을 받아 부상당했다. 참모 본부는 거짓말을 계속했고 군사 법정의 재판관들은 드레퓌스에게 금고 10년의 유죄 판결을 내렸다. 전 세계의 프랑스 대사관 앞에서 항의 시위가 열렸고, 이듬해 파리에서 열리는 세계 박람회를 보이콧하자는 결의가 이루어졌다. "범죄자는 드레퓌스가 아니라 프랑스다."라는 사설들이 세계 언론을 장식했다. 위기에 몰린 대통령은 1899년 9월 19일 드레퓌스를 특별 사면했다.

드레퓌스는 1904년 3월 재심을 청구했고, 1906년 7월 12일 최고 제

판소로부터 무죄 선고를 받았다. 12년을 끌어온 사건의 막이 내린 것이다. "발표하면 독일과의 전쟁이 일어날지도 모른다."라며 참모 본부가 그토록 외쳐 온 '중대한 기밀문서'는 없었다. 오로지 협잡과 음모를 위해 날조된 허위 증거 문서뿐이었다. 드레퓌스는 같은 해 7월 22일 육군 소령으로 복귀했다. 드레퓌스는 제1차 세계 대전이 일어나자 두 차례의 전투에 참가하여 중령으로 진급하였으며, 1935년 7월 11일 사망했다.

반드레퓌스파는 자살한 앙리 중령을 영웅이자 순교자로 만들었다. 반유태계 일간지인 「리브르 파롤」은 앙리의 명예훼손 사건에 대한 소송비용을 지원하기 위한 성금을 모금했고, 약 2만5천 명의 시민들이 반유대주의 선동에 호응했다. '유대인은 프랑스인이 아니다!', '순수한 프랑스 혈통의 여자', '교회·프랑스·군대 만세!', '우리 프랑스의 피를 빨아먹는 악독한 거미', '유대인과 결혼하느니 독신으로 지낼 노처녀' 등등의 반유대주의적인 말들이 독자 투고란을 장식했다.

드레퓌스 사건은 1871년 독일과의 전쟁에서 패배한 후 프랑스인들 사이에 반유대주의 정서가 얼마나 팽배했는지를 보여주는 사건이다. '유대인은 외국인이기 때문에 조국이 없다.'라는 편견이 죄 없는 드레퓌스를 배신자로 만들어 버린 것이다. 그러나 프랑스에는 프랑스 혁명의 정신이 살아 있었다. 국가 이익과 진실의 싸움에서 민족주의 사상가인 샤를 모라스는 프랑스 군부의 위조를 '애국적 위조'라며 옹호했으나, 에밀 졸라를 위시한 지식인들의 '진실'이 승리를 거두었다.

독일은 제1차 세계 대전의 패배 이후 유사한 상황을 맞이했다. 조국이 없는 유대인들의 배신으로 패전의 굴욕을 당했다는 반유대주의 정서가 팽배해졌고, 결국에는 파시즘의 지배를 받게 된다. 반유대주의 하나만 놓고 본다면, 파시즘으로 넘어갈 위험성은 독일보다 프랑스가 더 컸다. 그러나 프랑스는 위기를 극복했다. 그 힘은 '진실'을 가장 소중한 가치로 여긴 지식인들이 있었기 때문이며 계몽사상의 전통이 남아 있었기 때문일 것이다. 드레퓌스 사건은 언제나 '애국적 위조'의 유혹을 받고 있는 민족주의자들에게 좋은 교훈이 되지 않을까 한다.

▶ 관련 항목 : 반유대주의

039 디거스
Diggers

1642년 잉글랜드 내전에서 의회파가 왕당파를 격파하고 승리를 거두었다. 의회파는 장로파와 독립파로 분열됐다. 사태를 장악한 독립파에 공화정, 종교적 관용, 십일조의 폐지, 법 앞에서의 평등을 주장하는 수평파(Levellers)의 주장이 파고들었다. 독립파는 기존 사회제도의 유지를 지지하는 고급 장교들과 새로운 사회를 요구하는 사병들로 분열됐다.

수평파는 사유재산을 부정하지 않았다. 이에 반해 제러드 윈스턴리를 위시한 디거스는 장원제와 지주제의 전면 폐지와 토지의 공동 경작을 주장했다. 이들은 정복왕 윌리엄이 잉글랜드를 정복한 이래 인민은 자유를 상실하고 억압과 전제 밑에서 생활했는데, 이를 구제하기 위해서는 공유지와 미경작지를 개간·경작할 필요가 있다고 주장했다. 1649년 윈스턴리가 이끄는 30명 가량의 디거스는 서리 주(州)의 세인트조지스힐로 이주하여 공유지를 개간하고 경작하기 시작했다. 그러나 정부의 탄압으로 이 운동은 1년 만에 실패로 끝났다.

이들은 '진정한 수평파'를 자처했으며, 일종의 농업 공산주의를 지향했다. '디거스'라는 이름은 『사도행전』의 "그 많은 신도들이 다 한마음 한 뜻이 되어 아무도 자기 소유를 자기 것이라고 하지 않고 모든 것을 공동으로 사용했다."(4：32)에서 따온 것이다. 디거스는 '밭갈이파'라고도 불린다.

▶ 관련 항목 : 청교도 혁명, 수평파

ㄹ

040 라티푼디움
Latifundium

라티푼디움은 대농장이라는 뜻이다. 로마는 전통적으로 소규모 자영농이 경작을 담당했으나, BC 2세기 초 로마가 점령지의 토지를 몰수해 분배하면서 라티푼디움이 나타나기 시작했다. 라티푼디움을 소유한 로마의 부유한 상류 계급은 소규모 토지를 가진 농민들에

♠ 라티푼디움에서 경작 중인 노예들.

비해 유리했다. 그래서 AD 3세기 무렵에 라티푼디움은 이탈리아 본토와 로마 속주(屬州)에서 일반적인 농경 단위로 자리 잡았다. 라티푼디움에서는 노예가 주로 경작을 담당했는데, 노예는 가축과 농기구 같은 동산(動産)으로 취급되어 감가상각됐다. 그러나 제정(帝政) 말기에 이르러 노예 공급의 감소와 노예제 경영의 비생산성 때문에, 노예 대신 소

규모 농지를 경작하는 '콜로누스(소작농)'들이 늘어났다. 고대의 라티푼디움은 노예가 집단으로 경작하는 데 반해, 중세의 장원은 소토지를 할당받은 농노(농민)들이 경작한다는 점에서 차이를 보인다.

▶ 관련 항목 : 노예

041 러시아 혁명
Russian Revolution

'러시아 혁명'은 1917년 10월에 일어났다. 주동 세력의 이름을 따서 '볼셰비키 혁명'이라고도 부르며, 10월에 일어났기 때문에 '10월 혁명'이라고도 부른다. 옛 러시아 달력으로 10월, 서양식 역법인 그레고리우스력으로는 11월인데, '10월 혁명'이라고 부르는 것이 일반적이다.

♠ 1917년 3월 16일 페트로그라드의 혁명군과 군인들.

♠ 혁명 세력에 쫓겨나기 전, 차르 니콜라스 2세와 그 가족이 러시아군 장교들과 함께 있다.

　이 혁명의 결과, 인류역사상 처음으로 사회주의 및 공산주의 사회의 실현을 '지향' 하는 노동자·병사·농민 소비에트 국가가 수립되었으며, 자본주의적 발전에 대해서 '사회주의적 경로의 근대화'라는 새로운 대안이 제시됐다. 그러나 혁명 이후의 내전, 스탈린 폭정, 냉전 등을 거치면서 붕괴된 현실 사회주의 국가 소련의 실제 모습은 과연 이 혁명이 소련 역사학의 공식 명칭대로 '사회주의 10월 대혁명'이었는지, 그리고 근대화의 대안이었는지 의문을 자아낸다. 마르크스주의 역사가인 홉스봄의 평가를 경청할 가치가 있다.

　　1917년 마르크스주의자들 – 러시아 마르크스주의자들을 포함 – 의 전반적인 여론에 따르면 소련은 다른 곳에서의 혁명의 실패로 인해 사회주의를 건설하기 위한 조건이 전혀 존재하지 않았던 나라에서 홀로 사회주의의 건설에 전념해야 했다. 사회주의 건설 시도는 주목할 만한 성과들, 특히 제2차 세계대전에서 독일을 패배시킬 수 있었던 능력을 낳았지만 그 과정에서 엄청나고 참을 수 없는 인명 손실을 냈고, 결국 앞길이 막힌 경제와 좋게 말할 점이 전혀 없는 정치 체제를 낳을 수밖에 없었다. '러시아 마르크스주의의 아버지'인 게오르기 플레하노프는 10월 혁명은 기껏해야 '붉은 색의 중국 제국'이 될 수 있을 것이라고 예언하지 않았던가? 소련의 보호를 받으며 부상한 다른 '현존' 사회주의 역시 동일하게 불리한 조건하에서 움직였다. 불리한 정도가 덜했고, 소련에 비해서 사람들의 고생이 훨씬 덜했지만 말이다. 이러한 유형의 사회주의의 소생이나 부활은 가능하지도 바람직하지도 필요하지도 않다.

우리 시대의 많은 지식인들은 현실 사회주의의 붕괴에 충격을 받거나 좌절했지만, 로자 룩셈부르크 같은 당대의 마르크스주의자들은 이미 그때부터 볼셰비키의 독재를 비판했으며, 소련의 붕괴를 예언했다. 레닌은 '사회주의'를 지향하는 혁명을 일으켰고, 권력을 잡는 데까지는 성공했으나, 사회주의 국가를 세우는 데에는 실패했다. 레닌은 혁명의 조건이 성숙하지 않은 상태에서 무리하게 혁명을 일으킨 혁명의 연금술사였던 것이다.

▶ 관련 항목 : 레닌주의

042 레닌주의
Leninism

1917년 러시아 혁명은 몇 가지 모순을 지니고 있다. 첫째, 그것은 마르크스의 이름을 내걸고 일어난 혁명이면서도 마르크스가 기대했던 영국과 같은 자본주의 국가가 아니라 마르크스가 저주했던 동방의 전제주의 국가에서 일어났다. 둘째, 그것은 개인에게 큰 의미를 부여하지 않는 철학에 기초하면서도 다른 어느 혁명보다 레닌이라는 개인의

♠ 1897년 레닌이 시베리아로 유형 가기 전에 찍은 사진. 중앙에 레닌, 그의 오른 편에 마르토프가 앉아 있다.

힘에 의존했다. 셋째, 그것은 농민이 절대 다수를 차지하는 나라에서 프롤레타리아 독재를 수립했다. 이러한 모순을 설명해 주는 것이 레닌주의이다.

　마르크스와 엥겔스는 사회주의 혁명이 당시 가장 선진적인 자본주의 국가인 영국에서 일어날 것으로 기대했다. 레닌을 위시한 러시아 마르크스주의자들의 기대와는 달리, 마르크스는 정치적으로나 경제적으로 낙후된 러시아에서 혁명이 일어날 것으로는 전혀 기대하지 않았다. 물론 말년의 마르크스는 러시아의 인민주의자들처럼 러시아가 미르(Mir) 공동체에서 자본주의 단계를 거치지 않고 곧바로 사회주의 단계로 이행할 수도 있음을 내비치기는 했지만, 그것은 서구에 뿌리내린 사회주의 체제의 도움을 통해서만 가능하다는 조건하에서였다. 마르크스

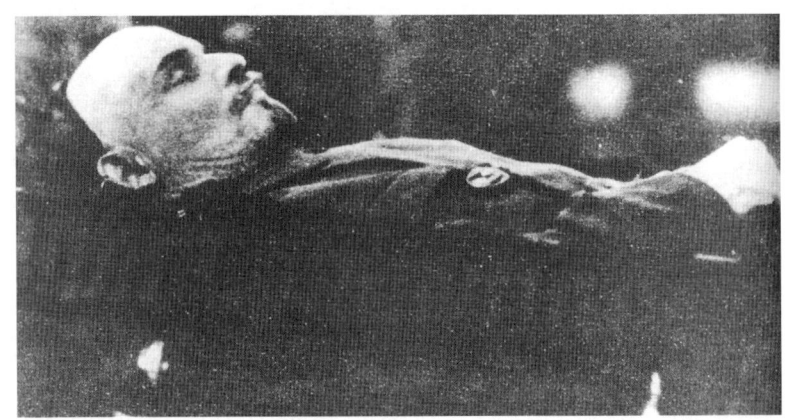
♠ 1924년 운명을 맞이한 러시아 혁명의 아버지 레닌.

의 교리와 러시아의 혁명적 열망 사이의 괴리를 메운 이론이 '제국주의론'이다. 레닌에 의하면, 자본주의의 최종 단계는 제국주의 전쟁 단계인데, 이때 자본주의 질서의 '약한 고리'에서 혁명이 일어날 수 있다. 실제로 레닌은 제1차 세계 대전을 제국주의 전쟁으로 규정하면서 '약한 고리' 러시아에서의 사회주의 혁명 발발을 정당화시켰다.

노동자들의 자발적인 혁명이 불가능한 상황에서 소수 혁명 엘리트들이 혁명을 주도하는 것은 불가피한 일이었지만, 거기에는 노동자들에 대한 불신도 깔려 있었다. 레닌은 노동자들이 혁명 의식을 습득하여 혁명가로 헌신하기 보다는 노동 조건과 생활환경의 개선으로 만족하여 '노동 귀족'이 될 것을 우려했던 것이다. 따라서 레닌이 설계했던 혁명은 소수 정예가 주도하는 혁명이며, 폭력의 사용도 마다하지 않는 혁명이었다. 폭력의 사용이라는 점에서 레닌주의는 마르크스주의와 차이를 보인다. 자본주의의 내적 모순, 혁명적 상황의 객관적 조건, 노동계급에 대한 호소력 등을 강조하는 마르크스주의자들은 대체로 폭력에 호소하는 것을 꺼렸다. 그러나 이러한 조건이 성숙하지 못한 곳에서 혁명을 강행할 수밖에 없었던 레닌에게는 고도의 중앙 집권적인 조직과 전술, 폭력의 사용이 필수불가결한 수단이었다.

레닌은 국가 권력을 장악하기 위한 무장 봉기의 필요성을 정당화시키기 위해 '프롤레타리아 독재론'을 제시했다. 레닌에 의하면, 공산주의의 수립으로 국가가 사멸하기 전에 이행기의 단계로서 '프롤레타리아 독재'가 필요하다는 것이다. 그러나 그것은 이미 그 당시에 로자 룩셈부르크가 관찰했듯이, 프롤레타리아 독재가 아니었다.

> 독재인 것은 맞다. 그러나 프롤레타리아의 독재가 아니라 한 줌의 정치꾼들의 독재이다. 말하자면, 부르주아적 의미에서의 독재이며, 자코뱅적 헤게모니의 의미에서의 독재이다. 게다가 그러한 상황은 필연적으로 야만(野蠻)의 비등을 야기할 것이다.

혁명은 로자 룩셈부르크의 예언대로 진행됐다. 여건이 성숙하지 않은 상태에서 무리하게 추진된 혁명이 어떠한 참극으로 종결되었는지는 역사가 증명해 주었다.

▶ 관련 항목 : 러시아 혁명

043 로마네스크 양식
Romanesque

'로마네스크'라는 용어는 19세기 초에 고고학자인 샤를 드 제르빌이 중세 유럽의 건축을 설명하기 위해 처음 사용한 용어이다. 이 용어는 고딕 건축 양식 이전의 양식, 그러나 로마식 둥근 아치를 유지하고 있어서 로마식 건축 양식의 연속으로 보이는 중세 양식을 지칭했다.

♠ 프랑스 툴루즈의 생 세르넹 성당 내부.

19세기의 예술사가들은 로마네스크 양식이 로마 건축 양식의 연속이라고 주장했지만, 로마의 벽돌과 석조 건축 기술은 유럽의 대부분 지역에서 상실되었으며, 공공건물을 제외하고는 거의 채택되지 않았다. 오늘날 이 용어는 10세기 말에서 12세기까지의 건축 양식을 지칭하는 데 사용된다. 영국에서는 노르만 양식이라고 부른다.

로마네스크 양식은 두꺼운 벽, 둥근 아치(위 그림에서 보듯 툴루즈의 생 세르넹 천장은 고딕식의 교차아치가 아님을 알 수 있다.), 단단한 창간벽, 커다란 탑 등이 특징이다. 로마네스크 양식의 뒤를 이어 나타나는 고딕 양식이 경쾌하고 밝은 데 비해 육중하고 어둡다. 로마네스크 양식은 수도원에 잘 어울린다고 볼 수 있다. 10세기 초에 세워진 클뤼니 수도원이 대표적인 로마네스크 양식 건물이다.

▶ 관련 항목 : 고딕 성당

044 로코코 양식
Rococo

로코코(rococo)라는 말은 로카이유(rocaille)라는 프랑스 어에서 왔다. 로카이유는 조약돌이나 조개 따위로 만든 장식물 혹은 인조암이다. 로코코 양식이란 조약돌이나 조개껍질을 세공하여 가구나 건축물 등을 장식하는 것을 가리킨다. 로코코 양식은 18세기 초 파리에서 시작되어 곧 프랑스 전역과 독일 및 오스트리아로 퍼진 실내장식, 장식 예술, 회화, 건축, 조각 양식으로서, 정교하며 우아하나 곡선과 자연 형상을 지나칠 정도로 많이 사용한 것이 특징이다.

로코코란 로카이유와 바로크를 합성한 단어라는 점에서 알 수 있듯이, 로코코는 바로크에 뒤이어 나타난다. 로코코 양식은 루이 14세의 베르사유 궁전의 웅장함과 그의 치세 동안에 유행한 바로크 양식에 대한 반발로 생겨났다. 로코코 양식은 베르사유에 군림하고 있던 절대왕정에 반발한 파리 부르주아들의 양식으로서, 루이 14세 말년의 종교적 엄격함이 끝난 루이 15세 시절에 전성기를 맞이한 후, 1760년부터는 신고전주의에 자리를 물려준다.

▶ 관련 항목 : 바로크 양식

045 루터주의
Lutherism

마르틴 루터(Martin Luther)는 1483년 독일의 아이슬레벤에서 출생했다. 아버지는 튀링겐의 농민이었지만 광산업으로 재산을 모았다. 그는 아들을 출세시키기 위해 에르푸르트 대학에 보내 법학을 공부시켰다. 그러나 1505년, 루터는 부모의 기대를 저버리고 아우구스티누스

♠ 루터와 그의 가족.

수도원에 들어갔다. 마르틴은 금식, 기도, 고해 등 수도원의 규칙을 철저하게 지킨 성실한 수도자였다. 너무 자주 고해를 해서 그의 고해를 듣다 지친 고해 사제가, 마르틴의 죄는 정말 하잘 것 없는 것이니 고해다운 고해를 하려면 밖에 나가서 간음 같은 죄다운 죄를 저지르라고 농담을 건넬 정도였다. 그러나 할 수 있는 모든 일을 다 해도 영적인 평안을 얻을 수 없었던 루터는 하느님의 분노를 달랠 만큼 충분한 선행을 할 수 없다는 사실에 두려워했다.

루터는 바울의 『로마서』에 나오는 "의인은 믿음으로 살리라."는 구절에서 해답을 찾았다. '신앙에 의한 의인(justification by faith, 義認)', 이 말의 뜻은 신의 의(義)는 선행과 종교의식을 요구하지 않는다는 것이다. 인간은 자기의 선행에 의해서가 아니라, 구원받도록 예정된 자에게 주어지는 하느님의 은총에 의해서만 '의롭다 여김' 즉 구원을 얻는다는 것이다. 신앙과 선행이 대립적인 것은 아니었다. 신앙이 있는 사람은 선행을 하기 마련이기 때문이다. 그러나 우위에 놓이는 것은 어디까지나 신앙이었다. 이렇게 루터는 아우구스티누스의 은총설을 재발견한 것이지만, 루터에게는 새로운 발견이었다. 루터는 『그리스도인의 자유』에서 다음과 같이 설명한다.

> 그리스도인은 믿음 하나로 충분하다. 의롭게 되기 위해서는 따로 선행을 할 필요가 전혀 없다. 이렇게 될 때 그는 율법에서 풀려나 자유롭다. 그러나 그는 이것 때문에 게으르거나 흐트러져서는 안 된다. 선한 일이 사람을 선하게 만들지는 않지만 선한 사람은 선한 일을 한다. 선행을 배척하는 것이 아니라 높이 평가한다는 점을 이해하라. 내 편에서 아무런 공로도 세우지 않았는데, 하느님께서는 그의 순수한 자비로 나에게 그런 엄청난 보화를 주셨는데 누가 시키지도 않지만 내가 마음껏 신이 나서 그분의 마음에 드는 일을 모조리 하지 않고 배길 수 있겠는가? 그리스도께서 날 위해 자신을 바치셨듯이, 나는 이웃에게 나 자신을 이를테면 그리스도를 바치겠다.

루터는 교회의 면벌부 판매 관행을 용납할 수 없었다. 그것은 믿음에 의해 구원을 받는다는 확신에 위배되기 때문이다. 1517년에 독일에서 있었던 면벌부 판매는 불미스러운 사건이었다. 호헨촐레른 가(家)의 알브레히트는 마인츠 대주교 자리가 공석이 되자, 그 자리를 얻는데 필요한 자금을 독일의 금융 재벌인 후거 가(家)로부터 대출받은 다음, 교황 레오 10세와 흥정을 벌였다. 교황은 알브레히트의 교구 내에서의 면벌부 판매를 허용했다. 수입금의 절반은 성 베드로 바실리카의 선립을 위해 로미에 가고, 나머지 절반은 후거 가의 빚을 갚기 위해 알브레히트에게 돌아갈 것이었다. 1517년 10월 31일 루터는 면벌부를 반박하는 95개조 논제를 비텐베르크 성(城) 교회에 내걸었다. 종교개혁이 시작된 것이다.

루터는 95개조를 라틴 어로 썼다. 그것은 그가 비텐베르크 대학 안에서의 학문적인 토론을 목적으로 했음을 뜻한다. 그러나 누군가가 95개조를 번역했고, 그것은 무명의 수도사를 유명 인사로 만들었다. 면벌부 판매에 앞장선 도미니코 수도회 수도자인 테첼과 그의 동조자들은 루터에게 논제를 철회하라고 요구했다. 이 중요한 시점에서 루터는 물러서지 않았다. 그는 더욱 용감하게 교회를 공격했다. 1519년에 수많은 군중이 운집한 가운데 벌어진 라이프치히 토론회에서 루터는 교황과 성직자들도 오류를 범할 수 있는 인간에 불과하며, 한 개인의 양심을 지배하는 최고의 권위는 성경의 진리뿐이라고 주장했다. 도끼를 손에 움켜쥔 2백여 명의 학생들은 환호했다.

루터의 생애에서 가장 창조적인 시기는 1520년이었다. 그는 장차 루터주의의 기초가 될 세 편의 중요한 팸플릿을 작성했다. 「독일 귀족에게 고함」, 「바빌론의 포로 생활」, 「그리스도인의 자유」이다. 여기에서 루터는 '신앙에 의한 의인', '성경의 수월성', '만인 사제주의'를 주장했다. 성경의 수월성은 성경이 전승보다 중요하기 때문에 성경에 분명한 근거가 나와 있지 않은 믿음(예컨대 연옥)과 관행(성인에 대한 기도)은 거부되어야 한다는 것이다. '만인 사제주의'는 서임된 성직자 집단이 아니라, 모든 신자들이 참된 영적 신분이라는 것을 의미했다.

이러한 신학으로부터 여러 가지 실제적인 결과가 파생됐다. 선행은 구원에 아무런 근원적 가치를 갖지 않기 때문에 금식·순례·성유물 숭배 같은 형식적인 관행이 폐지됐다. 루터는 세례와 성찬만을 성사로 인정했고, 이 두 성사마저도 하늘의 은총을 가져다 주는 초자연적 효력은 없다고 주장했다. 그리스도는 성찬식의 빵과 포도주에 임재하지만, 성사 그 자체에는 아무런 은총도 없다는 것이다. 예식의 의미를 모든 사람에게 분명히 알리기 위해 루터는 교회 예배를 라틴어 대신 독일어로 할 것을 제안했다. 그리고 사제들은 초자연적인 권위를 가지고 있지 않기 때문에 사제라고 부르지 말고 목사 또는 목자라고 부를 것을 주장했다. 같은 근거에서 교황을 비롯한 어느 누구도 천국의 열쇠를 가지고 있지 않으므로 교회의 위계 조직도 필요 없었다. 수도원은 아무런 기능도 없으므로 폐지되어야 했다. 성직자와 평신도 사이에는 성스러운 구별이 없기 때문에 신부도 결혼할 수 있다고 주장했으며, 실제로 1525년에 수녀 출신의 카타리나 폰 보라와 결혼했다.

루터의 팸플릿들은 인쇄술의 힘으로 널리 유포되어 독일인들을 열광시켰고 대중으로부터 열렬한 지지를 받았다. 1520년 루터는 주장을 취소하라는 교황의 교서를 받자 수많은 군중이 지켜보는 가운데 그것을 불태웠다. 1521년 교회는 루터를 파문했다. 교회는 루터를 선제후(選帝侯) 프리드리히에게 이송했다. 보통의 경우 이것은 화형을 뜻하는 것이었다. 그러나 프리드리히는 루터를 지지했다. 그는 루터가 자기주장을 개진할 공정한 기회를 갖지 못했다며, 1521년 초에 보름스에서 열리는 신성 로마 제국 의회에서 심문받도록 했다.

보름스 제국 의회의 주도권은 새로 선출된 황제인 카를 5세에게 있었다. 카를은 루터에 대해 호감을 가지고 있지 않았다. 루터는 청문회에서 다음과 같이 용기 있게 답변했다.

성경의 증거와 명백한 이성에 비추어 나의 유죄가 증명되지 않는 이상, 나는 교황과 공의회의 권위를 인정하지 않겠습니다. 이 양자는 서로 엇갈린 주장을 하고 있고 내 양심은 하느님의 말씀에 사로잡혀 있습니다. 왜냐하면 양심에 어긋한 행동을 한다는 것은 옳지 않을 뿐만 아니라 안전하지도 않기 때문입니다.

루터가 이단으로 정죄되리라는 것은 분명했다. 바로 그 때 프리드리히 선제후가 개입하여 루터를 바르트부르크 성에 은신시켰다. 보름스 제국 의회는 루터를 법의 보호 바깥에 놓는 추방령을 선포했지만 보름스 칙령은 제대로 실행될 수 없었다. 왜냐하면 루터는 은신 중이었고 카를 5세는 프랑스와의 전쟁을 위해 독일을 떠났기 때문이다.

1522년 바르트부르크에서 비텐베르크로 개선한 루터는 루터주의에 따라 교회를 조직했다. 여러 독일 제후들이 루터주의로 개종했다. 루터는 제후들의 지원이 없으면 새로운 종교를 정착시킬 수 없음을 알고 있었다. 루터는 정치적, 사회적 문제에 대해 보수적인 견해를 천명하기 시작했다. 1523년에 발표한 「세속 권력론」이란 글에서 그는 경건한 통치자에게는 항상 복종해야 하며, 사악한 통치자에게도 저항해서는 안 된다고 말했다. 왜냐하면 폭정은 저항할 것이 아니라 견뎌내야 하는 것이기 때문이다. 그리고 1525년에 농민들이 영주들에게 반란을 일으켰을 때, 그는 「강도와 살인의 농민 무리들에 대항하여」라는 독설적인 팸플릿에서 반란자들을 미친개처럼 때려잡으라고 말했다.

1529년 제2차 슈파이어 제국 의회에서 루터파 제후들은 가톨릭을 강요하는 카를 5세에게 '항의서'를 제출했다. 이때부터 이들은 항의자(프로테스탄트)라는 별명을 얻었다. 1530년 루터의 동료인 인문주의자 멜란히톤은 추방령이 내려진 루터를 대신해서 아우구스부르크 제국 의회에 28개 조항의 신앙 고백과 교리를 제출했으나 거부당했다. 이에 루터파 제후들은 슈말칼덴 동맹을 결성하여 무력으로 저항했다. 아우구스부르크에서 협상이 진행되어, 1555년 화의가 맺어졌다. cuius regio, eius religio(그의 지역에, 그의 종교) 원칙에 따라 군주들은 가톨릭과 루터교 사이에서 선택할 수 있게 되었고, 일반인들은 자기의 종교에 따라 망명을 떠나는 것이 허용됐다. 루터교가 공식적으로 인정된 것이다. 루터주의는 1520년대에 덴마크, 노르웨이, 스웨덴의 국교가 되었고, 오늘날에도 스칸디나비아 반도 사람들 대부분의 종교로 남아 있다.

▶ 관련 항목 : 독일 농민 전쟁

046 르네상스
Renaissance

'르네상스(재생)'라는 말은 14세기 말부터 이탈리아에서 회자되던 문학과 예술의 'Rinascita'라는 표현에서 왔다. 'Rinascita'는 지오르지오 바사리가 1550년의 「미술가들 열전」에서 처음으로 공식화했다. 당대의 작가, 예술가, 건축가들은 이탈리아에서 일어나고 있던 변화를 인식하고 있었으며, '고대의 방식', '로마인들과 고대인들의 방식'이라는 표현을 사용했다. 프랑스어 'Renaissance'는 쥘 미슐레가 처음 사용했으나, 르네상스라는 개념은 야콥 부르크하르트가 『이탈리아의 르네상스 문화』(1860)에서 확립했다. 부르크하르트는 지오토에서 미켈란젤로까지의 시기 즉 14세기에서 16세기 중엽까지를 르네상스 시대로 규정하고 '세계와 인간의 발견'이라는 탁월한 표현으로 르네상스를 정의했다.

르네상스인들은 자기들의 시대에 와서 고대의 문화가 재생했다고 생각했지만, 엄밀하게 말하면 고대 문화가 중세에 사멸되었던 것은 아니다. 예를 들면 아리스토텔레스의 책들은 스콜라 철학자들의 필독서였으며, 단테는 베르길리우스를 존경해 마지않았다. 카롤루스 왕조의

♠ 비너스의 탄생(The Birth of Venus, 보티첼리, 1486).
르네상스 시대에 그리스의 지적 유산이 부활하면서 인간이 강조된 작품들이 다수 등장하기 시작했다.

르네상스, 12세기 르네상스 등을 통해 고대 문화는 활기를 되찾고 있었던 것이다. 부르크하르트는 르네상스 시대에 와서야 비로소 '개인'이 등장했다고 말하지만, 자크 르고프 같은 중세사가는 1215년 라테라노 공의회에서 '고해'를 의무화한 것은 '양심을 가진 개인'의 존재를 전제로 하는 것이라고 반박한다. 중세사가들은 중세와 르네상스 사이의 단절을 거부한다.

그럼에도 불구하고 '르네상스'라는 개념이 르네상스인들이 만든 허구에 그치는 것은 아니다. 고전 지식이라는 차원에서 중세의 학문과 르네상스의 학문 사이에는 양적인 차이가 뚜렷했다. 중세의 학자들도 베르길리우스, 오비디우스, 키케로 같은 로마의 작가들을 알고 있었다.

그러나 르네상스 시기에는 그들 외에 리비우스, 타키투스, 루크레티우스 등의 작품들이 재발견됐다. 그리스의 문헌들이 재발견된 것도 중요한 일이다. 12세기와 13세기에 서유럽인들은 그리스인들의 과학 및 철학을 라틴어 번역으로 접할 수 있었지만 플라톤의 주요 저작들을 읽지 못했다. 또한 중세에는 그리스 어를 읽을 줄 아는 사람이 극소수에 불과했지만, 르네상스 시대에는

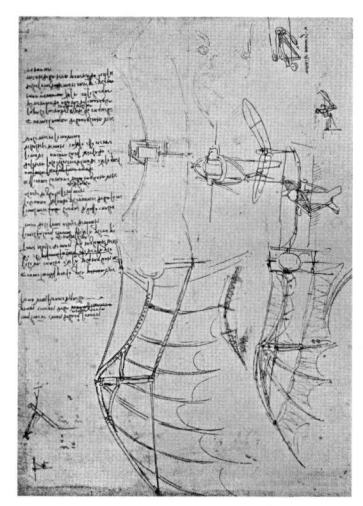

♠ 레오나르도 다빈치의 스케치. 오늘날의 비행기 모습이 그려졌다.

수많은 서유럽 학자들이 그리스 어를 배웠고, 그리스의 지적 유산을 받아들였다. 1453년 비잔티움 제국의 멸망은 이러한 추세를 가속시켰다.

르네상스의 이상을 압축적으로 표현해 주는 단어는 '휴머니즘'이다. 이 말은 논리학과 형이상학을 중시했던 중세 스콜라학을 언어·문학·역사·윤리학 등으로 대체하려는 학문적 경향을 의미했다. 휴머니스트 교사들은 스콜라 철학은 너무 무미건조해서 인간과 사회의 실제 관심사를 다루기에 부적절하다며, 학생들에게 미덕을 함양시키고 국가의 공적 기능에 참여할 수 있도록 해주는 '인문학'을 선호했다. 넓은 의미에서 휴머니즘은 신의 모든 창조물 가운데 천사 다음으로 뛰어난 존재인 인간의 존엄성을 강조한다. 르네상스 사상가들은 인간만이 지구상의 모든 피조물 가운데 유일하게 신에 관한 지식을 얻을 수 있다는 점에서 탁월하다고 주장했다. 그들은 인간이 자기의 운명을 개척하고 또 이 세상에서 행복하게 살 능력을 갖추고 있다는 점을 강조했다.

르네상스는 인간이 부활한 것이다. 중세에는 내세에서의 구원이 우선시되었지만, 르네상스 시대에는 현세에서의 행복이 우선시됐다. 인간은 현세를 다른 시각으로 바라보게 됐다. 인간을 에워싸고 있는 자연을 더 이상 '악'으로 생각하지 않고, 최고 존재인 인간을 위해 도움이 되는 재료로 생각하게 됐다. 중세의 수동적인 존재에서 능동적인 존재로 다시 태어난 것이다.

▶ 관련 항목 : 휴머니즘

047 리소르지멘토
Risorgimento

이탈리아 어로 '부흥'을 뜻하는 리소르지멘토란 로마 제국의 붕괴 이래 오랫동안 내부 분열과 외국 지배에 시달린 이탈리아의 독립, 통일, 자유를 성취하려는 문화적 민족주의와 정치적 행동주의를 지칭하는 말이다. 리소르지멘토는 18세기 이탈리아의 계몽사상가인 루도비코 무라토리, 비토리오 알피에리, 안토니오 제노베시 등의 작품에서 그 문화적 뿌리를 찾을 수 있다.

피에몬테-사르디니아 왕국의 수상 카부르-「리소르지멘토」라는 신문을 창간했다-는 내부 개혁으로 번영과 근대화를 이루는 한편, 강대국과의 우호 관계를 돈독히 하면서 리소르지멘토를 추진했다. 피에몬테-사르디니아 왕국은 프랑스군의 지원을 받아 오스트리아와의 전쟁을 승리로 이끌었고, 롬바르디아를 병합했다. 강대국의 출현을 원치 않는 프랑스의 방해로 어려움을 겪었으나, 모데나 · 파르마 · 토스카나 · 로마냐 지방의 주민들은 국민 투표를 통해 1860년에 피에몬테-사르디니아 왕국에 통합됐다.

젊었을 때 마치니의 청년 이탈리아당에 가입하여 독립 운동에 투신했다가 붙잡혀 사형 선고를 받은 적이 있는 가리발디는 붉은 셔츠단을 조직하여 시칠리아를 정복했다. 시칠리아 왕국이 투표를 통해 피에몬테-사르디니아 왕국과의 통합을 결의함으로써, 1861년 토리노에서 이탈리아 최초의 의회가 열렸고, 피에몬테-사르디니아 왕국의 국왕인 비토리오 에마누엘레 2세가 통일 이탈리아 왕국의 국왕으로 즉위했다. 1866년 이탈리아는 오스트리아-프로이센 전쟁에서 프로이센과 동맹하여 승리한 후 베네치아를 회복했다. 1870년 프랑스-프로이센 전쟁이 발발하여 로마 주둔 프랑스군이 철수하자, 이탈리아군은 9월 20일 로마에 입성했으며, 로마 시민은 이탈리아 왕국에의 합병을 압도적으로 찬성했다. 이렇게 해서 이탈리아의 정치적 리소르지멘토가 완성됐다. 그러나 통일 과정에서의 민중의 참여 부재로 인한 이탈리아 자유주의 국가의 취약한 사회적 토대, '미수복 이탈리아' 문제, '로마 문제', '남부 문제' 등은 미해결 문제로 남아 있었다.

048 마녀사냥
witch-hunting

　국내에 개봉되어 관심을 모았던 영화 '크루서블'은 1692년 미국 매사추세츠 주의 작은 마을 세일럼에서 벌어진 마녀재판을 다룬 영화이다. 원작자 아서 밀러가 희곡을 발표한 시기인 1953년은 미국에서 매카시즘의 광풍이 몰아치던 때였다. 어떻게 보면 매카시즘은 300년 여년 전의 마녀사냥이 공산주의자 사냥으로 변신하여 재현된 것이다. 영화의 배경이 된 1692년 당시 세일럼에서는 마녀사냥으로 170여명이 수감되었고 20명이 처형됐다.

　이 미국판 마녀사냥은 유럽에서 벌어진 '마녀사냥'이라는 집단 광기를 이해하는 데 도움을 준다. 우선 짚고 넘어갈 것은, 우리는 편의상 '마녀'라고 부르지만 희생자들 모두가 여자였던 것은 아니라는 사실이다. 소수이긴 하지만 남자도 있었다. 마녀사냥이란 마녀들을 집단적으로 학살한 것을 말하는데, 이러한 '사냥'은 서양의 역사에서 대략 1550년에서 1650년 사이에 벌어졌다. 세일럼에서 마녀사냥이 벌어질 무렵, 유럽에서는 더 이상 마녀사냥이 벌어지지 않았다. 마녀사냥은 이처럼 '근대'의 현상이었다는 점을 아는 것이 중요하다. 물론 중세에도 마녀는 있었지만, 마녀라는 이유로 집단 죽임을 당하지는 않았다. 오히려 마녀는 신비스럽고 비범한 능력으로 병을 고치거나 잃어버린

♠ 중세 시대 마녀 처형식.

물건을 찾아 주는 등의 '선한 마술'을 행한다고 인식되었고, 그래서 가톨릭교회와 공생 관계를 유지하기도 했다. 마녀에 대한 인식이 부정적으로 바뀌는 것은 카타르파와 발도파 같은 이단들이 가톨릭을 위협하면서부터이다. 마녀사냥의 직접적인 근거가 된 것은 1375년에서 1450년경에 날조된 사바트이다. 이제 마녀들은 악마의 야회에 참석하여 악마와 계약을 맺고, 악마의 일을 돕는 사악한 존재로 인식되기 시작했다. 마녀에 대한 본격적인 박해는 마녀사냥의 공인 교과서로 사용된 『마녀의 망치』가 출판된 15세기 말(1486), 라인 지방의 신비주의적 분위기에서 시작됐다. 잔다르크가 처형된 1431년은 아직 본격적인 마녀사냥의 시대가 아니었다. 마녀사냥은 1550년에서 1650년에 극에 달한 다음 사라진다. 1630년대부터 파리 고등법원은 더 이상 마녀사냥을 인정하지 않았으며 1682년에 국왕은 마녀사냥을 금하는 법을 발표했다.

마녀사냥은 근대의 현상이었다. 우리는 무심코 '중세의 마녀사냥'이라고 부르지만, 이것은 중세를 지배한 가톨릭을 마녀사냥의 주범으로 속단할 우려가 있다. 가톨릭 이단 재판이 극성을 부린 스페인과 이탈리아에서는 오히려 마녀사냥이 벌어지지 않았다. 마녀사냥은 오늘날의 독일 지역에서 집중적으로 벌어졌다. 마녀사냥은 종교개혁의 산물인 프로테스탄트교와 가톨릭의 대립이 심각했던 지역에서 벌어진 것이다. 마녀사냥은 가톨릭만이 아니라 가톨릭과 프로테스탄트가 함께 자행한 범죄였다. 프로테스탄트교가 마녀사냥에 무관하지 않았다는 것은 세일럼 사건이 증명해 준다. 프로테스탄트 종교개혁은 미신적인 것을 용납하지 않았기 때문에 마녀를 용납하지 않았을 것임은 쉽게 이해할 수 있다.

그렇다면 여성이 마녀로 몰린 이유는 무엇일까? 우선 여성에 대한 전통적인 편견(여성은 이브의 후예로서 남성을 유혹하며, 판도라의 상자를 연 위험한 인간이다)과 여성의 신비(여성의 식물과 의학 등에 대한 지식은 여성이 초자연적인 능력을 지니고 있다는 의심을 불러 일으켰다) 등이 작용했을 것이다. 근대 초에 교구 학교가 세워지고 여성이 학교 교육에서 배제됨으로써 남성과 여성 사이에 문화적인 차이가 벌어진 것도 여성에 대한 편견을 강화시키는 데 일조했을 것이다. 그러나 마녀사냥은 직접적으로 종교개혁의 부산물이었다. 1555년 아우구스부르크 회의로 종교 갈등이 봉합되었으나, 민중들 사이에서는 아직도 해결할 것이 많이 남아 있었기 때문이다. 사람들은 종교적인 적뿐만 아니라 경제적인 적, 사회적인 적까지 마녀로 몰아 제거했다. 자기를 괴롭히는 빚쟁이, 양심의 가책을 느끼게 하는 거지, 싫은 사람 등을 무차별적으로 마녀로 고발한 것이다. 때마침 세속의 권력을 확보한 국가는 교회보다 철저하고 체계적으로 마녀사냥의 주도했다.

그럼 도대체 얼마나 많은 사람이 마녀로 몰려 죽었을까? 수백만 명이라는 수치가 이야기 되기도 하지만 이는 터무니없다. 볼테르는 10만 명을 제시했지만, 역사가들이 제시하는 수치는 훨씬 적다. 뮈샹블레는 3만 명 정도가 죽었으며, 이 가운데 2만 명은 독일 지역에서 죽었다고 밀한다. 소문보다는 적은 수치이다. 같은 무렵 1572년의 성바르텔르미 축일의 학살 사건으로 파리에서만 3천 명의 위그노가 죽었으며, 1589년 새로 왕이 된 앙리 4세가 파리에서 저항하던 가톨릭교도들을 공격하여 파리 인구의 5분의 1인 4만여 명의 아사자를 발생시킨 것과 비교해 보면, 100년 동안 3만 명이 죽었다는 것은 결코 많은 수치라고는 할 수 없다. 하루에 한 명 꼴이다. 그렇다고 해서, 무고한 사람을 마녀로 몰아 제거한 무지하고 광신적인 사람들, 그들에게 광기를 불어넣어준 교회의 죄악이 줄어드는 것은 물론 아니다.

049 마르크스주의
Marxism

19세기의 사회사상이 다 그렇듯이 마르크스의 사상 역시 프랑스 혁명과 산업 혁명이라는 '이중 혁명'의 충격에서 생성된 것이다. 레닌에 따르면 마르크스주의는 19세기의 사상적 주조(主潮)인 독일의 고전 철학, 영국의 고전 경제학, 프랑스의 사회주의를 원천으로 하고 있다. 마르크스주의의 정체성에 대해서는 워낙 다양한 주장들이 대립하고 있기 때문에 이 글에서는 마르크스의 생애를 살펴보고 그의 핵심적인 사상이 담겨 있다고 인정되는 구절을 소개하는 정도로 그치고자 한다.

마르크스는 1818년 프로이센의 트리어에서 출생하여 1883년에 사망했다. 아버지는 유대인 변호사였고 어머니는 네덜란드인이었는데, 마르크스가 출생하기 직전 복음교회에서 세례를 받았으며 마르크스 역시 6살에 세례를 받았다. 마르크스는 1835년에 본 대학에 입학하여 그리스·로마 신화와 예술사 등 인문학 교육을 받았으며, 1836년에 베를린 대학으로 옮겨 법과 철학을 공부했다. 이때 그는 '청년 헤겔주의자'에 가담했는데, 당시 좌파 헤겔주의자인 브루노 바우어는 기독교의 도래보다 더욱 거대한 사회적 전복이 진행 중이라고 역설했다. 1841년 예나 대학에서 데모크리토스와 에피쿠로스의 자연철학상의 차이점을 헤겔식으로 분석하여 박사 학위를 취득했다. 1841년 마르크스와 청년 헤겔주의자들은 포이어바흐의 『기독교의 본질』의 영향을 받았으며, 헤겔의 변증법을 포이어바흐의 유물론과 결합시키는 노력을 했다. 마르크스는 부르주아 사회에 충격을 가하는 정도로 만족하는 청년 헤겔주의자들과 결별한 후 「라인 신문」 편집에 몰두했는

♠ 칼 마르크스(Karl Heinrich Marx, 1818~1883).

데, 프로이센 당국이 이 신문을 정간시키자 파리로 옮겨갔다.

마르크스는 파리의 사회주의자들과 공산주의자들의 휴머니즘에는 감동받았으나 사상이 조잡하고 지적이지 못하다고 생각했다. 파리 체류 시절 『경제, 철학 초고』와 『헤겔의 법철학 비판을 위하여』를 출판했는데, '종교는 인민의 아편'이며 프롤레타리아의 봉기가 필요하다는 내용이 나타난다. 1845년 프로이센과 프랑스 정부의 박해를 받아 브뤼셀로 이주했으며, 이때부터 엥겔스와의 교류가 시작된다. 1845년 엥겔스와 함께 『신성 가족』을 출판하여 청년 헤겔주의자들의 사변적 관념론을 비판했고, 『독일 이데올로기』에서는 유물론적 역사관을 전개했다. 1847년에는 프루동의 『빈곤의 철학』에 맞서 『철학의 빈곤』을 출판하여 프루동의 타협적인 사고방식을 프티 부르주아적이라고 비판

했다. 1848년의 『공산당 선언』에서는 "이제까지의 역사는 계급투쟁의 역사이며, 프롤레타리아의 승리로 계급투쟁 및 계급사회가 사라질 것이다."라고 예언했다.

1848년 혁명이 실패로 돌아간 후 런던으로 이주한 마르크스는 공산주의 동맹에 가담하여 대담한 혁명 정책을 발표했다. 그러나 혁명적 위기가 도래하지 않은 상황에서 혁명을 서두르자는 '혁명의 연금술사들'은 유물론이 아니라 관념론을 채용했다며 반대했다. 1852년 『루이 보나파르트의 브뤼메르 8일』에서는 농민층(문명 내의 야만주의를 표방하는 계급)의 지지로 세워진 관료적 절대주의 국가 형성을 예리하게 분석했으며, 1859년 『정치경제학 비판을 위하여』의 서문에서는 사적 유물론을 명시했다. 드디어 『자본론』이 출판됐다. 이 '노동계급의 바이블'은 1867년에 베를린에서 제1권만 출판되었으며, 제2권과 제3권은 그의 사후에 엥겔스가 펴냈다. 독일어 초판 1,000부가 모두 팔리는 데는 5년이 걸린 반면, 1872년 출판된 러시아어 초판 1,000부는 2개월 만에 다 팔렸다. 마르크스는 "자본주의는 기업체의 경쟁으로 인한 이윤율의 하락, 임금 저하, 노동계급의 저항, 생산과잉으로 인한 공황 등을 겪으면서 사멸하고 더 높은 사회로 대체될 것이다."라고 예언했다.

마르크스는 고질적인 신경 쇠약과 빈곤에 시달리다가 1883년 3월 14일 사망했다. 엥겔스는 장례식에서 "마르크스는 두 가지 위대한 발견을 했다. 하나는 인간 역사의 발전 법칙이고, 다른 하나는 부르주아 사회의 운동 법칙이다. 그러나 마르크스는 무엇보다도 혁명가였다."라고 추모했다. 마르크스주의의 핵심은 『공산당 선언』에 명시된 '계급투쟁론'과 『정치경제학 비판을 위하여』에 명시된 '사적 유물론'인데, 마르크스의 말로 직접 들어보자.

내 연구의 길잡이로 쓰였던 일반적 결론은 다음과 같이 간략하게 표현될 수 있다. 즉 인간은 그들 생활의 사회적 생산에서 그들의 물적 생산 제력(諸力)의 발전 수준에 조응하는 일정한, 필연적인, 그들의 의사와는 무관한 제관계, 생산 관계를 맺는다. 이 생산 제관계 전체가 사회의 경제적 구조, 현실적 토대를 이루며 이 위에 법적이고 정치적인 상부 구조가 세워지고, 일정한 사회적 의식 형태들이 그 토대에 조응한다. 물적 생산 양식이 사회적, 정치적, 정신적 생활 과정 일체를 조건 지운다. 인간의 의식이 그들의 존재를 규정하는 것이 아니라, 반대로 그들의 사회적 존재가 그들의 의식을 규정하는 것이다. 사회의 물적 생산 제력은 어떤 발전 단계에 이르면 그들이 지금까지 그 안에서 움직였던 기존의 생산 제관계, 또는 이것의 단지 법률적 표현일 뿐인 소유 제관계와 모순에 빠진다. 이들 관계는 생산 제력의 발전 형태들로부터 질곡으로 전환된다. 그러면 사회적 혁명기가 도래한다. 경제적 기초의 변화와 더불어 전체의 거대한 상부 구조가 조만간에 변혁된다. 그러한 변혁들을 고찰함에 있어서는 항상 물적, 자연과학적으로 엄정하게 확인될 수 있는 경제적 생산 제조건의 변혁과 인간들이 그 안에서 갈등을 의식하게 되고 싸움으로 해결하게 되는 법률적, 정치적, 종교적, 예술적, 철학적 간단히 말해 이데올로기적 제형태의 변혁을 구분해야 한다. 한 개인이 어떤 사람인가를 그 자신이 무엇을 생각하느냐에 따라 판단하지 않듯이 그러한 변혁기를 이 의식으로부터 판단할 수는 없으며 오히려 이 의식을 물적 생활의 제(諸)모순으로부터 사회적 생산 제력과 생산 제관계 사이의 주어진 갈등으로부터 설명해야 한다. 한 사회구성체는 그 내부에서 발전의 여지가 없을 정도로 생산 제력이 발전하기 전에는 멸망하지 않으며, 새로운 보다 높은 생산 제관계는 그들의 물적 존재 조건들이 낡은 사회 자체의 품에서 부화되기 전에는 결코 대신 등장하지 않는다. 따라서 인류는 그가 해결할 수 있는 과업만을 제기한다. 자세히 관찰해 보면 과업 자체가 그 해결의 물적 제조건이 이미 주어져 있거나 또는 적어도 생성 과정에 처해 있는 곳에서만 출현하기 때문이다. 대체로 말해, 경제적 사회 구성이 진보하여 가는 단계로써 아시아적 생산 양식, 고대적 생산 양식, 봉건적 생산 양식, 근대 부르주아적 생산 양식을 들 수 있다. 부르주아적 생산 제관계는 사회적 생산 과정의 마지막 적대적 형태이다. 개인적 적대의 의미에서가 아니라, 개인들의 사회적 생활 제조건으로부터 발생하는 적대의 의미에서 적대라고 하는 것이나, 부르주아 사회 내에서 발전되는 생산 제력은 동시에 이 적대를 해결하기 위한 물적 제조건을 창조한다. 따라서 이 사회 구성체와 더불어 인간 사회의 전사(前史)는 종결된다.

마르크스 사후 마르크스주의는 과학주의와 경제주의로 단순화 내지 도식화됐다. 1938년 『소련 공산 당사』에서 사적 유물론은 순수 과학의 형태를 띠고 나타났다. 1960년대까지 스탈린주의가 마르크스주의를 지배하는 가운데, 그람시는 의식과 정치의 자율성을 인정하며 문화적 헤게모니론을 제시했고, 루카치는 경제주의의 구조적이고 정체적인 해석에 대해 총체성과 변증법적 방법론을 마르크스주의의 핵심으로 파악했으며, 알튀세르는 '중층적 결정론'으로써 조잡한 경제결정론에 유연성을 부여했다. 역사가 페르낭 브로델은 마르크스주의를 다음과 같이 평한다.

> 마르크스의 천재성, 즉 그의 광범위한 능력의 비밀은 그가 처음으로 진정한 사회적 모델들을 만들었다는 점과 이것을 역사적인 장기 지속에 입각하여 만들었다는 점에 있다. 사람들은 이 모델에 모든 장소와 모든 사회에 적용할 수 있는 선험적이고 자동적인 설명 내지 법칙으로서의 가치를 부여함으로써 자신들의 단순함 속에 그 모델을 고정시켜 버렸다.

▶ 관련 항목 : 레닌주의

050 마키아벨리즘
Machiavellism

'마키아벨리즘'이라는 용어는 기본적으로 1513년에 『군주론』을 쓴 마키아벨리의 사상을 지칭한다. 그러니 엄밀한 의미의 마키아벨리즘은 '국가'의 이익이라는 목적을 위해서는 수단 방법의 도덕성에 구애받지 않는 정치사상을 뜻한다. 그러나 모든 사상이 그렇듯 그것이 생산자의 뜻으로만 국한되는 것은 아니다. 잉글랜드에서는 1560년대 말에 종교를 경멸하고 정치적 이익만을 추구하는 행위나 행위자를 지칭하는 'Machiavel' 또는 'Machiavellian'이라는 말이 사용되었으며, 1592년에는 '위선'이라는 의미로 사용됐다. 마키아벨리즘은 시간의 흐름 속에서 다양한 개념들을 내포하면서 외연이 확대됐다. 마키아벨리는 원래 국가의 이익을 위해서는 수단 방법을 가리지 말라고 권했지만, 국가가 아니라 개인이나 파당의 이익을 위해 수단 방법을 고려하지 않는 행위까지도 마키아벨리즘에 포함시킬 수 있다.

♠ 마키아벨리
(Niccolo Machiavelli, 1469~1527).

프로이센의 계몽전제군주인 프리드리히 2세는「반(反)마키아벨리」라는 제목의 논문에서 자신의 마키아벨리즘을 위장했다. 이에 대해 볼테르는 다음과 같이 예리하게 논평했다. "만일 마키아벨리가 왕을 제자로 두려 한다면 그가 우선적으로 왕에게 조언할 것은 마키아벨리에 반대하는 글을 쓰라는 것일 게다."

▶ 관련 항목 : 국가이성

051 매카시즘
McCarthyism

1950년 2월 9일 조셉 매카시 상원 의원은 국무부에서 일하는 공산당원 205명의 명단을 가지고 있다는 내용의 충격적인 연설을 했다. 즉시 사회 전 부분에서 공산 당원을 색출하는 작업이 대대적으로 벌어졌다. 수천 명이 전복적인 조직 가담, 동성애, 마약 복용 등의 이유로 직장을 잃었다. 이 집단 히스테리는 두 명의 목숨을 앗아갔다. 에텔 로젠베르그와 줄리우스 로젠베르그 부부는 소련에 원자폭탄 관련 정보를 넘겨주었다는 혐의를 받고 전기의자에서 처형당했다. 후일 공개된 소련 측 문서에 따르면 줄리우스 로젠베르그는 소련의 스파이였으나 원자폭탄 관련 정보를 넘겨주었는지는 밝혀지지 않았다. 고발은 고발을 낳았고, 증거가 불충분한 가운데 부당한 판결이 내려졌다. 매카시즘의 선풍은 1954년 12월 상원이 매카시를 비난하는 결의를 함으로써 역풍을 맞고 진정됐다.

매카시의 선언으로 공산당에 대한 경계가 시작된 것은 아니다. '붉은 공포(Red Scare)'는 러시아 혁명 이후 시작됐다. 미국 공산당은 노동조합의 성공과 파시즘에 대한 대항 등에 힘입어 꾸준히 세력을 확장하여 1942년에는 5만 명의 당원을 확보했다. 미국이 제2차 세계 대전에 참전하고 소련과 동맹을 맺은 상황에서 반(反)공산주의 이슈는 잠잠해졌으나, 냉전, 1949년 소련의 원자폭탄 실험 성공, 같은 해 마오쩌둥의 중국 정복, 1950년의 한국전쟁 등은 소련의 위협을 현실화시켰다. 소련이 원자폭탄을 만들 수 있었던 것은 소련 스파이들 때문이라는 의심이 퍼졌다. 미국인들은 소련의 위협에 대한 공포에 사로잡혔다. 1949년 하나 아렌트는 카를 야스퍼스에게 미국에서는 '빨갱이 사냥'이 진행 중이라고 썼다.

♠ 1954년 의회에서 출석하여 질문 공세를 받고 있는 매카시.

매카시즘은 미국에서 1950년대에 진행된 반(反)공산주의 선풍을 지칭한다. 원래 이 말은 매카시 상원 의원의 행동을 비판하기 위해 만들어진 용어이나, 이후 일반화되어 대중의 여론을 동원하여 마녀사냥 식의 재판을 벌이는 행위를 통칭한다. 1953년에 나온 아서 밀러의 『세일럼의 마녀들』은 매카시즘을 비판하기 위한 것이다.

▶ 관련 항목 : 마녀사냥

052 맬서스의 세계
Malthusianism

맬서스는 영국의 성공회 신부이며, 경제학자인 토머스 맬서스(Thomas Robert Malthus, 1766~1834)를 가리킨다. 맬서스는 『인구론』(1798)에서 인구는 기하급수적으로 늘어나지만 식량은 산술급수적으로 늘어나기 때문에 인구와 식량 사이에 불균형이 발생하고 기근이 일어나는데, 질병이나 전쟁 같은 파괴적인 수단을 통한 균형을 피하기 위해서는 산아 제한 같은 예방적인 수단을 통해 균형을 찾아야 한다고 주장했다. 맬서스는 빈민들이 늘어나 이 세상의 아름다운 축제를 훼손하고 있으니 그들의 수를 줄여야 한다는 잔인한 처방을 제시한 것이다. 인구와 식량의 불균형을 해소하는 방법으로는 인구 감소라는 방법과 식량 증산이라는 방법이 있는데, 맬서스는 신부답지 않게 비인간적인 방법을 제시했고 그리하여 후일 사회주의자들의 비난을 받았다.

맬서스의 처방대로 산아 제한이 이루어지긴 했으나, 맬서스가 기대했던 빈민들 사이에서가 아니라 축제의 주인공들 사이에서 이루어졌다. 그러나 과거의 역사, 정확히 말하면 산업 혁명 이전의 역사는 맬서스가 말한 대로 인구 감소를 통해서, 그것도 파괴적인 방법(기근, 전쟁, 질병)을 통해서 인구와 식량의 균형을 잡아왔다. 산업 혁명의 의의는 인류가 이러한 질곡에서 해방된 것에서 찾을 수 있다.

왜 인구가 감소할 수밖에 없는가? 그것은 농업 기술이 정체되어 있기 때문이다. 이러한 상황에서 증가하는 인구를 부양할 수 있는 유일한 방법은 경작지의 면적을 늘리는 것이다. 그러나 경작지를 무한정 늘릴 수는 없다. 숲과 목초지도 필요하기 때문이다. 게다가 반복 경작은 수확체감의 법칙에 의해 점차 수확량을 감소시킨다. 이렇게 해서 식량과 인구 사이에 불균형이 생기면, 질병에 대한 저항력이 약화되고, 사망률이 증가하며, 출산율이 떨어진다. 결국 인구 증가가 중단되고 인구가 감소하기 시작한다. 인구는 기근이나 질병, 전쟁 등으로 다시 균형 상태로 돌아오는 것이다. 그러면 다시 인구는 증가하다가 다시 감소한다. 서양 중세는 이러한 인구 증가와 인구 감소의 사이클을 극명하게 보여준다. 서기 1000년 이후 1300년까지 인구는 2~3배 늘었는데, 13세기 말부터 인구가 감소하기 시작했으며, 14세기에 기근, 전쟁, 질병(페스트)이 복합적으로 작용하여 인구를 격감시켰다. 15세기 후반부터 인구는 다시 증가하는데, 이제는 산업 혁명 덕분에 과거와 같은 감소(맬서스의 저주)를 면한다.

이처럼 인구가 지속적으로 증가하지 못하고 가용 토지 면적에 따라 결정되는 적정 수준 아래에서 증가와 감소의 사이클을 반복하는 현상을 인구 순환이라고 하며, 인구 순환이 지배하는 세계를 맬서스의 세계라고 한다. 생산 기술의 발전 덕분에 인구와 식량 생산이 동시에 증가하는 현상을 근대적 경제 성장이라고 하는데, 산업 혁명의 국가인 영국은 인구 순환의 세계에서 근대적 경제 성장의 세계로 이행한 최초의 나라이다.

▶ 관련 항목 : 산업 혁명

053 면벌부
Indulgentia

면벌(Indulgentia)은 로마법에서는 황제가 형벌을 사면해주는 것이다. 가톨릭 신학에 의하면 도덕적이고 종교적인 죄는 고해와 신부의 사면으로 없어진다. 그러나 그 죄로 인해 발생한 벌은 남아 있는데, 그 벌은 이 세상이나 연옥에서 받아야 한다. '면벌'이란 이 벌을 감해 주거나 면해 주는 것이다. 국내에서는 면죄(免罪)와 면벌(免罰)이 혼용되고 있으나, '면벌(免罰)'이 정확한 표현이다. 가톨릭교회에서 사용하는 용어인 대사(代赦)는 모호하다.

교회에서 죄가 아니라 벌까지 면해 줄 수 있는 교리적인 근거는 '교회의 보고(寶庫)'이다. 교회는 예수 그리스도, 성모 마리아, 성인들 덕분

♠ 면벌부.

에 공덕을 많이 쌓아 놓고 있는데, 교황은 교회 공동체를 위해 이 공덕을 사용할 수 있다는 것이다. 이것이 교회에서 말하는 통공(通功)이다.

초기 교회에서부터 면벌은 금욕, 기도, 고행 등을 수반했다. 면벌은 고통 속에서 얻어지는 것이었다. 교회는 이 벌을 완화해 주기 시작했다. 895년 트리부르 공의회에서는 성지 순례, 교회·수도원·병원에의 기부 등과 같은 선행으로 고행을 대체할 수 있도록 했다. 그 후 교회나 수도원의 축성, 기념일, 성물(聖物) 이동 등에도 면벌이 가능해졌다. 이러한 경우의 면벌은 벌을 부분적으로 면해 주는 부분 면벌이었다. 반면에 십자군 참가 같은 경우에는 완전 면벌을 받았다.

13세기에 토마스 아퀴나스가 면벌에 대한 신학 체계를 세운 이후 면벌이 급증했다. 희년(禧年)도 완전 면벌의 기회였다. 희년은 원래 100년마다 찾아왔으나 점차 50년, 30년, 25년으로 빈번해졌다. 완전 면벌의 범위도 교회 건축, 예루살렘 성지 순례 등으로 확대됐다. 교황은 십자군 참가를 독려하기 위해 연옥에 있는 영혼에게도 면벌을 부여했다. 황제 카를 5세는 해양 방파제 건설에 필요한 기금을 마련하기 위해 면벌부 설교회를 개최할 정도였다.

면벌부가 남발되자 면벌부에 대한 비판이 높아졌다. 영국의 개혁가인 존 위클리프는 하느님만 은총의 수혜자를 결정할 수 있다며, 교회의 면벌부 남발을 비판했다. 보헤미아의 개혁가인 후스도 면벌부를 비판했다. 루터는 면벌부 판매 기금 가운데 절반은 성당 건축에, 절반은 개인의 부채 상환에 사용되는 것을 보고, 면벌부에 반대하는 95개조 항의문을 작성했다. 이렇게 면벌부는 종교개혁의 직접적인 도화선이 됐다.

054 명예혁명
Glorious Revolution

1688년 잉글랜드에서는 의회와 네덜란드 총독인 오렌지 공 윌리엄이 연합하여 제임스 2세를 몰아내고, 윌리엄과 그의 부인 메리가 공동 왕으로 즉위했다. 이러한 무력에 의한 왕위 교체가 유혈 참극 없이 진행되었기 때문에 '명예혁명' 이라고 부른다. 그러나 1688년의 혁명은 잉글랜드에서는 무혈 혁명으로 명예롭게 일어났지만, 스코틀랜드와 아일랜드에서는 그렇지 못했다. 스코틀랜드에서의 진통은 비교적 가벼웠으나, 제임스 2세를 국왕으로 인정한 아일랜드에서는 전쟁이 벌어졌다. 패배한 아일랜드의 가톨릭교도들은 토지를 빼앗기고 일체의 공적 활동을 금지 당했다. 조너선 스위프트는, 아일랜드인들은 정복자 잉글랜드인들을 위한 '나무꾼과 물 긷는 사람' 이 될 뿐 그 외에는 아무 것도 할 수 없다고 말했다.

명예혁명의 원인에는 종교 문제가 깊게 깔려 있다. 1649년 국왕 찰스 1세의 처형과 함께 출범한 올리버 크롬웰의 공화정은 크롬웰의 사망으로 막을 내리고 찰스 2세가 왕좌에 복귀했다. 찰스 2세는 1670년 프랑스와 도버조약을 체결하여 프랑스의 재정 지원을 받는 대신 프랑스 편에 가담하여 네덜란드를 공격하기로 약속했다. 그 조약에는 찰스가 가톨릭으로 개종하고, 루이 14세는 그 대가로 재정 지원을 하며, 만일 반란이 일어나면 6천 명의 병력을 제공할 것을 규정한 비밀 조항이 들어 있었다. 1672년 네덜란드와의 전쟁에 들어가기 직전에 찰스는 '관용령'을 공포했다. 이것은 비국교도와 가톨릭교도에게 적용된 모든 형법의 효력을 정지시키고 예배를 허용하는 것이었다. 그러나 찰스의 시도는 실패로 끝났다. 의회는 관용령을 의회의 입법 우위권에 대한 도전으로 받아들여 반대했다. 전쟁 비용 조달이라는 짐을 안고 있던 찰스는 결국 굴복하고 왕령을 취소했다. 내친 김에 의회는 이듬해에 심사법을 제정했다. 이 법은 모든 공직자에게 국교회의 성체 성사를 받을 것, 화체설(성체 변화설)을 부인할 것, 그리고 국가와 교회의 수장으로서의 군주에게 충성을 서약할 것 등을 요구하는 것이었다. 신실한 가톨릭교도라면 받아들일 수 없는 조건들이었다. 이 조치로 인해 충성스러운 가톨릭교도들이 공직에서 밀려났다. 가톨릭교도의 공직 진출 기회를 박탈한 이 법은 1829년에 폐지됐다.

네덜란드는 총독 오렌지 공 윌리엄의 지휘 아래 완강하게 저항했다. 전쟁에 지친 찰스는 1674년에 강화조약을 맺고, 3년 뒤에는 동생 제임스의 딸 메리를 윌리엄과 결혼시켰다. 이 둘은 사촌지간이었다. 의회는 국왕의 친프랑스적, 친가톨릭적 정책을 비판하고, 가톨릭교도인 제임스의 왕위 계승권을 박탈하는 법안을 추진하자 왕은 의회 해산으로 맞섰다. 1685년 찰스가 죽자(찰스는 종부성사를 받아 가톨릭 신자임을 드러냈다) 가톨릭교도인 동생 제임스 2세가 즉위했다. 제임스는 심사법의 폐지를 의회에 요구했으나 의회가 거부하자 의회를 해산시켰다. 제임스는 관용령을 공포하여 심사법의 효력을 중지시키고, 가톨릭과 비국교도 모두에게 예배의 자유를 허용했다. 프로테스탄트들은 저항했으나, 그래도 그가 죽으면 프로테스탄트인 메리가 계승할 것으로 기대되었기 때문에 저항이 크지는 않았다. 그러나 뜻밖에 왕자가 태어남으로써 상황이 심각해졌다. 가톨릭에 대한 혐오가 국왕에 대한 충성보다 컸다. 토리당과 휘그당 및 종교계를 대표하는 7인의 지도자가 서명한 초대장이 윌리엄에게 전달됐다. 군대를 이끌고 잉글랜드로 들어와 달라는 내용이었다. 윌

♠ 명예혁명의 주역 윌리엄과 메리.

리엄은 1688년 11월에 1만 2천 명의 보병과 4천 명의 기병을 이끌고 잉글랜드에 상륙했다. 제임스는 도망쳤다. 그는 채텀 근처에서 배를 탔으나 어부들에게 붙잡혀 런던으로 되돌아왔다. 장인이자 외삼촌인 제임스의 희생을 바라지 않았던 윌리엄은 그가 프랑스로 도망가도록 눈감아주었다. 의회는 윌리엄과 메리에게 공동 왕관을 부여했다.

의회는 공동 왕으로부터 권리 선언에 대한 동의를 받아 냈다. 그것은 의회의 동의 없이 법률의 적용을 유보하거나 효력을 정지하는 것, 대권에 의해 세금을 징수하는 것, 평화 시에 상비군을 유지하는 것, 의원 선거에 개입하는 것, 배심원을 매수하는 것, 과다한 벌금이나 보석금을 부과하는 것 등을 불법이라고 선언하고, 의회의 잦은 소집과 원내에서의 토론의 자유 등을 규정했다. 이후 의회는 이 선언에 가톨릭교도는 왕위를 계승할 수 없다는 내용을 첨가하여 '권리장전'으로 법

률화했다.

　권리장전은 정치 및 사회 구조를 혁명적으로 변혁하려 하지 않았다. 오히려 제임스 2세가 위험에 빠뜨린 국가와 교회의 기존 질서를 그대로 보전하기를 원했다. 그러나 주권이 국왕으로부터 의회로 넘어갔기 때문에 '혁명적'인 변화가 일어난 것이나 다름없었다. 새로운 공동 왕은 하느님의 뜻이나 세습제에 의해서가 아니라 의회의 법률에 의해 세워진 군주였다. 의회는 법률로 군주를 즉위시킬 수도 폐위시킬 수도 있었다. 잉글랜드는 전제 군주정에서 입헌 군주정으로의 이행을 유혈 참극 없이 이룩해 낸 것이다.

　1689년에 이미 존 햄프던(John Hampden)은 이를 명예혁명이라고 불렀다. 명예혁명의 성공으로 망명지인 네덜란드에서 돌아온 존 로크는 『정부론』에서 명예혁명을 정당화했다. 로크는 생명 · 자유 · 재산에 대한 권리는 정치 사회가 생기기 이전에 존재했던 자연법에 의해 보장된 것으로 규정하고, 이 권리를 보호하는 것으로 정부의 목적을 국한시켰다. 로크는 최고의 입법권을 가진 의회와 제한된 권력을 위임받은 행정부 아래에서만 이러한 권리가 보장될 수 있으며, 정부가 고유의 존재 이유를 거스른다면 국민은 그에게 위임했던 권한을 회수하고 저항할 수 있는 권리를 보유하고 있다고 주장했다.

▶ 관련 항목 : 청교도 혁명

055 목동 십자군

　'목동 십자군'은 1251년과 1320년에 있었던 민중들의 십자군을 가리킨다. 민중 십자군은 강자들의 지원 없이 민중들의 주도로 진행되었으며, 종종 민중 봉기로 전환됐다. 1212년에 있었던 어린이 십자군(빈자 십자군)을 목동 십자군에 포함시키기도 한다.

제7차 십자군 원정을 떠난 프랑스의 국왕 루이 9세(성 루이)가 1250년에 포로로 잡혔다는 소식이 전해지자 사람들은 경악했다. 그처럼 신앙심 깊은 왕이 하느님의 버림을 받았다는 것이 있을 수 있는 일인가? 헝가리의 시토 수도회 수도인 욥(혹은 야고보)은 강자들, 부자들, 오만한 자들은 결코 예루살렘을 되찾을 수 없다는 내용의 편지를 성모마리아로부터 받았다고 주장했다. 가난한 자들, 겸손한 자들, 목동들만이 예루살렘에 갈 수 있다는 것이었다.

1251년 부활절, 도끼와 칼 그리고 몽둥이로 무장한 수천 명의 목동들과 농민들이 십자가를 들고 파리로 향했다. 국왕의 어머니인 블랑쉬 드 카스티유는 처음에는 이들을 지지했다. 그러나 이들의 움직임은 사회적 종교적 차원에서 볼 때 너무 위험했다. 이들은 고위 성직자들이 탐욕과 오만에 젖어 있다고 비난했으며, 기사들이 빈자들을 경멸하며 이익을 노리고 십자군에 참가한다고 공격했다. 루앙, 오를레앙, 투르에서는 성직자들과 충돌했으며, 부르주에서는 유대인들을 공격했다. 도시가 그들에게 식량 공급을 중단하자 약탈이 자행됐다. 시몽 드 몽포르는 이들을 진압했다. 이들의 움직임은 라인 지방과 이탈리아 북부로 확산됐다. 강력한 진압을 모면한 몇 명의 목동만이 십자군에 가담하기 위해 마르세유로 갔다.

1320년 국왕과 왕자들이 십자군 원정을 맹세하자, 프랑스 북부의 목동들과 빈민들이 길거리로 나왔다. 이들의 열정은 언제나처럼 반란으로 바뀌었다. 목동들, 다시 말해 유랑 빈민들은 프랑스 남서부 지방을 누비며 공포를 심었다. 광신자와 몽상가들이 주도한 이 십자군은 아키텐 지방과 피레네 지방의 유대인들을 타겟으로 삼았다. 당국은 유대인들을 보호하려 했으나 역부족이었다. 유대인 수천 명이 학살되었고 많은 유대인들이 개종했다.

▶ 관련 항목 : 십자군, 어린이 십자군

056 무정부주의
Anarchism

정부나 통치의 부재(不在)를 뜻하는 그리스어 'an archos'에서 유래한 이 말은 모든 정치 조직·규율·권위를 거부하고 국가권력의 강제 수단을 철폐하여 자유·평등·정의·형제애를 실현하려는 이데올로기이다. 이 이데올로기의 근간을 이루는 것은 국가나 정부 기구는 해롭고 사악하며 인간은 그것들 없이도 올바르고 조화로운 삶을 영위할 수 있다는 신념이다. 무정부주의자들은 만약 인간이 법과 사회 체계의 구속으로부터 벗어나 상호 부조(相互扶助)의 원리를 실천하게 된다면 진정한 의미의 정의에 도달할 수 있을 것이라고 역설했다.

무정부주의의 내용은 다양하다. 중요한 차이는 이상 사회에서 집단의 권위를 어느 정도 인정할 것인가, 사적 소유를 인정할 것인가, 이상 사회의 실현을 위한 수단으로 폭력을 용인할 것인가의 3가지 논점에서 발생한다. 무정부주의의 종류에는 윌리엄 고드윈, 피에르 조제프 프루동, 막스 슈티르너, 레프 톨스토이, 폴 굿먼, 허버트 리드 등의 개인주의적 무정부주의와 미하일 바쿠닌으로 대표되는 집산주의적(集産主義的) 무정부주의 그리고 페테르 크로포트킨의 공산주의적 무정부주의가 있다. 바쿠닌과 크로포트킨을 경계로 공상적 무정부주의와 과학적 무정부주의로 나누기도 하며, 이론에 치중되어 있는 철학적 무정부주의와 정치·사회적인 실천 방법까지 구상하고 있는 혁명적 무정부주의로 나누기도 한다.

무정부주의에 이론적 기초를 제공한 사람은 프루동이었다. 『소유란 무엇인가』에서 "나는 무정부주의자이다."라고 선언한 프루동은 무정부주의를 긍정한 최초의 인물이다. 프루동이 설파한 무정부주의 이론의 골자는 상호주의, 연방주의, 직접 행동주의로 요약된다. 상호주의란 평

♠ 아나키즘.

등주의에 기초한 사회 공동체의 건설을 뜻한다. 프루동은 부(富)를 도둑이라고 말했지만, 그렇다고 공산주의를 옹호하지는 않았다. 프루동은 생산에 필요한 토지와 도구에 대한 지배권인 소유를 자유를 위한 불가피한 보루로 간주했다. 그가 마음속에 그린 사회는 자영 농민과 독립적인 장인들로 구성되고 노동자 연합체가 공장과 공공시설을 운영하며, 이 모든 요소들이 인민 은행의 상호 신용 체계에 의해 조화를 이루는 경제 공동체였다. 프루동은 중앙 집권적인 국가 대신 계약과 이해관계가 지배하는 자치적 지역 사회 및 산업 연합체들의 연방을 제안했다.

프루동의 노선에 동조하는 노동자 세력은 스스로를 '상호주의자'라고 불렀다. 1864년 프루동이 사망한 직후 일단의 상호주의자들은 영국의 노동조합운동 세력 및 런던에 망명해 있던 사회주의자들과 제휴하여 국제노동자협회(제1인터내셔널)를 창설했다. 상호주의자들은 인터내셔널 내부에서 카를 마르크스 진영과 대립했다. 실제로 마르크스

가 경계한 대상은 미하일 바쿠닌의 추종자들이었다. 바쿠닌은 1840년 대에 프루동의 사상을 수용했고, 1868년 인터내셔널에 참여할 즈음에는 무정부주의 조직인 '사회민주주의 동맹'을 결성했으며, 프루동주의를 수정해 집산주의 이론을 창출해 냈다. 그는 프루동의 연방주의와 노동자 계급의 직접 행동 원칙을 수긍하고 노력에 상응하는 분배를 요구했지만 생산 수단을 공유화해야 한다고 역설했다. 두 사람의 또 다른 차이점은 혁명 방법론에 있었다. 프루동은 기성 사회 내에서 상호주의적 연합체를 형성할 수 있다며 혁명적 폭력 수단을 거부한 반면, 바쿠닌은 '파괴의 열정은 창조의 열정'이라고 단언했다. 프루동의 개인주의와 비폭력주의가 무정부주의 전통의 일부를 이루어 온 것은 사실이지만, 제1인터내셔널 시절부터 1939년 스페인 내란의 종식과 함께 무정부주의 운동이 종말에 이를 때까지 주류를 형성했던 것은 바쿠닌의 집산주의와 혁명적 폭력론이었다.

바쿠닌이 실천가였다면, 그의 후계자인 크로포트킨은 이론가였다. 1876년에 공작의 지위를 버리고 혁명가가 된 크로포트킨은 토머스 모어가 『유토피아』에서 구상했던 공산주의적 분배 방식을 주장함으로써 바쿠닌의 집산주의를 넘어섰다. 영국의 오스카 와일드는 무정부주의자임을 자처했으며, 크로포트킨으로부터 영감을 얻어 『사회주의에서의 인간의 영혼』(1891)을 집필했다.

개인주의적 경향이 두드러졌고, 테러 행위에 대한 대중의 반감으로 무정부주의 운동 자체의 존립이 위태로웠던 프랑스에서 무정부주의자들은 노동조합에 침투하기 시작했다. 1892년 결성된 전국 노동거래소 동맹은 1895년 페르낭 펠루티에, 에밀 푸제, 폴 델레살을 주축으로 한 무정부주의자들의 지배하에 들어갔다. 이른바 '아나르코 생디칼리슴'이란 이들에 의해서 발전된 노동자 직접 행동주의의 이론과 실제이다. 조르주 소렐의 『폭력론』 (1908)은 이즈음에 쓰여진 가장 중요한 저작이다.

무정부주의와 관련 있는 사회적·윤리적 사상들은 모든 사회 운동 속에서 숨 쉬고 있었다. 레오 톨스토이는 무정부주의자임을 자처하지만 않았을 뿐 평화적 급진주의와 이성적 그리스도교의 이름으로 온갖 형태의 정부를 부정하고 도덕적 재생을 주장했으며 자유주의적 공

♠ 크로포트킨
(Pyotr Alekseevich Kropotkin, 1842~1921).

산주의를 옹호했다. 마하트마 간디의 사상은 무정부주의 운동에 있어서 독특한 위치를 차지한다. 간디가 남아프리카와 인도에서 전개한 비폭력 시민 불복종 운동은 톨스토이와 소로의 사상에서 착안한 것이며, 크로포트킨의 영향 아래 자치적인 촌락 코뮌을 세우려는 지방분권 기획이었다. 무정부주의는 1960년대와 1970년대에 걸쳐 반체제 학생들과 좌익 지식인들에게 유행했는데, 물질적이고 기계적인 문화에 대한 비판 의식으로 받아들여졌기 때문이었다.

한국의 무정부주의 운동은 1920년 무렵부터 중국으로 망명한 독립 운동가들과 일본으로 건너간 유학생들 사이에서 민족 해방 운동의 한 이념으로 싹트기 시작하여 국내로 전파됐다. 대표적인 인물은 신채호이다. 신채호는 『조선 혁명 선언』(1923)에서 의열단의 강령·투쟁 목표·정치 이념을 무정부주의 사상으로 이론화했다. 그는 민중의 역량과 폭력에 의한 민중 직접 혁명을 주장하면서 독립 운동의 개념을 무력에 의한 혁명으로 규정하고 모든 비폭력적 민족 운동을 독립 운동의

♠ 톨스토이
(Aleksei Konstantinovich Tolstoi, 1817~1875).

범주에서 배제했다.

무정부주의는 국가 권력을 위시한 일체의 강제와 구속에서 벗어나려는 극단적인 자유주의 이데올로기이다. 권력이나 재산의 불평등은 완전한 자유의 실현을 저해한다는 이유로 평등을 추구한다. 문제는 자유와 평등을 어떻게 조화시킬 것인가이다. 평등의 실현은 곧 자유에 대한 억압으로 작용하여 무정부주의의 근본 원칙을 침해할 수 있기 때문이다. 국가가 개인의 자유를 억압하는 것은 사실이다. 그러나 국가에서 벗어나면 그야말로 무정부주의적인 '만인에 대한 만인의 투쟁'에 빠지는 것이 아닐까? 인간은 크고 작은 사회를 이루며 살 수밖에 없다. 무정부주의는 이같은 근본적인 법칙을 무시한 유토피아적인 이데올로기이다. 그러니 그것은 테러리즘에 의지하지 않을 수 없다. 정의로운 사회를 만들기 위해 폭력이라는 불의에 의지한 것이다.

057 문화투쟁

'문화투쟁'은 1871년에서 1887년 사이에 비스마르크와 로마 가톨릭교회 사이에 벌어진 갈등과 투쟁을 가리킨다. '문화투쟁'이란 말은 1873년에 프로이센의 병리학자이자 자유주의 정치가인 루돌프 피르

호(Rudolf Virchow)가 가톨릭과의 싸움은 '인간을 위한 위대한 투쟁'이라고 선언한 뒤부터 쓰이기 시작했다.

　루터의 종교개혁과 농민 전쟁 이후 독일 남부는 가톨릭으로 남은 반면 북부는 루터주의를 받아들였다. 19세기 중엽까지도 가톨릭교회의 정치적 영향력은 상당했다. 가톨릭 중앙당은 프로이센이 제국을 주도하는 것에 불만이었고 종종 비스마르크의 정책에 반대했다. 열렬한 프로테스탄트였던 프로이센의 비스마르크는 독일 남부의 가톨릭 교도들이 독일제국에 충성을 다하지 않는다고 보았으며, 1870년 바티칸 공의회에서 교황 무오류성(無誤謬性)을 포고한 것을 못마땅하게 생각했다.

　세속 국가를 강화시키기 위해서는 가톨릭교회를 제어할 필요가 있었다. 1871년 7월 비스마르크가 프로이센의 교육과 교회 문제를 맡은 문화부 내의 가톨릭 국(局)을 폐쇄하고 11월에는 성직자들이 설교 중에 정치적인 견해를 발표하지 못하도록 하면서 '투쟁'이 시작됐다. 1872년 3월에는 모든 종교 학교가 국가의 감찰을 받도록 했으며, 6월에는 종교 과목 교사들을 국립학교에서 쫓아내고 예수회를 해체했다. 12월에는 아예 바티칸과 외교 관계를 끊어 버렸다. 1873년 프로이센의 문화 장관 아달베르트 팔크가 공포한 '5월법'은 종교 교육뿐만 아니라 성직자 임명까지도 국가의 통제를 받도록 했다. 독일의 가톨릭 성직자는 독일인이어야 하며, 독일의 고등학교와 대학에서 수학해야만 임명받을 수 있다는 것이었다. 1875년 독일 전역에서 종교의식을 행하지 않는 민사혼(民事婚)을 의무화함에 따라 투쟁은 절정에 달했다. 규정을 따르지 않는 교구에는 국가 지원을 중단했고, 고분고분하지 않은 성직자를 추방했으며, 모든 교회 재산을 압수해 평신도가 관리하도록 했다.

교황 피우스 9세는 이러한 탄압 조치가 무효임을 선언하고 신도들의 불복종을 호소했다. 프로이센 정부의 조치에 반대하는 성직자들이 추방되거나 체포됐다. 가톨릭교도들은 비스마르크의 정책에 강력히 맞섰고, 1874년 선거에서 의석을 두 배로 늘려 의회에서의 투쟁력을 배가시켰다. 현실주의자였던 비스마르크는 한 걸음 물러섰다. 그는 반(反)가톨릭적인 조치들이 과도했으며, 가톨릭 중앙당의 저항을 강화시켰을 뿐임을 인정했다. 사회주의자들을 공격하기 위해서는 가톨릭 중앙당의 도움이 필요하기도 했다. 1878년 새 교황이 즉위하자 타협은 한층 쉬워졌다. 1887년 교황 레오 13세는 싸움은 끝났다고 선언했다.

058 미국 혁명
American Revolution

17세기 초, 스튜어트 왕조의 전제정치와 종교 박해를 피해 잉글랜드의 청교도들이 아메리카 대륙으로 이주한 이후, 18세기 초에는 북아메리카 동부 해안에 13개 주의 영국 식민지가 건설됐다. 영국은 식민지에 총독을 파견했으나 별로 간섭하지 않았고 식민지는 식민지 의회를 중심으로 광범위한 자치를 누렸다. 본국의 이른바 '건전한 방임' 정책 덕분이기도 했지만 식민지 의회가 통과시킨 법률 중 본국에 의해 거부된 것은 불과 5퍼센트에 불과했다.

영국의 식민지 정책은 7년 전쟁(1756~1763)을 고비로 크게 달라졌다. 장기간에 걸친 식민지 쟁탈전에서 최종 승리를 거둔 영국은 식민지를 짜임새 있는 제국 체제로 재편하려는 생각으로 식민지에 적극 개입했다. 그것은 7년 전쟁의 전비와 새로 획득한 식민지의 방위비를 비롯한 각종 비용을 식민지에서 염출하려는 재정적 고려였다. 영국 정부는 식민지에 각종 세금을 부과하고 식민지에 대한 간섭과 통제를 강화했다.

식민지의 분노를 자아낸 것은 '인지세(印紙稅)'(1765)였다. 이것은 신문, 서적, 법원 문서 등은 물론이고 카드놀이용 카드와 학위 증서에까지 인지를 첨부할 것을 규정했다. 식민지인들은 반대 운동을 전개하여 인지세를 철폐시켰다. 이때 그들은 식민지는 본국 의

♠ 1770년 3월 5일 발생한 보스턴 학살 사건. 보스턴 군중과 영국 보초병의 다툼이 원인이 되었다. 영국군의 발포로 보스턴 시민 5명이 죽고, 이후 미국독립혁명의 계기가 됐다.

회에 대표를 보내지 않기 때문에 본국 의회는 식민지에 과세할 권리가 없다는 헌정 원칙을 내세웠다. 이에 대해 본국 의회는 '선언법'을 채택하여 본국은 식민지를 통제할 법을 제정할 권리를 보유한다고 맞섰다.

마치 이것을 입증하기라도 하듯, 영국 의회는 1767년 타운센드법을 제정하여 차(茶), 종이, 도료 등에 과세했다. 식민지인들의 강력한 반대에 부딪힌 영국 정부는 체면상 차(茶)에 대한 세금만 남기고 나머지는 폐지했다. 그러나 식민지인들은 차세(茶稅)를 식민지에 대한 억압의 상징으로 보고 저항의 고삐를 늦추지 않았다. 1773년 겨울, 보스턴 항구에 차를 싣고 정박 중이던 동인도회사의 선박에 인디언으로 가장한 시민들이 난입하여 차 상자를 바다에 던진 '보스턴 차(茶)사건'이 발생했

♠ 독립선언서에 서명하는 식민지 대표들.

다. 영국은 이에 대한 보복으로 보스턴 항구의 봉쇄와 매사추세츠 주의 자치 선거 금지를 비롯한 일련의 강압적인 조치를 취했다. 이에 식민지 대표들은 필라델피아에서 제1차 대륙 회의를 열고(1774) 본국 의회의 식민지에 대한 입법권을 부정했으며 본국과의 통상을 단절했다. 사태는 매우 심각해졌다. 1775년 4월 보스턴 근교의 렉싱턴에서 영국군과 식민지의 민병대가 충돌했다. 사태는 독립 전쟁으로 발전했다.

식민지 대표들은 본국과의 전쟁에 대비하기 위해 민병대를 정규군으로 승격시켰으며, 워싱턴(1723~1799)을 총사령관으로 임명했다. 토머스 페인은 영국과의 전통적인 유대가 아메리카 식민지의 번영과 복지에 필요하다는 주장을 일축하고 독립을 강조하여 여론의 향방에 커다란 영향을 끼쳤다. 대륙회의는 1776년 7월 4일 「독립선언서」를 채택하여 독립해야 할 이유를 내외에 천명했다. 이 독립선언문은 인간은 평등하게 태어났고, 생명·자유·행복 추구라는 양도할 수 없는 천부의 권리를 지니며, 정부는 피치자의 동의에 의해 이러한 권리를 보호하기 위해 수립된 것이기 때문에 정부가 그러한 목적을 파괴하는 경우 피치자는 새로운 정부를 수립할 권리를 가진다고 선언했다.

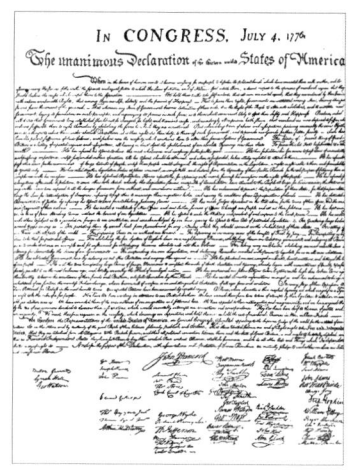
♠ 독립선언서.

독립 전쟁이 시작되자 식민지인들은 독립을 원하는 애국파와 영국을 지지하는 충성파로 갈라졌으나 식민지인의 다수는 애국파를 지지했다. 초기의 전세는 식민지군에게 불리했지만 식민지군이 사라토가에서 승리를 거두자 국제 정세가 식민지에게 유리하게 전개됐다. 영국의 오랜 적대 세력이었던 프랑스가 식민지 편에 가담하여 참전했고(1778), 스페인과 네덜란드도 식민지 편에 가담했으며, 러시아를 비롯한 유럽의 많은 나라들이 중립을 선언하여 영국에 대항했다. 이러한 유리한 국제 정세와 지원하에 식민지군은 요크타운에서 승리를 거두었다(1781). 영국은 파리조약(1783)으로 식민지의 독립을 승인하게 된다.

미국 혁명은 기본적으로는 식민지가 독립하여 자유와 자치를 향유한 정치적이고 헌정적인 성격을 지니고 있다. 물론 식민지 사회 내부에서 싹트고 있던 귀족 세력에 대한 민주주의 세력의 투쟁이라는 사회적 성격이 가미되지 않은 것은 아니지만, 프랑스 혁명에 비하면 타파

해야 할 귀족 세력이나 파괴해야 할 구체제가 약했기 때문에 사회혁명으로서의 성격은 미약했다고 할 수 있다. 그러나 일단 독립을 쟁취하자, 미국은 당대의 가장 진보적인 정치 이론에 입각하여 역사상 유례가 드문 민주적인 공화국을 수립했다. 이런 의미에서 아메리카 식민지의 독립은 '독립'으로만 그치는 것이 아니라 '혁명'의 차원으로 올라섰다고 말할 수 있다.

059 민족주의
Nationalism

민족주의는 'Nationalism'을 옮긴 것이다. 'Nation'이라는 말은 어원적으로 '출생'이라는 의미를 지니고 있기 때문에 '민족주의'는 정확한 번역이라고 볼 수 있다. 민족주의는 말 그대로 '민족'을 최고의 가치로 여기는 것이다. 그런데 인간이 존중할 수 있는 가치로는 민족 외에도 자유, 평등, 인권, 정의 등이 있다. '민족'이 이것들보다 더 우월한 가치인가? 민족과 이러한 가치들이 충돌할 경우에 어떻게 할 것인가? 우리 민족의 이익은 타민족의 이익과 배치될 때가 많은데 그 경우 어떻게 할 것인가? 민족이라는 가치는 근본적으로 배타적이어서 보편적인 가치와 양립하기 어렵다는 문제가 있다.

'민족주의'의 또 다른 문제는 개념이 혼란스럽다는 것이다. 혈통 같은 객관적인 사실로 확인되는 민족주의를 '객관적 민족주의'라고 부르고, 의지로 확인되는 민족주의를 '주관적 민족주의'라고 부른다. 이렇게 민족주의를 객관적 민족주의와 주관적 민족주의로 구분하는 서양식 구분법은 우리의 언어 용례에는 맞지 않는다. 왜냐하면 우리말의 민족주의는 객관적 민족주의이기 때문이다. 서양 학자들은 'Nation'

이라는 말의 여러 가지 용례를 고려하여 이렇게 구분한 것이지만 우리말의 민족은 하나의 용례만을 가지고 있을 뿐이다. 따라서 서양식의 '주관적인 민족주의'는 민족주의가 아니라 '국민주의'라고 번역하는 것이 옳을 것이다. 민족은 태어나는 것이고, 국민은 선택하는 것이다. 외국인도 선택을 하면 한국인이 될 수는 있지만, 한국 '민족'이 될 수는 없다. 마찬가지로 한국인으로 태어났어도 본인의 의사에 따라 외국인이 될 수 있다. 주관적 민족주의와 객관적 민족주의의 구분은 민족주의의 개념을 혼란스럽게 만들고, 민족주의에 담겨 있는 원초적 배타성을 흐리게 한다.

비슷한 구분으로 프랑스식 민족주의와 독일식 민족주의가 있다. 그러나 이것도 적절한 구분이 아니다. 프랑스 혁명기에 등장한 것은 민족이 아니라 국민이기 때문이다. 시에예스는 「제3신분이란 무엇인가」라는 유명한 팸플릿에서 "국민은 모든 것에 앞서 존재하며, 모든 것의 원천이다. 그것의 의지는 언제나 합법적이며 법 그 자체이다."라고 국민을 정의했다. 1789년 6월 17일에 삼신분회의 대표들이 '국민 의회'를 선언했을 때 그것은 국민 주권을 천명한 것이었다. 1789년의 '인간과 시민의 권리 선언'은 "모든 주권의 원리는 본질적으로 국민에게 있다."며 이를 확인했다. 프랑스 혁명은 주권이 '짐'에게 있지 않고 국민에게 있음을 선언했다. 민족주의가 아니라 국민주의를 선언한 것이다. 이렇게 프랑스식 '국민주의'가 국민의 의지를 강조한 반면, 프랑스 혁명에 대한 반동으로 형성된 독일식 민족주의는 원초적인 혈연을 강조했다. 독일식 민족주의는 우리말 용례 그대로의 민족주의였다.

또 다른 구분으로 부흥 민족주의와 통합 민족주의가 있다. 역사적으로 민족주의는 민족과 국민을 일치시키자는 운동이다. 민족주의 운동은 서양의 역사에서 19세기에 두드러졌다. 독일과 이탈리아가 가까 하

♠ 게르만 민족의 우수성을 주창하며 유대인 학살을 자행한 히틀러.

나의 나라로 통일되었으며, 합스부르크 제국의 지배를 받던 민족들이 개별 국가들로 독립했다. 이렇게 타민족의 지배를 받던 민족이 독립하여 국가를 형성하는 것을 부흥 민족주의라고 부른다. 서양의 예를 들 필요도 없이, 우리나라가 일본의 식민지에서 해방된 것이 부흥 민족주의에 해당한다. 통합 민족주의란 하나의 국가 안에 존재하는 다양한 사람들을 하나의 '민족'으로 통합하자는 운동이다. 운동에 동조하는 사람은 '민족'으로, 반대하는 사람은 '반민족'으로 구분된다. 민족적인 사람은 민족의 이익을 존중하는 애국자이고, 반민족적인 사람은 민족의 이익을 해치는 매국노가 된다. 이렇게 해서 새롭게 '민족'이 만들어진다. 민족주의 이론대로 민족이 먼저이고 민족주의가 다음인 것이 아니라 민족주의에 의해 민족이 만들어지는 것이다. 부흥 민족주의는 타민족으로부터의 해방이고, 통합 민족주의는 내부에 있는 '타민족'의 배척이다. 내적인 동화를 이룬 다음, 통합 민족주의는 외부에 있는 '민족'을 통합하는 외적 팽창으로 진행한다. 민족이라는 최고의 가치 앞에, 개인의 자유와 인권은 설 자리가 없다. 통합 민족주의는 그 말과는 달리 배타적이고 분열적이다.

민족주의는 '내적 동화와 외적 팽창'을 기본 원리로 하는 위험한 이데올로기이다. 그 위험성은 파시즘, 유대인 학살 등을 통해 역사적으로 입증됐다. 오늘날 서양 사람들에게 민족주의는 금기 용어이다. 그러나 우리의 경우에는 민족주의가 여전히 신성시되고 있다. 강대국에 둘러싸여 있는 분단국으로서 생존과 통일을 위해 현실적으로 민족주의는 필요하며 또 정당하다. 남한과 북한이 하나의 나라를 이루려는 것은 적어도 통일 신라 이후 천 년이 넘도록 하나의 국가를 이뤘다는 점에서 충분한 이유가 된다. 그러니 '우리끼리'라는 민족주의적인 구호가 호소력을 지니고 있는 것은 당연하다. 그러나 지금은 세계화 시대이다. 제국주의적 지배를 우려해 이웃과 담쌓고 오직 '우리 민족'으로만 움츠러든다면 이 작은 나라의 미래는 없다.

민족주의는 본질적으로 폐쇄적이고 배타적이다. 민족주의의 본색을 분명히 드러내기 위해서는 민족주의 앞에 불필요한 수식어를 붙이지 말아야 한다. 프랑스식 민족주의와 독일식 민족주의, 부흥 민족주의와 통합 민족주의 등의 구분은 민족주의의 본 모습을 가릴 뿐이다. 열린 민족주의라는 묘한 용어도 마찬가지이다. 민족주의는 근본적으로 닫힌 것을 의미한다. 그것을 열면 그것은 이미 민족주의가 아니기 때문이다. 열린 민족주의도 민족주의인 이상 닫혀 있다. 민족주의라는 단어의 폐기를 진지하게 검토할 때가 왔다고 생각한다.

유엔이 권고한 대로 단일민족의 신화에서 벗어나야 한다. 우리나라의 280여 성 가운데 절반이 외래성이며, 전체 인구의 30퍼센트가 외국 혈통이라고 하지 않는가. 단군 할아버지의 자손이라는 신화를 역사에서 추방해야 한다. 단군 할아버지의 자손이 아닌 사람들도 대한민국의 국민으로 포용해야 한다. 서양의 학자들이 말하듯이, 민족은 '상상의 공동체'임을 인정해야 한다. 배타적인 가치가 아니라 보편적인 가치로 나아가야 한다.

▶ 관련 항목 : 파시즘

060 바로크 양식
Baroque

'바로크'라는 프랑스 어는 포르투갈 어 '바로코(Barroco)'에서 왔다. 바로코는 '비뚤어진 모양을 한 기묘한 진주'를 가리킨다. 진주는 아름다운 물건이기는 하지만 형상이 왜곡되면 그 아름다움이 반감된다. 그래서 '바로크'라는 표현에는 불규칙적인, 그로테스크한, 무절제한, 혼란스러운 등의 뜻이 담겨져 있다. '바로크'는 빈약한 내용의 삼단 논법이라는 뜻을 가진 이탈리아 어 'baroco'에서 왔다는 말도 있다.

바로크 양식은 16세기 말에서 17세기 초에 로마, 베네치아, 피렌체 등지에서 시작되어 전 유럽으로 퍼져 나갔다. 바로크 양식은 르네상스 양식에 뒤이어 나타난 것인데, 그 당시의 예술가들은 '바로크적'이라고 하지 않고 '고전주의적'이라고 했다. 사실 그들은 기둥, 박공, 처마 언저리의 쇠시리 양식 같은 고전 고대의 건축 양식을 많이 사용했기 때문이다. 바로크 양식은 과장된 움직임, 화려한 장식, 극적인 효과, 긴장감, 화려함 등을 특징으로 한다.

역사적으로 볼 때, 바로크 양식은 프로테스탄트 종교개혁에 맞선 로마 가톨릭교회의 '대응 종교개혁'의 산물이다. 가톨릭교회는 프로테스탄티즘이 성당의 성상을 파괴하고 장식을 떼어내는 데 반대하여 신자들에게 종교적인 감동을 맛보게 할 목적으로 성당을 화려하게 장식

♠ 바로크 시대 대표적인 건축물 산타 크로체 성당.

했던 것이다. 바로크 양식이 주로 지중해 지역의 가톨릭 국가에 머물렀던 것은 이러한 이유 때문이다.

▶ 관련 항목 : 로코코 양식

061 반교권주의
Anticlericalism

독일은 유럽에서 반유대주의가 특별히 강한 나라가 아니었음에도 파시즘의 나락으로 떨어졌다. 여기에 대한 하나의 설명은, 독일에서는 종교의 권위가 여전히 강했기 때문이라는 것이다. 독일의 '교권주의'

는 프랑스의 반교권주의와 대조적이어서 흥미롭다.

반교권주의(反敎權主義)는 인간 생활의 모든 영역(입법 · 사법 · 정치 · 사회 · 경제 · 문화 · 교육 · 도덕), 모든 상황(의식 · 사회관계 · 일상생활)에서 성직자나 종교에 대한 일체의 예속을 거부하는 것이다. 이 말은 그 반대어인 교권주의와 함께 1860년대에 등장했다. 역사적으로 프랑스에서 반교권주의는 가톨릭교회에 적대적인 사상, 의견, 행동을 지칭한다.

반교권주의적인 움직임이 19세기에 비로소 등장한 것은 아니다. 수도자들에 대한 중세의 풍자와 조소, 교황청에 대한 군주 국가의 투쟁, 인문주의, 자유사상, 계몽사상 등은 반교권주의의 문화적 배경이며, 반교권주의의 주요 논점을 형성했다. 교회를 폐쇄하고 성직자들과 신자들을 학살하고 종교적 의식(儀式)을 시민적 의식으로 대체한 프랑스 혁명력 2년의 탈기독교주의는 교권주의와의 결정적인 단절이었다.

19세기에 반교권주의는 여러 단계를 거쳐 확립됐다. 왕정복고 시대의 반교권주의자들(베랑제 · 폴루이 쿠리에 · 몽로지에 · 스탕달)은 '왕관과 제단의 연대', 종교 결사(congrégation), 예수회, 신성모독법, 샤를 10세의 축성 등에 저항했다. 1830년에 국가 종교 개념이 폐지되면서 반교권주의 투쟁은 교육으로 확대됐다. 1848년 혁명은 반교권주의 혁명은 아니었지만, 성직자들이 질서당과 1851년의 쿠데타에 합류함으로써, 반교권주의 투쟁을 재연시켰다. 1871년 파리 코뮌은 교회를 폐쇄하고 파리 대주교인 다르부아를 처형했다. 공화주의자들의 승리로 1880년대에 세속 교육(세속 · 무상 · 의무교육)이 법제화되었고 종교 행렬이 금지되었으며 이혼이 허용됐다. 반교권주의는 1905년에 교회와 국가가 공식적으로 분리됨으로써 절정에 도달했다.

2004년 한 이슬람 무장 단체는 프랑스의 '공립학교 교내에서 무슬림 여학생들의 히잡 착용을 금지하는 법'을 폐지하라고 요구했다. 프랑스 교육 당국은 그해 말까지 전국에서 총 43명의 여학생들을 퇴학시켰다. 머리에 히잡을 쓰는 것과 교육이 무슨 관계가 있다고 이렇게 강경한 조치를 취한 것일까? 이 문제에 대해 프랑스 정부는 20세기 초 이래 고수해 온 정교 분리 원칙을 공화국의 성소(聖所)라 할 수 있는 공립학교에서 철저하게 지켜야 하기 때문이라고 설명했다. 교실 안에서는 종교적 상징물을 착용할 수 없다는 것이다. 그럼 가톨릭 학생들이 착용하는 목걸이나 반지도 금할 것인가? 아마 불가능할 것이다. 2004년의 법은 1905년 정교 분리법의 연장이라기보다는 현실 사회주의의 붕괴 이후 새로운 위협으로 등장한 '문명 충돌'의 양상으로 보아야 할 것이다.

062 반유대주의
Antisemitism

글자 그대로 풀이하면 'Antisemitism'은 셈 족에 반대하는 주의이다. 셈 족이란 히브리 성서에 나오는 노아의 세 아들 중 하나인 셈의 후예를 가리키는 말이다. 그러나 'Antisemitism'은 모든 셈 족, 더 정확히 말하면 모든 셈 어(語)족을 적대하는 것이 아니라 셈 어족 가운데 일부인 유대인을 적대시하는 표현이다. 'Antisemitism'이라는 용어는 1879년에 독일의 반유대주의 언론인인 빌헬름 마르가 처음 사용했다. 'Antisemitism'과 비슷한 것으로 'Antijudaism'이 있는데, 이것은 유대교를 믿는 사람들을 적대하는 것을 의미한다. 'Antisemitism'은 유대 인종을 적대하는 것이다. 그것은 종교가 유대교이건 아니건 관계없이 유대인이면 무조건 적대하는 세속적인 인종주의 이데올로기이다. 엄밀히 구분하면 중세 이후 19세기까지는 종교적인 'Antijudaism'이

♠ 1903년 러시아의 농부들로 의심되는 반유대주의자들에 의해 희생된 유대인들.

유대인 박해의 동력이었고, 19세기 말 이후에는 세속적인 'Antisemitism'이 유대인 박해의 동력이었다. 유대교는 본질적으로 폐쇄적인 종교였기 때문에 비유대인이 유대교를 믿는 경우는 많지 않았다. 반면에 유대인이지만 유대교를 버린 사람은 많았기 때문에, 'Antisemitism'의 범위가 'Antijudaism'보다 훨씬 크다고 말할 수 있다.

　유대인의 역사가 곧 박해의 역사임은 그들의 폐쇄적인 종교와 밀접한 관계가 있다. 유대인들은 유일신 사상을 가지고 있었으며, 유대교만이 유일한 진리와 최고의 도덕적 가르침을 가진 종교라고 생각했다. 선민의식을 가지고 있고 다른 종교와 종족을 배척한 유대인들이 적개심을 불러일으킨 것은 자연스러운 현상이었다. 그리스도교는 유대교에서 비롯되었지만 유대교를 부정하면서 자기의 정체성을 확립해 나갔다. 이 과정에서 치명적인 사실은 그리스도교가 유대인들을 '예수의 살해자'로 낙인찍었다는 점이다.

중세 그리스도교 세계는 유대인을 그리스도교에 적대적인 자, 제의적 살해자, 우물에 독을 타는 자, 성체를 모독하는 자, 그리스도교 어린이들을 죽여 피를 빨아먹는 자, 세계 지배를 도모하는 자, 적그리스도의 대행자, 고리대금업자, 무당, 흡혈귀 등으로 묘사했으며, 이러한 부정적인 고정관념은 신학 서적, 사제의 설교, 고난극, 민속, 민담, 민요, 예술 등을 통해 일반에게 확산됐다. 십자군 전사들은 유대인들을 학살함으로써 예수의 죽음을 기억했고, 1348년 페스트의 책임을 물어 유대인들을 학살했다. 1290년에는 잉글랜드에서 1492년에는 스페인에서 유대인들을 대량으로 추방했다. 르네상스와 종교개혁과 함께 시작된 근대에도 유대인에 대한 부정적인 이미지는 사라지지 않았다. 에라스무스 같은 관용적인 인문주의자도 유대인은 예외로 했으며, 루터는 중세적인 유대인 박해주의자였다. 루터는 1543년 「유대인과 그들의 거짓말에 관하여」라는 글에서 "유대인들의 회당은 불태워져야 하며, 불태워지지 않은 것들은 먼지로 뒤덮어 타다 남은 찌꺼기와 돌멩이조차 보이지 않게 해야 한다. 이런 일은 우리가 그리스도교인임을 하느님께 보여드리기 위해서 하느님과 그리스도교의 명예를 걸고 행해져야 한다."고 열을 올렸다.

종교개혁이 반유대주의를 누그러뜨리는 데 실패했다면 18세기의 계몽사상은 가능성을 보여주었다. 계몽사상가들은 그리스도교의 불관용을 비판하면서 유대인 박해를 비난했고, 1789년 프랑스 혁명에서는 유대인들에게 시민권을 부여했다. 그렇다고 유대인에 대한 박해가 사라진 것은 아니었다. 볼테르는 그리스도교의 불관용을 공격했지만 유대교를 사교(邪敎)라고 비난했다. 마르크스는 유대 혈통을 가지고 태어났음에도 불구하고 유대인과 유대교에 대한 반감을 감추지 않았다. 반유대주의는 드레퓌스 사건을 통해 분출됐다. 제정 러시아에서는 유대인에 대한 학대가 조직적으로 자행됐다. 1881년 알렉산더 2세가 암살당하자 정부는 유대인들을 속죄양으로 삼아 반유대주의 정책을 공식적으로 추진했다. 1881년에 시작된 유대인 학살(포그롬) 이후 학살과 추방이 되풀이됐다. 최초의 탈출은 1881~1882년에 일어났다. 그 후 매년 평균 5~6만 명 정도의 유대인들이 러시아를 떠났다. 1891년에는 11만 명 정도의 유대인들이, 1892년에는 13만 7천 명이 러시아를 떠났다. 1905~1906년의 대학살 기간에만 20만 명의 유대인이 떠났다. 나치는 유대인에 대한 부정적인 고정관념을 모두 물려받았다. 유럽 사회에 동화된 유대인이건 세례를 받은 유대인이건 죽음의 판결을 피할 수 없었다. 나치의 '최종 해결책'은 '세계의 정화'를 위한 극단적인 선택이었다. 이렇게 해서 5백만~6백만 명의 유대인이 학살됐다.

　오늘날 유럽에서 반유대주의가 완전히 사라졌다고 말할 수는 없지만, 정부의 체계적인 노력으로 반유대주의 광기가 재현될 가능성은 낮아 보인다. 대신 반유대주의의 무대는 이슬람 세계로 옮겨갔다. 그것은 19세기 말에 시작된 시온주의 운동이 결실을 맺어 유대인들이 아랍 세계 안에 이스라엘 국가를 건설했기 때문이다. 우리나라는 어떠한가? 우리나라의 근본주의적 기독교 신자들은 서구의 반유대주의를 그대로 물려받은 듯하다. 어쩌면 그들의 반유대주의는 반이스라엘 및 반미주의와 겹쳐 더욱 강렬한 것 같다. 서구에서는 반유대주의 영화로 낙인 찍혀 비판을 받은 멜 깁슨의 「예수의 수난Passion of the christ」

이 국내의 기독교 신자들에게는 얼마나 큰 감동을 불러 일으켰던가! 기독교를 믿지 않는 사람들도 유대인을 싫어하는 것은 서구의 오리엔탈리즘에 너무 젖어 있기 때문이 아닌가 여겨진다. 거기에 '우리나라 사람들은 유대인 다음으로 머리가 좋다'는 식의 인종주의적인 발언이 자랑스럽게 통용되는 것도 문제이다.

▶ 관련 항목 : 국가사회주의, 시오니즘, 인종 학살, 파시즘

063 밸포어 선언
The Balfour Declaration

밸포어 선언은 1917년 11월 2일 영국의 외무장관인 아서 제임스 밸포어(Arther James Balfour)가 영국 유대인 공동체의 대표인 로트실트 경에게 보낸 편지에서 팔레스타인에 유대인 국가 건설을 약속한 선언이다. "여왕 폐하의 정부는 팔레스타인에 유대 민족을 위한 국가(national home)를 세우는 것에 긍정적인 견해를 가지고 있으며, 이 목적이 용이하게 성취되도록 최선의 노력을 할 것입니다. 아울러 팔레스타인에 현존하는 비유대계 공동체의 시민적·종교적 권리나 다른 모든 나라에서 유대인들이 누리고 있는 권리와 정치적인 지위를 침해하는 어떤 일도 행해져서는 안 된다는 점을 명확하게 주지하는 바입니다."

영국 정부는 이 선언을 통해서 미국계 유대인들의 여론을 연합국 쪽으로 돌려놓을 수 있고, 러시아의 유대인들을 볼셰비키 혁명이 아니라 유대인 국가 건설로 동원할 수 있을 것으로 기대했으며, 영국을 지지하는 유대인들이 팔레스타인에 정착하면 이집트의 수에즈 운하로 접근하는 통로를 지키는 데 도움이 되리라고 생각했다.

이 선언은 팔레스타인 전체를 유대인을 위한 국가로 재구성하고 유대인의 무제한적인 이주와 내적 자치를 허용하라는 시온주의자들의 요구에는 미치지 못하는 것이었다. 그리고 'state'라는 용어 대신 'national home'이라는 단어를 의도적으로 선택했고, 팔레스타인에 현존하는 비유대인 공동체의 시민적·종교적 권리를 침해해서는 안 된다는 점을 명시하는 등의 제한이 있었지만 시온주의자들 사이에 열광적인 기대를 불러일으켰다.

♠ 영국의 외무장관 밸포어 (Arther James Balfour, 1848~1930).

▶ 관련 항목 : 시오니즘

064 범신론
Pantheism

'Pantheism(범신론)'은 'pan(모든)'과 'theos(신)'을 합성한 말이다. 신은 모든 것이요 모든 것은 신이라는 주장이다. 그리스도교에서 말하는 신은 초월적이며 인격적인 신인데 비해, 범신론의 신은 내재적이며 추상적인 신이다. 그리스도교에 의하면 만물은 신에 의해 창조되어 신과 별도로 존재하지만, 범신론에 의하면 만물은 신 안에 있으며 신 역시 만물 안에 있다. 만물이 신이요, 신이 만물이다. 이렇게 초월적이며 인격적인 창조주의 존재를 부정하는 것은 그리스도교를 부정하는 것이어서 무신론이라는 의심을 받았다.

'범신론적'이라는 형용사는 영국의 이신론자인 존 톨런드가 그의 저서 『올바로 진술된 소치누스주의』(1705)에서 처음 사용했고, '범신론'이라는 명사는 몇 년 뒤에 톨런드의 반대자 중 한 사람이 처음으로 사용했다. 17세기의 대표적인 범신론자는 베네딕투스 데 스피노자이다. 이 유대계 철학자는 『윤리학』에서 비록 '범신론'이라는 단어는 사용하지 않았지만 범신론 사상의 정수를 표현했다. 스피노자는, "신은 초월적이고 인격적인 최고의 존재가 아니다. 신은 비인격적이며 세상에 내재한다. 다시 말하면 신은 이 세상에 속한다. 신은 곧 세상이다. 세상은, 존재들은 신의 창조물이 아니라 신의 표현이다. 신은 세상 바깥에 존재하는 천상의 존재가 아니라 세상에 존재하는 존재이기 때문에, 자연과학적인 방법을 동원하여 과학적으로 연구할 수 있다."고 말했다.

범신론에는 여러 가지 형태가 있지만, 역사학에서 의미가 있는 것은 스피노자의 범신론이다. 이 자연주의적 범신론은 자연신학, 자연종교, 이신론, 자유사상 등과 함께 기독교를 비판하는 사상이었다. 스피노자는 자신을 무신론자라고 비판하는 데 대해 "철학적으로 믿는다."고 대답했지만, 그렇다고 해서 무신론자라는 혐의에서 벗어나지는 못했다.

▶ 관련 항목 : 이신론, 계몽사상

065 보나파르트주의
Bonapartism

'보나파르트주의'라는 용어는 프랑스의 두 황제인 나폴레옹 1세(1804~1815)와 나폴레옹 3세(1852~1870)의 이름인 'Napoléon

♠ 1815년 워털루 전투에서 패한 뒤 영국 군함의 갑판에 서 있는 나폴레옹.

Bonaparte'에서 나왔다. 나폴레옹은 1800년에 다음과 같이 말했다. "나의 정책은 다수의 사람들이 원하는 대로 통치하는 것이다. 나는 가톨릭교도가 되어 방데 전쟁을 종식시켰다. 나는 무슬림이 되어 이집트에 자리 잡았다. 나는 교황주의자가 되어 이탈리아에서 사제들의 마음을 사로잡았다. 내가 유대인들을 다스린다면, 나는 솔로몬 신전을 다시 세울 것이다. 나는 생도맹그의 자유민 지역에서는 자유에 대해 말할 것이고, 생도맹그의 노예 지역에서는 노예제를 확인해 줄 것이다. 나는 이렇게 하는 것이 국민의 주권을 인정하는 것이라고 믿는다."

나폴레옹 1세는 "혁명은 끝났다."고 선언했다. '끝나다'의 의미는 '끝장내다'의 의미가 아니라 '완성시키다'라는 의미였다. 나폴레옹 1세는 혁명으로 분열된 프랑스인들의 '화합'을 이루기 위해 노력했다.

그는 권위주의적인 정부를 세웠지만 혁명이 이룩한 것들을 보존했다. 그는 사유재산권을 보장했다. 명사들의 지배를 확립했고, 세습적인 지위를 분배했으며, 중앙 집중을 강화시켰지만 특권 신분의 폐지를 유지했고, 능력 위주로 인재를 등용했다. 그의 조카인 나폴레옹 보나파르트는 1849년에 대통령에 당선된 후, "나폴레옹이라는 이름은 그 자체로 하나의 프로그램이다."라고 선언했다. 그가 의미했던 것은 내적으로는 질서·권위·민중의 복지였으며, 외적으로는 국가의 존엄성이었다.

보나파르트주의는 보나파르트라는 개인의 신화에 의존하며, 그의 권위주의적인 지배를 통해 '통합'을 추구하고, 우익이나 좌익을 선택하지 않는다. 보나파르트주의자들은 체제의 정당성을 확보하기 위해 국민투표에 의존함으로써 의회주의를 넘어선다. 그렇지만 프랑스 혁명의 계승자임을 자처하는 보나파르트주의자들은 자체적으로 우파와 좌파의 갈등을 내포하고 있는데, 보나파르트주의 좌파는 민중적이고 민주주의적이며 반교권주의적인 반면, 보나파르트주의 우파는 보수주의적이며 명사들과 교회에 기댄다.

토크빌은 1850년에 루이 나폴레옹에게서 보나파르트주의를 예감했다. "그는 민중에 대한 추상적인 존경심을 가지고 있지만, 자유에 대해서는 별로 감각이 없다. 정치적인 문제에 있어서 그의 정신의 기본 특징은 의회에 대한 증오와 경멸이다. 그에게는 입헌 군주제가 공화정보다는 그래도 참을 만한 것이다." 이 무렵 카를 마르크스는 『루이 보나파르트의 브뤼매르 18일』(1852)에서 보나파르트주의를 정의했다. 마르크스에 의하면, 보나파르트주의는 일단의 부르주아지와 룸펜프롤레타리아의 기회주의적이고 대중 영합주의적인 연대로서, 이를 통해 보나파르트주의자들은 소수 지배 계급의 권력을 감춘다. 마르크스는 나폴레옹 1세와 나폴레옹 3세가 이러한 방식으로 프랑스에서의 혁명들을 타락시켰다고 보았다.

보나파르티즘은 개인의 신화와 인민의 지지를 결합시킨 것으로, 권위주의적인 통치로 의회주의를 억압한다. 독재는 독재이지만, 선거를 통해 인민의 지지를 확인한다는 점에서 구체제의 절대왕정과는 다르다고 볼 수 있다.

066 볼셰비키
Bolshevik

볼셰비키(Bolshevik)란 '다수파'라는 뜻의 러시아 어이다. 1903년 런던에서 열린 러시아 사회 민주 노동당 제2차 대회에서 레닌은 당원 자격을 소수의 전문 혁명가로 제한하고 민주적 중앙집권 체제를 구성

♠ 1917년 들뜬 군중들이 볼셰비키의 권력 쟁취를 축하하고 있다.

♣ 1920년 레닌이 붉은군대의 수장 트로츠키가 올려다보는 가운데 대중에게 연설하고 있다.

하자고 주장한 반면, 레닌의 동료이자 가까운 친구였던 마르토프는 당의 핵심을 전문 혁명가로 구성하는 데에는 동의했으나 당원 자격을 동조자들과 혁명적 노동자들에게도 개방하자고 주장했다. 원래 레닌과 마르토프의 대립은, 레닌은 당 기관지인 『이스크라』에서 활동적이지 못한 편집위원들을 제외할 것을 주장했고, 마르토프는 레닌이 반대한 위원회의 구성을 지지하는 등 개인적인 갈등에서 비롯된 것이었으나 화해 불가능한 정도에 이르렀다. 처음에 레닌 지지자들은 '강경파', 마르토프 지지자들은 '온건파'로 불렸으나, 당원 문제에 있어서 레닌의 지지자들이 근소한 차이나마 마르토프의 지지자들을 이겼다는 사실에서 볼셰비키(다수파)와 멘셰비키(소수파)로 불리었다. 대의원들의 이탈과 변심 때문에 레닌도 마르토프도 확고한 다수를 확보하지는 못했다.

레닌은 볼셰비키를 엄격히 조직화하겠다고 결정함으로써 정치 전술 및 정통 마르크스주의의 무오류성에 관해 의견을 달리하는 볼셰비키 동지들과 멀어졌다. 사실 1912년 러시아 사회 민주 노동당의 지도자들 가운데 레닌에 합류한 사람은 없었다. 그러나 1917년 2월 혁명 이후 볼셰비키는 러시아의 노동자와 병사들 사이에서 인기를 얻기 시작했다. 특히 레닌이 귀국하여 즉각적인 평화를 요구하고 소비에트가 권력을 잡아야 한다고 주장하자 인기가 급등했다. 볼셰비키는 10월에는 페트로그라드 소비에트와 모스크바 소비에트에서 다수를 차지했다. 볼셰비키는 10월 혁명으로 권력을 잡은 다음에 러시아 공산당으로 당명을 바꾸었다.

067 봉건제
Feudalism

서양 중세 사회를 흔히 봉건 사회라고 부른다. 봉건 사회란 봉건제가 사회 제도의 근간을 이루는 사회를 말한다. 봉건제란 '봉토(feuf, fief)'를 매개로 해서 봉토를 주는 봉주(封主)와 봉토를 받는 봉신(封臣) 간에 형성되는 관계를 가리킨다. 우선 '봉토'의 의미를 살펴보면 옛 게르만어의 페쿠스(pecus)에서 파생된 것임을 알 수 있다. 이 말은 동산(動産)을 가리키기도 했으며, 동산 가운데 가장 중요한 가축을 가리키기도 했다. 현대 독일어의 '피(Vieh, 가축)'는 여기에서 나온 말이다. 갈리아-로망스 어는 게르만 족 침입자들에게서 이 말을 빌려 '피에프'(fief, 프로방스 어로는 feu)라는 말을 만들었다. 피에프는 토지의 가치를 측정하는 척도로 사용되다가 토지 자체를 가리키는 말이 됐다. 13세기 이탈리아의 도시 행정관들이 받던 화폐 봉급인 '피오(fio)', 오늘날 영어에서 의사나 변호사에 대한 사례금을 뜻하는 '피(fee)'도 같은 어원에서 나온 것이다. 구체제에서 평민은 봉토를 구입할 때 국왕에게 'franc-fief(평민 봉토 취득세)'라는 세금을 냈다.

봉주는 봉신에게서 봉사를 받는 조건으로 봉신에게 피에프를 준다. 봉사 가운데 가장 중요한 것은 군사적인 봉사였다. 봉신은 왜 국가가 아니라 봉주에게 의지하는가? 그것은 국가가 쇠약하여 개인의 안전을 지켜 주지 못했기 때문이다. 현대 국가에서 개인의 안전을 지켜 주는 것은 국가이다. 개인이 안전을 위협받으면 그는 사적으로 무력을 동원하여 안전을 지키거나 보복하지 못한다. 국가가 그를 대신해서 해주기 때문이다. 그러나 봉건 사회에는 국가가 이러한 평화 유지 기능을 하지 못했기 때문에 개인은 사적인 보호 관계를 찾지 않을 수 없었다.

불안한 시대에 사람들은 스스로 안전을 도모한다. 강자는 강자대로, 약자는 약자대로 불안하다. 따라서 강자와 약자는 직접 만나 서로의 안전을 도모하는 계약을 맺는다. 강자(봉주, 주군)와 약자(봉신, 가신)는 일정한 의식을 거행하고 주종 관계를 맺는다. 의식은 주군의 교회나 성에서 이루어진다. 봉신이 주군 앞에 나아가 무릎을 꿇는지 여부는 불평등 정도에 따라 다르다. 먼저 봉신은 주군에게 봉신이 되겠다고 말로써 충성을 서약한다. 그 다음에 봉신은 두 손을 모아 주군의 손 안에 놓는다. 말로 선서하는 것이 먼저이고 손잡기 같은 행동은 그 다음이다. 끝으로 입에 키스한다. 기독교가 개입하고부터는 성서나 성유물에 대고 선서를 함으로써 충성 서약이 완성됐다. 이렇게 해서 봉신은 주군의 '손잡기와 입맞춤을 한 사람'이 된다. 봉신의 충성을 확인한 주군은 봉신에게 봉토를 부여한다. 의식에서는 상징적인 물건(흙, 막대기)을 주는 것으로 대체한다.

　의식의 상징성을 분석해 보면, 의식의 처음 단계에서는 봉신의 주군에 대한 종속이 두드러진다. 봉신은 말로써 충성을 맹세하며, 손을 모아 주군의 손 안에 놓는데, 손을 잡는 쪽이 손을 잡히는 쪽보다 우월하기 때문이다. 이러한 점에서 손잡기 대신 손에 키스를 하는 스페인에서의 의식은 불평등이 심하다. 그러나 키스의 단계에서는 크게 변한다. 키스는 침이나 피를 나누는 것처럼 동등자들 사이에서 행해지는 의식이다. 여성이나 평민들도 신종 선서 의식에 당사자로 참여할 수 있었으나 그 경우에 키스가 생략됐다는 것은 이 의식이 동등성을 상징한다는 것을 말해 준다. 봉토를 주는 것은 선물 주기에 해당한다. 마르크 블로크가 말했듯이, 선물을 주는 사람만이 진정한 주인이다. 이 선물을 처음에는 베네피스(beneficium)―호의, 은혜를 베푼다는 뜻으로 보통 우리말로는 은대지(恩貸地)라고 번역한다―라고 했으나 9세기 말부터 피에프(봉토)라는 말로 단일화된다.

　이렇게 신종 선서는 불평등한 지위의 두 사람, 그러나 불안을 느끼기는 마찬가지인 두 사람이 만나 서로 보호해 줄 것을 약속하는 것이다. 의식의 상징 분석에 의하면 불평등이 평등으로 바뀌었지만, 그렇다고 해서 두 사람이 대등한 존재가 된 것은 결코 아니다. 이들의 신분은 전사 계급이라는 점에서 동등하지만 봉신은 봉주에게 충성을 다할 것을 맹세한 사람이고, 봉주는 그 맹세의 대가로 선물을 준 사람이라는 점에서 차이가 뚜렷하다. 평등하다고 볼 수 있는 것은 이들이 신종 선서라는 계약에 의해 상호 의무와 권리를 지니고 있으며, 상대방이 의무를 다하지 못하면 계약을 파기할 수 있었다는 점이다.

　주군은 봉신이 공격을 받으면 봉신을 보호할 의무가 있었다. 봉신은 주군이 전쟁을 하면 주군을 위해 군사를 동원할 의무가 있었다. 봉신은 정해진 수의 기사들을 정해진 기간만큼만―대략 40일 정도―동원하면 의무를 다했다. 서양 봉건제를 계약적이라고 말할 수 있는 것은 이 때문이다. 군사적인 원조가 가장 중요한 의무였지만, 이것이 전부는 물론 아니었다. 봉신은 재정적인 원조를 해야 했는데, 이것 역시 항목이 대체로 정해져 있었다. 주군이 전쟁에 나가 포로로 잡혔을 때 몸값을 지불하고, 주군의 아들이 기사가 될 때 서임식 비용을 부담하고, 주군의 큰 딸이 결혼할 때 비용을 부담하고, 주군이 토지를 구입할 때나, 주군이 십자군 원정에 떠날 때 도움을 주는 것 등이었다. 또한 봉신은 주군의 재판정에 참석하여 재판을 도와주고, 정치적인 조언을 할 의무가 있었다. 봉신이 이렇게 봉사와 조력의 의무를 수행하는 데 필요한 재원은 주군이 제공한 봉토에서 나오는 것이다. 자유민 사이의 계약은 당사자들 사이의 계약이기 때문에 원칙적으로 당대에 한하는 것이지만, 세습하는 것이 서로에게 편리했던 까닭에 봉토는 세습으로 전환됐다. 이때 상속세(relief)를 냈으며, 상속자가 없을 때에는 주군에게 귀속됐다.

　봉신은 자기의 전존재를 바쳐 주군을 위해 봉사할 것임을 맹세하기 때문에, 이론적으로 한 사람의 봉신은 한 사람의 주군밖에 섬길 수 없다. 서양의 봉건제와 상당히 유사한 봉건제를 가지고 있었다고 알려진 일본의 봉건제에서 사무라이는 두 주군을 섬기지 않는 것이 철칙이었다. 유럽의 봉건제에서도 처음에는 이와 같았을 것이다. 그러나 유럽에서는 한 사람의 봉신이 여러 명의 주군을 섬기는 식으로 변해 갔다. 만일 두 주군 사이에 전쟁이 벌어지면 봉신은 누구를 도울 것인가 하는 혼란이 발생한다. 이를 해결하기 위해 최우선 신종 선서라는 것이 등장하나 이 역시 곧 혼란에 빠지고 만다. 마르크 블로크는 이러한 주군과 봉신의 관계의 차이에 주목하고, 일본의 봉건제가 서양의 봉건제에 비해 예속적이고 일방적이며, 이것이 일본의 권위주의적인 정치 문화를 형성하는 데 일조했다는 식의 분석을 한 적이 있다.

봉건제는 국왕의 권력이 약할 때 생기는 제도이며, 지방분권적인 체제이다. 9세기 카롤루스 왕국이 분열되고 외적의 침입－노르만족, 사라센족, 마자르족의 침입－을 받던 혼란스럽던 상황에서 왕이 보호의 기능을 수행하지 못하자 지방의 제후들이 독립적으로 구축한 방어 시스템이다. 봉건 사회란 이렇게 사회적 위계의 맨 위에 있는 왕에서부터 맨 아래에 있는 기사까지 상호 의존적인 사적 보호망으로 연결되어 있는 사회이다. 농민들은 농민대로 영주의 장원에서 영주에게 보호를 의탁한다. 12세기경부터 서서히 왕권이 강화되면서 봉건제는 사라진다. 그렇다면 우리나라의 역사에서 봉건제를 찾아볼 수 있을까? 우리나라는 전통적으로 중앙 집권적이고 왕권이 강한 나라였기 때문에 서양식의 봉건제를 찾기는 어려울 듯하다.

▶ 관련 항목 : 장원, 농노

068 부르주아지
bourgeoisie

부르주아지(bourgeoisie)는 부르주아(bourgeois, 영어로는 burgher, 라틴어로는 burgensis)를 총칭하는 프랑스어이다. 부르주아는 '성채도시'를 뜻하는 부르(bourg, burgus)의 주민을 가리킨다. '부르주아'라는 단어는 1007년에 처음으로 나타난다. 1127년 생토메르의 특허장은 기사들이 도시의 부르주아지에게 돈을 빌리는 것이 일상적인 관례였다고 기술하고 있다. 국왕도 도시의 부르주아지로부터 재정적인 도움을 받았다.

♠ 13세기말의 도시민들(부르주아지).

    이렇게 부르주아지는 원래는 도시에 거주하는 사람들을 가리켰으나, 부유한 상인과 제조업자들을 지칭하는 것으로 의미가 좁혀졌다. 중세 말부터 국왕은 삼신분회에 도시의 대표들을 참여시켰는데, 이것은 부르주아지의 사회경제적인 힘을 인정한 것이었다. 부르주아지는 상업이나 제조업을 통해서 부를 축적했다. 부르주아지의 전형적인 모습은, 막스 베버가 분석한 대로, 근검절약하고, 낭비하지 않고, 재투자하는 데에서 발견할 수 있다. 그러나 부르주아지는 귀족적인 생활을 동경했기 때문에 귀족의 토지를 구입하거나 관직을 매입하여 귀족으로의 신분상승을 꾀하는 경우가 많았다. 예컨대, 몽테뉴의 아버지는 생선 판매로 돈을 모은 다음 귀족의 영지를 사들여 귀족이 되었으며, 그 다음에는 전쟁에 참여하여 대검귀족으로 상승하려고 애썼다.

마르크스주의 이론에 따르면, 근대 자본주의 사회는 생산수단을 소유한 자본가와 노동력을 가지고 있는 프롤레타리아로 구성되는데, 생산수단을 소유한 자본가가 바로 부르주아지이다. 부르주아지는 시장경제에서의 경쟁을 통해 이익을 창출하기도 하지만, 더 근본적으로는, 페르낭 브로델이 관찰했듯이, 시장경제 위에서 시장을 지배하며 독점적인 이익을 추구한다. 독점을 통해서만 이익을 극대화할 수 있기 때문이다. 부르주아지는 시장경제의 법칙을 수동적으로 따라갈 수밖에 없는 소상인이나 소제조업자가 아니라 시장을 지배하는 대상인, 대제조업자이다. 소상인이나 소제조업자들은 특별히 '프티 부르주아지'라고 부른다.

069 브나로드 운동
V narod movement

'브나로드(v narod)'란 러시아 어로 '인민 속으로'라는 뜻이다. 인민주의는 자본주의에 대항하여 러시아의 지식인들이 제시한 러시아적 사회주의 사상 체계이자 운동 논리였다. 서구 부르주아 계급이 시민 혁명을 통해 정치권력을 획득한 후 무산대중을 배신하는 것을 목격한 인민주의자들은 부르주아 사회와 자본주의 경제를 악(惡)으로 파악했다. 이들은 러시아는 자본주의 단계를 거치지 않고 곧바로 사회주의 단계로 넘어가야 한다고 확신했으며, 이렇게 서구적 경로와는 다른 발전 경로를 보여주는 것이 러시아의 사명이라고 생각했다. 미르 공동체야말로 사회주의를 이룩할 수 있는 제도적 바탕이 될 수 있다고 인식됐다.

1873년부터 이듬해 여름까지 2천여 명에 이르는 지식인이 농민에게 혁명 사상을 교육하기 위해 농촌으로 들어갔다. 지식인들은 농민들과

♠ 차르 알렉산드르 2세
(Aleksandr Ⅱ, 1818~1881). 차르는 1861년 러시아의 농노제를 폐지했으나 혁명 단체 '인민의 의지'에 의해 암살당한다.

생활하면서 사회적이고 문화적인 갭을 느꼈으며, 이를 극복하기 위해 농민들의 관습·복장·춤 심지어는 농민들의 언어인 러시아 어까지 배웠으나, 농민들의 의혹과 경계심은 사라지지 않았다. 그들은 '마녀'로 몰려 폭행을 당하고 화형을 당하기도 했다. 황제의 비밀경찰들은 인민주의자들과 이들에 동조하는 농민들을 가혹하게 탄압했다. 1877년 이들은 반란을 일으켰으나 간단하게 진압됐다.

이것이 씨앗이 되어 1879년에 러시아 최초의 혁명 단체인 '인민의 의지'가 결성됐다. '인민의 의지'는 국가 체제에 대항하는 조직적인 정치 투쟁의 필요성을 강조하면서 테러를 무기로 삼아 정치 개혁을 달성하려고 했다. 1881년에 이들은 농노제를 폐지한 황제 알렉산드르 2세를 암살했다. 황제는 초자연적인 존재가 아님을 농민들에게 확인시켜 줄 필요가 있었던 것이다. 그러나 황제의 암살은 테러 활동에 대한 반감을 조성했으며, 대대적인 체포로 이어져 '인민의 의지'는 크게 약화됐다. 인민주의자들은 1901년에 사회 혁명당을 결성했다. 사회 혁명당은 인민주의자들과는 달리 마르크스주의의 영향을 받았다. 그러나 사회 혁명당은 모든 토지를 농민에게 재분배하여 소농 경제를 유지하는 방향으로 농업 문제를 해결하려 했으며, 테러를 주요 전술로 채택했다는 점에서 마르크스주의 정당과 구분됐다.

070 비시 정부
Vichy government

히틀러는 서방의 유화 정책에 편승하여 오스트리아와 체코를 병합하고, 소련에 접근하여 독일과 소련이 폴란드를 분할한다는 비밀협약을 맺은 후, 1939년 9월 1일 폴란드 침공을 명했다. 이틀 뒤, 유화 정책의 실패를 깨달은 영국과 프랑스가 독일에 선전포고를 함으로써 제2차 세계 대전이 발발했다. 양 진영의 군대는 전력상으로는 큰 차이를 보이지 않았으나, 전략 개념에서는 대조적이었다. 프랑스군은 마지노 선이라는 근대적인 콘크리트 참호에서의 장기전을 예상하고 있었다. 반면 독일군은 전격전을 구상했다. 독일군의 주력이 폴란드 전선에 있을 때, 영국-프랑스 연합군은 자르 강 지역에서의 무기력한 공격으로 만족하고 있었다. 1939년 9월 28일 바르샤바를 함락시킨 독일군은 병력을 서부 전선으로 이동시켰다. 겨울 내내 프랑스의 전선은 움직일 줄 몰랐다. 전선에 몸을 숨기고 있던 병사들은 지루함을 느꼈다. '이상한 전쟁'이었다.

1940년 5월 10일 독일군이 네덜란드와 벨기에로 밀어닥쳤다. '이상한 전쟁'의 무료함에 중독되어 있던 프랑스군에게 그것은 '5월 10일의 날벼락'이었다. 독일군이 공세를 펼쳐 벨기에 남쪽의 스당 전선을 돌파했다. 1940년 6월 10일 프랑스 정부는 파리에서 투르, 뒤이어 보르도로 철수했다. 6월 14일 독일군이 파리를 점령했다. 공포에 사로잡힌 8백만 명의 민간인들이 군대를 따라 후퇴했다. 그야말로 대탈주였다. 전쟁이 발발하자 53세의 나이임에도 불구하고 자원입대한 역사가 마르크 블로크는 당시 상황을 다음과 같이 전한다.

6월 18일 아침, 적이 가까이 오고 있다는 소문이 파다했다. 우리 부대의 사무실은 도시의 높은 지대 대로변에 있었다. 차도 건너편으로 나 있는 작은 길이 도시의 중심가로 내려가는 길이었는데 그곳에 내 당번병이 있었다. 아침 11시경 나는 그를 찾아가 서둘러 내 짐을 싸도록 했다. 그와 헤어져서 길을 걸어 올라오는데 길 저쪽 끝 대로에서 독일군이 줄을 맞춰 행진하는 것이 보였다. 그러니까 나와 내 사무실 사이였다. 총소리 한번 없었다. 프랑스 병사와 장교들은 그냥 바라보고 있었다.

그것은 '이상한 패배'였다. 정부는 패닉 상태에 빠졌다. 페탱과 베강을 중심으로 하는 휴전파는 영국의 지원이 적고 인명 손실이 엄청나다(1940년 5~6월에 프랑스는 9만2천 명의 병사와 8만 명의 민간인을 잃었다)는 점을 들어 휴전안을 지지했다. 레노와 드골을 중심으로 하는 전쟁파는 정부를 북아프리카나 영국으로 옮기고 전쟁을 계속하자고 주장했다. 6월 16일 레노는 사임했고, 공화국 대통령 르브룅은 페탱 원수에게 새로운 정부의 구성을 맡겼다. 6월 17일 페탱은 라디오를 통해 "비장한 마음으로 여러분께 고합니다. 전투는 중지되어야 합니다."라고 선언했다. 6월 18일 영국으로 망명한 드골은 계속 투쟁할 것을 호소했다. 르통드에 남아 있던 1918년의 바로 그 객차에서 히틀러와 벌인 협상 끝에 1940년 6월 22일 휴전이 체결됐다. 전쟁과는 반대로 휴전은 전격적으로 이루어졌다. 독일군은 프랑스 북쪽 절반을 점령하고, 프랑스 정부는 남부의 자유 지역에서 주권을 행사했다. 독일군이 보르도를 점령하자, 페탱 정부는 자유 지역에서 새로운 수도를 물색했다. 대규모 호텔이 많아 징발이 용이하고 경계선이 가까웠던 온천 휴양 도시 비시가 새로운 국가의 수도가 됐다. 비시로 소집된 상하원 의원들은 패배와 모욕의 충격 속에서 피에르 라발의 헌법 개정안을 받아들였다. 1940년 7월 10일 649명의 의원들은 압도적인 다수의 찬성(찬성

♠ 1940년 파리 점령 후 엘리제궁으로의 퍼레이드를 하는 독일 군대.

569표, 반대 80표)으로 페탱 원수에게 '노동 · 가정 · 조국의 제반 권리를 보장해 주는' 새로운 헌법의 반포를 위한 전권을 부여했다. 신생국 '프랑스국(國)' — '공화국'이라는 프랑스 혁명적 단어를 의도적으로 사용하지 않았다—은 소련과 미국을 포함한 외국 정부들의 승인을 받았다. 오직 영국만이 비시 정부를 비난하고 프랑스 해안을 봉쇄했다.

1940년 10월 24일 페탱은 히틀러와 만나 나치 독일과의 협력 정책을 개시한다고 선언했다. 일반적인 인식과는 달리 선수를 친 것은 히틀러가 아니라 비시 정부였다. 비시 정부의 인사들은 계산에 따라서, 극우파는 신념에 따라서, 휴전의 조건을 완화시키고 심지어 미래 독일이 주도할 유럽에서 특권적인 위치를 차지하려는 기대감으로 승리자에게 접근하려고 했다. 1940년 10월 30일 비시정부는 독자적으로 법령을 제정해서 프랑스에 거주하는 30만 명의 유대인들에게 억압적인 조치를 취했다. 비시 정부는 7만6천 명의 유대인들이 체포되어 독일로 이송되는 것을 방조하고 도왔다. 그들 가운데 2천5백여 명만이 겨우 학살을 면했다.

승리자에 대한 협력은 빠르게 진행됐다. 독일은 끊임없이 더 많은 것을 요구했다. 1941년 5월, 제3제국에게 시리아와 튀니지의 군사 기지를 제공했다. 1942년 6월, 제3제국의 인력 제공 요구를 받아들여 '교대 근무' —세 명의 자발적인 노동자를 독일에 보내고 그 대가로 한 명의 포로 석방을 얻어낸다—를 구상했고, 1943년 2월에는 강제 노동국을 설치했다. 수많은 프랑스의 기업들은 경제적 협력을 위해 비행기 엔진, 트럭, 자동차, 타이어 등을 제작했다. 내각 수반이 된 라발은 다음과 같이 선언했다. "독일은 공산주의에 대항해 싸우고 있습니다. 저는 독일의 승리를 바랍니다. 독일이 없다면 볼셰비키주의자들이 내일 당장 유럽 도처에서 기승을 부리게 될 것이기 때문입니다." 공산주의보다는 파시즘이 낫다는 신념이었을까? 아니면 협력의 정당화였을까? 1942년 7월, 프랑스 의용대가 창설되어 프랑스 젊은이들이 독일군의 군복을 입고 러시아 전선에서 싸웠다. 3천~4천 명의 프랑스인들이 게슈타포의 보조원으로 복무하여 항독 운동가들과 유대인들을 추적했다.

여론은 처음에는 페탱 원수에게 호의적이었으나 점차 체제와 거리를 두고 관망 자세를 취했다. 1941년부터 미국과 소련이 참전했다. 1942년 11월 8일 영국-미국 연합군이 북아프리카에 상륙했다. 11월 11일 독일군이 프랑스의 남쪽 구역에 침입하여 지중해 해안 지대를 장악했다. 독일군이 프랑스 전역을 점령하면서 비시 정부는 모든 통제권을 상실하고 나치의 괴뢰 국가가 됐다. 1944년 6월 6일 연합군이 노르망디에 상륙했고, 8월 15일에는 프로방스에 상륙했다. 8월 20일 페탱은 독일

♠ 4년 간의 나치 점령에서 해방된 후, 파리의 시민들이 거리에서 환호성을 올리고 있다. 1944년 프랑스 파리.

군에 의해 강제로 벨포르로 이송됐다. 8월 25일 파리가 해방되었고, 그 다음날 드골 장군은 샹젤리제에서 환호 속에 개선 행진을 했다. 르클레르는 1944년 11월 23일 스트라스부르를 해방시켰다.

군중은 축제 분위기였다. 그러나 '합법적' 권위가 사라진 무질서의 상황에서 복수의 충동이 폭발했다. 군중은 암울했던 시절에 받은 모욕과 고통—적어도 2만 명의 항독 운동가들과 2~3만 명의 인질이 총살되었고, 7만여 명의 유대인이 학살당했다. 또한 65만 명의 노동자가 독일의 공장으로 끌려가 일해야 했다—에 대한 자발적인 청산에 나섰다. 대독 협력자에 대한 추적이 벌어졌다. 사람들은 독일군과 관계한 여자들을 잡아서 머리를 밀고 길거리로 끌고 다녔다. 임시 정부가 1944년 가을에 질서를 확립하기까지 9천~1만 명이 즉결 처형됐다.

이후 사법적인 청산이 진행되어, 약 12만 명의 나치 강점기 대독 부역 혐의자를 재판에 회부했다. 770명이 처형되었고, 4만 명 이상이 무기 및 유기징역, 금고형에 처해졌으며, 5만여 명이 공민권을 박탈당했다. 비시 정부의 국가수반과 정부 수반, 장관, 국무 서기, 총독 등 모두 108명의 최고위급 부역자들의 죄상을 심리한 고등법원은 42명에 대해 면소 판결을 내렸다. 이들 대부분은 레지스탕스 행위를 인정받아서 그러한 판결을 받은 것이다. 국가수반이었던 페탱은 사형을 선고받았으나 고령임이 감안되어 종신형으로 감형됐다. 비시 정부의 2인자인 피에르 라발과 민병대 대장이었던 조셉 다르낭은 두 달 뒤에 처형됐다. 이들을 비롯해 사형 선고를 받은 사람은 모두 18명이었고, 징역 및 금고형을 선고받은 사람은 22명이었다. 이밖에 15명은 공민권 박탈 형을 선고받았는데, 이들 가운데 7명은 레지스탕스 행위를 인정받아 형이 면제됐다. 3명은 무죄 판결로 풀려났고, 결석 재판에서 형을 선고받은 사람은 16명에 달했으나, 이들의 형량은 1954년에 사실상 무효화됐다.

비시 정부는 이탈리아의 무솔리니 정부나 독일의 히틀러 정부와 마찬가지로 합법적으로 구성된 정부이다. 물론 패전의 절망적인 분위기에서 이기는 하지만, 그것은 프랑스인의 선택으로 세워진 것이지 독일이 세운 괴뢰정권이 아니었다. 괴뢰정권이 되는 것은 독일이 프랑스 전역을 점령한 1942년 11월 11일 이후이다. 1940년 7월 10일부터 이 날까지 약 2년 4개월 동안 비시 정부는 주권국가였고, 독일에 자발적으로 협력했다.

비시 정부의 역사를 보면 이상한 생각이 많이 든다. '이상한 전쟁', '이상한 패배' 그리고 '이상한 처벌', 소련은 2천5백만 명의 엄청난 사망자를 내면서도 독일과 끈질기게 전쟁을 벌여 승리를 거두었다. 그야말로 영웅적인 승리였다. 프랑스는 9만여 명의 사망자를 낸 전쟁 아닌 전쟁을 치른 후 항복했다. 이것은 제1차 세계 대전 승전국의 위상에 어울리지 않는 무기력한 패배요 수치스러운 항복이었다. 그들은 제1차 세계 대전의 상처가 너무 컸기 때문에 전쟁보다는 평화를 선택했다고 한다. 승리의 가망이 없었기 때문에 항복했고, 그래서 현명하게도 평화와 생명을 구한 것인가?

▶ 관련 항목 : 파시즘, 민족주의

071 사회적 다원주의
Social Darwinism

사회적 다원주의는 다윈(1809~1882)이 생물학에서 말한 적자생존의 법칙이 사회에도 적용된다고 보는 이데올로기이다. 그것은 말 그대로 '적자'를 위한 이데올로기이기 때문에 개인주의를 원칙으로 삼으며, 자유 경쟁을 원리로 하는 시장 경제를 지지하고, 개인이나 사회에 대한 국가의 간섭을 배제한다. 사회적 다원주의라는 용어는 유럽에서 1880년경에 처음 사용되었고, 20세기 초에 대중화되었으며, 제1차 세계 대전을 고비로 약화됐다.

다윈의 진화론은 생물학에서 코페르니쿠스적 전환을 일으켰다. 진화론에 의하면, 모든 식물과 동물은 실제로 살아남을 수 있는 숫자보다도 훨씬 많은 자손들을 생산한다(자연의 다산성). 그럼에도 불구하고 어른의 모집단의 크기는 일정하기 때문에 자손들 사이에서 생존을 위한 투쟁이 발생한다(생존경쟁). 동일한 종(種)에 속하는 개체 간에도 조금씩 차이가 있는데, 그것은 생존에 필요한 조건에 적응하기 위해서이다(종의 변이). 그리하여 환경에 유리한 조건을 갖춘 개체는 보존되고 그렇지 못한 개체는 도태된다(자연선택). 후일 다윈은 '자연선택'이라는 용어 대신 사회학자인 허버트 스펜서가 말한 '적자생존'이라는 개념을 차용했다. 다윈의 생물학적 진화와 스펜서의 사회 진보에 대한

♣ 다윈(Charles Robert Darwin, 1809~1882).

믿음이 연결된 것이다. 다윈의 생물학은 사회 진보를 입증해 주는 과학적인 증거로 사용됐다.

제국주의 시대(1870~1914)의 유럽은 사회적 다윈주의의 담론으로 물들었다. 다윈은 『인간의 유래』에서 머지 않은 장래에 문명화된 우월한 인종이 야만적인 열등 인종을 대체할 것이라고 예언했다. 니체는 『권력에의 의지』에서 다윈의 '자연선택' 이론에 입각하여 열등한 인간을 지배할 새로운 인간인 '초인'이 등장할 것이라고 예언했다. 수정주의 마르크스주의자인 베른슈타인은 독일의 우수한 문명이 후진적인 아프리카를 발전시킬 수 있는 기회를 제공하기 때문에 독일의 아프리카 정복은 독일뿐만 아니라 그곳 원주민에게도 이로운 것이라고 독일제국의 아프리카 점령을 정당화했다.

사회적 다윈주의는 자본주의 사회를 정당화하는 이론이었다. 자연의 진보가 불평등을 낳듯이 문명의 진보도 불평등을 낳는 것은 자연의 법칙으로 이해됐다. 인간 사회의 불평등은 특정한 사회 체제 때문이 아니라 자연의 속성 때문이다. 가난한 사람들이 가난한 것은 부자들의 착취 때문이 아니라 그들이 선천적으로 열등하기 때문이다. 사회적 다윈주의로 무장한 개인주의자들은 무제한의 무자비한 경쟁을 요구했으며, 우생 학자들은 부적자의 합법적인 제거를 요구했고, 인종주의자들은 열등한 인종의 제거를 요구했다.

사회적 다원주의는 다원주의 이전에 이미 존재했다고 말할 수 있다. 사회학자들은 다윈에 앞서서 적자생존이라는 개념을 발전시켰다. 고비노는 다윈의 학설이 공포되기 전에 『인종 불평등론』을 발표하여 아리안 족의 우수성을 강조했다. 그러나 인종의 우열을 주장하는 것은 위험할 뿐만 아니라 옳지 않다. 고비노의 인종주의에 대해서 토크빌은 다음과 같이 비판했다.

> 인류를 구성하는 어떤 종족들에게는 수없이 많은 상이한 이유들에서 생겨나는 고유한 태도와 성향들이 있을지 모릅니다. 그러나 이러한 성향들과 태도들이 극복할 수 없는 것이라는 점은 증명된 적도 없을 뿐만 아니라 본질적으로 증명할 수 없는 것입니다. 왜냐하면 그것을 증명하기 위해서는 과거뿐만 아니라 미래도 바라볼 수 있어야 하기 때문입니다. 나는 율리우스 카이사르가 시간만 있었다면 자기가 영국 섬에서 만난 야만인들은 로마인들과 동일한 인종에 속하지 않는다는 것을 그리고 이들 로마인들은 본성적으로 세계를 지배하도록 운명 지어졌음을 증명하기 위해 기꺼이 책을 썼을 것으로 확신합니다.

'현재' 우월하다고 해서 본질적으로 우월하다고 주장할 수 없으며, 하나의 측면에서 우월하다고 해서 모든 면에서 우월하다고 말할 수 없다. 현재 '생존' 해 있다고 해서 '적자'라고 말할 수도 없으며, '자연의 선택'을 받았다고 말할 수도 없다. 다원주의 사회에서 사람들은 저마다의 개성과 재능을 가지고 살아가는 것이다. 어느 하나의 척도를 가지고 획일적으로 재단하는 것은 옳지 않다. 토크빌의 말대로, 카이사르가 사회적 다원주의자였더라면 게르만족은 적자생존의 법칙에서 밀려난 열등한 인종으로 구분되었을 것이고, 단종(斷種)의 대상이 되었을 것이다.

▶ 관련 항목 : 제국주의

072 사회주의
Socialism

용어의 역사를 보면, '사회주의'보다는 '사회주의자'라는 용어가 먼저 사용됐다. 베네딕트회 수도자인 데싱(1699~1772)은 1753년에 '인간에게 본성적으로 사회성이 있음을 가정하는 근대 자연법 이론가들'을 '사회주의자'라고 불렀다. 사회주의는 부르주아 사회 질서가 본격적으로 자리 잡기 시작하던 1830년대에 처음 사용되었는데, 자본주의 자체가 아니라 그것의 사회적 원리인 자유방임주의, 특히 개인주의의 대립 개념으로 사용됐다.

초기 사회주의는 주로 개인주의를 겨냥하고 있었기 때문에 그 물질적 기반인 사적 소유제를 철저하게 비판하지 못했다. 그리고 그것이 꿈꾸는 이상 사회도 자유주의의 그것과 본질적으로 다르기 보다는 그것의 연장선상에 있었다. 따라서 사유재산제의 철폐와 소유권의 공동 향유를 주창하는 사람들은 사회주의보다는 공산주의를 선호했다. 공산주의는 분할할 수 없는 재산의 공동 소유라는 의미의 법률적 용어로서 사회주의보다 먼저 사용됐다. 1840년대의 공산주의는 사회주의와 달랐다. 그것은 사회주의보다 더 민주적이고 공화주의적이었으며, 사회를 변혁시키는 데 혁명적 수단을 선호했다. 엥겔스의 회고담은 양자의 차이를 잘 보여준다. "『공산당선언』이 씌어졌을 당시에 우리는 그것을 사회주의 선언이라고 부를 수 없었다. 1847년에 사회주의는 중간계급의 운동이었고 공산주의는 노동계급의 운동이었다. 사회주의는 적어도 대륙에서는 '점잖은' 것이었고 공산주의는 그 반대의 것이었다."

1860년대에 들어서면서 공산주의는 사용 빈도가 낮아진 반면, 마르크스주의를 추종하는 세력이나 정당들은 '사회주의'나 '사회민주주의'라는 용어를 채용하는 등 사회주의가 지배적인 용어로 자리 잡았다. 19세기 말에 공산주의는 초기의 사회 형태(원시 공산주의)나 사회주의를 거쳐 나타날 궁극적인 사회 형태를 가리키는 개념으로 사용됐다. 사회주의와 공산주의의 결정적인 구분은 1918년에 러시아 사회민주노동당이 러시아 공산당으로 이름을 바꾸면서 나타났다.

사회주의는 자본주의, 그리고 그것의 원리인 자유주의에 대한 반발로 등장한 것이다. 자유주의의 본질은 한마디로 자유 경쟁이다. 자유주의는 경쟁에서의 승자와 패자 사이에 발생하는 불평등을 불가피한 현상으로 받아들인다. 사회주의는 '평등'을 이상적인 가치로 보며, 불평등의 근원이고 만악의 근원인 사유재산제의 폐지를 제창한다. 사회주의의 핵심은 사유재산권의 폐지에 있다. 소유권의 보장 여부야말로 자본주의와 사회주의를 구분하는 근본적인 기준이다.

루소는 인간 사회의 불평등을 고발했지만 재산권을 존중했다는 점에서 사회주의자의 계보에 들어갈 수 없다. 루소의 동시대인인 마블리와 모를리는 재산권을 비판하고 재산권의 폐지를 본질적이고 유일한 조건으로 보았으며, 공동체를 구상했다는 점에서 사회주의의 선구자로 볼 수 있다. 반면에 초기 사회주의자로 꼽히는 생시몽은 사유재산의 폐지를 주장하지 않았다는 점에서 사회주의자라는 명칭을 부여받을 자격이 있는지 의문이다.

▶ 관련 항목 : 공산주의

073 산악파
Montagnards

산악파(山岳派)란 프랑스 혁명기에 1792년 9월에 소집된 국민 공회에서 높은 쪽의 의자에 앉았던 사람들을 지칭하는 용어이다. 반면에

♠ 당통(Georges Jacques Danton, 1759~1794).

낮은 쪽의 의자에 앉은 의원들에게는 '평원파' 혹은 '소택파'라는 이름이 붙여졌다. 산악파는 조르주 당통, 장폴 마라, 막시밀리앙 로베스피에르가 주도했으며, 의회 내에서 우파인 지롱드파에 맞서 좌파를 구성했다. 그러나 산악파와 지롱드파는 다수파를 구성하지는 못했다. 국민 공회 초기에는 지롱드파가 산악파보다 우세했으나 1793년 6월, 즉 산악파가 지롱드파를 제거할 즈음에는 산악파가 35퍼센트, 지롱드파가 18~23퍼센트를 차지했다. 다수를 차지한 것은 평원파였으나 이들 중도파는 이데올로기적 공간을 확보하지 못했다.

산악파는 공화주의자들이었으며 대부분 도시 출신이었다. 파리는 산악파의 세력 기반이었다. 산악파는 전쟁, 생계비 앙등, 저임금, 실업 등으로 고통 받던 중간 부르주아지와 민중 계급, 장인, 소상인 등의 이익을 대변했다. 산악파는 상퀼로트와 연대하여 부유한 부르주아지를 대변하는 지롱드파를 제거한 후 공포 정치를 주도했다. 로베스피에르는 다음과 같이 말했다. "국민 공회, 산악파, 공안위원회 이 모두는 같은 것입니다. 진심으로 자유를 사랑하는 민중의 대표라면 누구든 그리고 조국을 위해 죽기로 결심한 민중의 대표라면 누구든 산악파입니다. 산악파는 숭고한 애국심에 다름 아닙니다. 산악파 개인은 순수하고 합리적이고 고매한 애국자에 다름 아닙니다."

▶ 관련 항목 : 프랑스 혁명, 상퀼로트

074 산업 혁명
Industrial Revolution

　인류의 경제사에는 두 번의 획기적인 혁명이 있는데, 신석기 혁명과 산업 혁명이 그것이다. 신석기 혁명은 기원전 10,000년경 메소포타미아 지역에서 농경과 목축이 시작되어 수렵 채취 단계에서 벗어난 것을 가리킨다. 산업 혁명은 18세기 말~19세기 초 영국에서 일어난 공업화를 가리킨다. 산업 혁명을 계기로 농경 사회에서 산업 사회로의 전환이 이루어졌다. 인류학자들은 두 혁명 가운데 신석기 혁명이 더 혁명적이었다고 말하나, 역사학자들은 아무래도 산업 혁명에 눈길을 둔다. 세계사적인 차원에서 서양의 동양 지배를 확실하게 해 준 것이 바로 산업 혁명이기 때문이다.

　산업 혁명 이전에는 생활수준이 대체로 정체되어 있었다. 1789년 프랑스 혁명이 일어날 무렵에도 유럽 사람들의 생활수준은 로마 시대에 비해 크게 달라지지 않았다. 그런데 산업 혁명 이후 인구가 크게 증가하면서도 평균 신장, 영양 섭취량, 위생 상태, 주거 환경 등 생존 조건이 개선됐다. 산업 혁명 이후의 경제사는 이렇게 인구 증가와 생활수준 향상이 동시에 진행되는 '근대적 경제 성장'의 역사였다. 인구와 생활수준 사이에 역관계가 성립하는 상황을 '맬서스의 세계'라고 부르는데, 산업 혁명은 맬서스의 세계로부터 근대적 경제 성장의 세계로 탈출하는 계기가 됐다.

　산업 혁명을 일으킨 원동력은 기술 발전이다. 기술 발전은 산업 각 부문에서 일어났지만 그중 특히 중요한 것은 농업 생산성 향상, 에너지 혁명, 공업 생산 기술 발전, 교통 혁명의 네 가지였다. 농업 혁명은 1600년 이후에 일어났는데 그것은 관개 목초지 건설, 새로운 윤작 체계의 도입 같은 새로운 농법이 보급된 결과였다. 17세기 들어서 휴한

205

♠ 18세기말부터 19세기 초에 일어난 산업혁명은 농업 생산성 향상, 에너지 혁명, 공업 생산 기술 발전, 교통에 있어 혁명적 진보를 가져왔다.

지에 순무, 클로버, 가시완두 같은 사료 작물을 심는 새로운 윤작 방식이 보급됨으로써 가축의 힘이 세지고 수가 늘어났다. 그 결과 거름 공급이 늘어났고, 이것은 지력 향상과 토지 생산성 증대로 이어졌다. 관개 목초지 역시 같은 효과를 가져다주었다. 중세의 제1차 농업 혁명이 경작지의 확대를 통해 일어났다면 17세기의 농업 혁명은 목초지의 확대를 통해 일어났다.

에너지 혁명이란 석탄 사용이 일반화된 것을 가리킨다. 인구 증가로 목재 사용이 늘어나 목재 가격이 상승하자 이것이 석탄의 사용을 일반화시킨 것이다. 지하자원인 석탄의 사용으로 그만큼 지상의 숲을 경작지로 전환시킬 수 있게 되었고 경작지 증대 효과를 낳았다. 또한 과거에는 나무를 원료로 해서 만든 숯을 가지고 제철을 했으나, 이제 석탄을 원료로 해서 만든 코크스를 이용해 제철을 하게 됨으로써 드디어 유럽에서도 주철을 생산할 수 있게 됐다. 연철에 기초한 제철 체계에서 주철에 기초한 근대적인 제철 체계로 전환된 것이다. 중국에서는 기원전부터 석탄을 사용했으며, 주철 중심의 제철 체계를 갖추었다는 점에서 동양과 서양의 격차를 확인할 수 있다. 증기 기관을 이용한 송풍 장치를 제철에 도입함으로써 주철 제조 공정의 생산성이 향상됐다. 아울러 수력 방적기, 제니 방적기, 뮬 방적기 등의 기술 혁신을 통해 면 공업이 크게 성장했다. 운하와 유로 도로 같은 교통 시설이 건설되어 운송비용이 절감됨으로써 석탄 가격이 하락했고 석탄으로의 연료 전환이 확산됐다.

영국은 새로운 에너지인 석탄이 풍부했기 때문에 유리한 입장에 있었다. 또한 영국의 과학 기술은 프랑스에 비해 실용적인 성격이 강했기 때문에 생산에 쉽게 이용됐다. 정치적인 면에서도 영국은 유리했다. 1688년의 명예혁명으로 영국에서는 근대적 의회 민주주의가 확립되어 국왕의 자의적 조세 수탈이 불가능해졌고, 이는 민간의 저축 및

♣ 1837년 무렵 독일 마을을 통과하는 철도. 19세기 독일은 산업혁명을 겪는다.

투자, 기술 발전 노력을 자극했다. 명예혁명 이후 영국 정부는 잉글랜드 은행을 설립하고 국채를 발행해서 재원을 조달함으로써 조세 부담 증가에 대한 민간의 저항을 완화시킬 수 있었다. 이렇게 재정 혁명은 영국의 정치적 안정에 기여했고, 정치적 안정 속에서 영국은 기술 발전과 자본 축적을 이룰 수 있었다.

▶ 관련 항목 : 맬서스의 세계

075 삼신분회
Etats généraux

왕정 시대에는 군주의 의지가 법이었다. 군주는 입법권을 독점했지만, 그러나 제약이 없는 것은 아니었으니, 군주의 입법권은 공익과 부합해야 했으며 기독교 신앙에 위배되어서는 안 됐다. 또한 현실적으로 입법에 정당성과 효력을 더해주는 절차상의 요건이 있었으니 그것은 일정한 회의체에서 의견을 구하는 것이었다. 로마법의 격언처럼 "모두에게 관련되는 결정은 모든 이의 동의를 받아야 한다."는 원칙이 중시되었던 것이다. 국왕은 어떤 법령을 제정하기에 앞서 참사 위원들은 물론 왕국의 유력자들 및 관련자들과 상의하는 절차를 거쳐야 했다. 그러나 왕은 최고 입법가였기 때문에, 여기서 요구되는 것은 '조언'이었지 '동의'가 아니었다. 삼신분회는 이같은 기능을 수행하는 기구였다.

삼신분회는 영주 또는 종주(宗主)에서 주권자로 발돋움하고 있던 국왕이 측근과 봉신들을 불러 모아 회의하던 기존의 봉건적 조정(朝廷)을 평민 신분을 포함한 모든 신분들의 회의체로 발전시킨 일종의 확대 조정이라고 말할 수 있다. 국왕이 제3의 세력을 끌어들인 데에는 대영주들과의 전통적인 싸움을 유리하게 이끌려는 복안도 작용했다. 최초의 삼신분회는 교황 보니파키우스 8세와 대립하고 있던 프랑스의 필립 4세가 국민적 지지와 단합을 확보하고 과시할 목적으로 신민들을 대표할 수 있는 유력자들을 파리의 노트르담에 소집한 1302년의 회의이다. 이 회의에 처음으로 제3신분이 참여했으며, 전국적으로 소집됐다는 점에서 삼신분회의 출발점으로 보아도 무방할 것이다. 필립 4세에게 신분회는 유용한 정치적 수단이었다. 1308년에도 그는 신분회를 동원하여 성전 기사단을 '이단'으로 둔갑시킬 수 있었고, 1314년에는 플랑드르 원정 자금을 조달할 수 있었다.

백년전쟁의 발발과 함께 신분회는 전성기를 맞이했다. 신분회는 전비를 마련하느라 급급했던 왕정을 상대로 권력을 통제하는 대의 기구로서의 역할을 자임하고자 했다. 1423년부터 1439년까지 신분회는 매년 소집되었으니 정기적인 소집 원칙이 실현된 셈이었다. 1484년 투르에서 소집된 삼신분회는 국왕의 지명에 따라 개인적으로 소집되고 출두하던 방식에서 각 지역 신분들의 선거제로 바뀌었다. 그러니 진정한 의미의 삼신분회는 1484년에 탄생했다고 보아도 틀리지 않을 것이다.

전쟁이 끝나고 평화가 찾아오자 무시되었던 신분회는 종교 전쟁 시기에 다시 빈번하게 소집됐다. 종교 전쟁이 끝나자 신분회도 끝났다. 1614년, 앙리 4세의 사후에 섭정을 하던 마리 드 메디시스가 신분회를 소집한 이후 신분회는 잊혀졌다. 절대왕정은 신분회를 거추장스럽고 위험한 기구로 여겼기 때문이다. 1715년 태양왕이 5세의 어린 후계자를 남기고 죽었을 때 신분회의 소집이 고려되었으나 절대 권력에 대한 반동의 우려 속에 잠잠해졌다. 결국 오랜 수면 상태에서 그것을 깨운 것은 루이 16세 정부의 재정 위기였다. 1788년 8월 8일 국왕 참사회는 "폐하께서는 기꺼이 국민에게 그들에 속하는 모든 권리를 온전히 행사할 수 있도록 다시 허락하셨다."는 말로 신분회의 소집을 공고했다. 그러나

175년 만에 열린 1789년의 베르사유 삼신분회는 새로운 시대에 걸맞은 국민적 대의 기구로 거듭나고자 했다. 제3신분은 삼신분회를 국민 의회로 전환하면서 혁명을 점화시켰다.

삼신분회는 전국 삼신분회(Etats généraux)와 지방 삼신분회(Etats provinciaux)로 나뉘는데, 전국 삼신분회는 프랑스 전국(과거에는 랑그도일 지방과 랑그독 지방)의 대표들이 모인 회의이고, 지방 삼신분회는 하부 지역 단위의 대표들이 모인 회의이다. 베르사유 삼신분회는 전국 신분회였다. 명칭에 붙은 'généraux'는 '전국'이라는 뜻이 아니라 '모두'라는 뜻이다. 지방 삼신분회(Etats provinciaux)도 'Etats provinciaux généraux'였다. 따라서 'Etats généraux'는 모든 신분의 회의, 즉 '삼신분회'이다. 삼부회라는 번역은 이것이 신분회임을 표현하지 못하는 결점이 있고, 전국 신분회라는 번역은 '전국'이라는 없는 말을 썼기 때문에 부적절하고, 삼신분의회라는 번역은 비록 삼신분회가 의회로 출발하기는 했지만 의회의 기능을 제대로 수행하지 못했다는 사실을 잘 반영하지 못한다. 그래서 '삼신분회'라는 번역을 사용하는 것이다. 영국에서는 '의회'가 왕권을 제약하고 실질적인 최고 권력 기구로 성장해 간 반면, 프랑스에서는 삼신분회가 영국식의 대의 기구로 발전하지 못했다는 사실을 표시할 필요가 있기 때문이다.

▶ 관련 항목 : 프랑스 혁명

076 **상퀼로트**
Sans culottes

프랑스 혁명의 전위에 섰던 민중을 지칭하는 상퀼로트(Sans Culottes)는 귀족들이 입는 반바지(culotte)를 입지 않은(sans) 사람들을 가리킨다. 상퀼로트는 금빛 퀼로트도 비단 양말도 착용하지 않고 긴 바지와 짧은 조끼(카르마뇰)를 입었으며, 챙 없는 붉은 모자(프리지안 캡)를 썼다. 상퀼로트의 무기인 창은 민중의 힘을 상징했다. 상퀼로트는 동질적인 사회 계급이 아니었다. 상퀼로트는 독립 소생산자층인 중·하층 부르주아, 작업장 주인이며 직공인 사람들, 노동자들이 뒤섞인 복합적인 집단이었다. 다시 말하면, 어원적인 의미로 자식을 생산할 수 있는 능력밖에는 생산도구를 가지고 있지 못한 프롤레타리아와는 달랐다.

상퀼로트는 존칭인 '므슈(님)' 대신 '시투아이앵(시민)'이라는 동등한 호칭을 사용했다. 의원들에게 청원서를 제출할 때에도 '법적으로는 당신과 평등한 사람'이라고 서명했다. 한 청원서는 '거리의 여자들을 공기 좋은 국영 건물에 유치하여 이들이 본업에 전념할 수 있도록 해줄 것'을 요구했다. 또 다른 청원서는 도박장과 유흥장을 폐쇄하는 법의 제정을 요구했다. 이러한 청원서에는 평등주의와 억압이라는 상퀼로트의 심성이 배어 있다. 상퀼로트의 평등주의적 열정을 침해하는 것은 '귀족주의' 즉 반혁명의 징후였다. 교양 있고 개명된 사람은 비공민적이라고 의심받았으며 체포의 위협을 받았다. 외국인과 결혼한 사람은 '프랑스인의 적, 영혼의 망명자'였다. 외국의 천으로 만든 옷을 입은 사람은 "우리의 기술자들을 빈곤 속으로 빠뜨리기 위해 우리 적의 제복으로 장식하고 있다."는 비난을 받았다. 한 상퀼로트 여인은 "단두대가 먹고 싶어 하는 것은 상퀼로트에 반대하는 사람들의 심장이다."라고 소리쳤다.

파리에 있던 48개 지구의 상퀼로트는 협박과 위협이라는 수단을 통해 강력해졌다. 1793년 여름, '진보적' 지구의 전사들은 온건한 지구의 적들을 강제로 몰아낸 후 자기들과 동조하는 사람들을 선출시켰다. 그들은 먼저 구두 투표를 강요한 다음 박수갈채로 통과시켰다. 회합에

♠ 프랑스 혁명의 전위에 섰던 상퀼로트.

참석하지 않거나 공직 수행을 거부하는 행위는 구속 사유가 됐다. 상퀼로트에게 있어서 인민의 주권이라는 것은 의회의 법을 비준하고 통제하며 의원들을 소환하고 필요하면 봉기를 일으키는 권리를 의미했다. 그들은 재산권의 폐지를 주장하지는 않았지만, 재산권은 신성하고 절대적이라는 자연법 원리에 대해 '향유의 평등'을 내세웠다.

 마르크스주의 역사가인 알베르 소불은 상퀼로트를 직접 민주주의와 인민 민주주의를 지향한 정치적으로 가장 진보적인 혁명 집단이라고 규정했다. 그러나 수정주의 역사가인 프랑수아 퓌레는 종교 전쟁 시기의 가톨릭 신성 동맹원들에게서 상퀼로트의 모습을 발견했다. 이들은 회합을 공개하고 구두로 투표했으며, 고발을 시민의 의무라고 간주하는가 하면, 만장일치를 깨는 것에 대해 공포를 느끼고 폭력에 의존하는 등 매우 오래된 기층 민중의 집단 심리를 표출했다는 것이다. 수정주의 역사가가 보는 상퀼로트는 '진보적'이기보다는 '반동적'인 집단이었다.

▶ 관련 항목 : 프랑스 혁명

077 생디칼리슴
Syndicalisme

생디칼리슴은 프랑스 어의 생디카(syndicat)에서 나온 말이다. 생디카라는 용어의 기원은 생딕(syndic)이다. 생딕은 한 마을을 대표하고 공동 이익을 추구하는 사람, 시의회 의원·변호사 등을 지칭하는 말이었다. 생디카는 그의 직(職)임과 동시에 그가 대표하는 집단이었다. 생디카가 노동자들의 동업 조합, 즉 노동조합이라는 의미로 정착된 것은 프랑스에서 산업화가 가속화되었던 19세기 중반이었다.

넓은 의미에서 볼 때 생디칼리슴은 노동 해방을 꿈꾸며 일상적인 생활 개선을 위해 노력하는 노동계급의 운동이다. 노동자 개개인의 힘으로는 고용주가 강요하는 노동 시간이나 임금 같은 노동 조건에 저항하기 어렵기 때문에 노동자들의 결합만이 자본주의 체제에 대항하여 노동 조건을 개선할 수 있다는 인식 아래 동일 직종이나 산업에 종사하는 노동자들이 생디카를 조직했던 것이다. 생디카는 근대 산업 사회의 산물인 노동조합주의의 한 형태이다.

그러나 역사적인 의미의 생디칼리슴은 19세기 말에 프랑스에서 처음 시작되어 제1차 세계 대전 이전까지 발전했던 혁명적 성격의 노동 조합운동을 뜻한다. 이것은 혁명적 노조원들이 자기들을 노조 내의 개량주의자들이나 사회주의자나 마르크스주의자들과 같은 정치 지향적 노동자들과 구분하기 위하여 사용한 용어였다. 생디칼리슴은 자본주의 체제 비판과 계급투쟁의 원리를 기반으로 하여 혁명적인 사회 변혁을 이루는 데 가장 큰 가치를 두었다. 자본주의 체제의 파괴를 통한 프롤레타리아의 궁극적인 해방과 국가 자체의 전복이 목표였던 것이다. 구체적으로 그것은 프랑스 노동총연맹(CGT)의 정치적 목적이었다.

생디칼리슴에 가장 큰 영향을 준 사람은 프루동이었다. 생디칼리스트들은 생디카의 토대인 작업장이 자유롭고 분권화된 사회의 기본 단위가 될 것이라는 신념을 받아들였다. 그리고 노동자의 궁극적인 해방을 이루기 위해서는 노동자 자신의 노력이 중요하다는 인식과 아울러 국가 권력에 대한 불신을 가지게 됐다. 마르크스주의자들로부터는 계급투쟁의 원리를 블랑키스트들과 제1인터내셔널의 바쿠닌주의자들 그리고 프랑스의 혁명적 전통으로부터는 사회 해방 과정에서 나타나는 폭력을 인정하게 되었고 엘리트의 중요성을 인식하게 됐다. 파리 코뮌의 경험을 통해서는 국가 권력에 대한 저항의 정당성을 확인했다. 그러나 생디칼리슴 형성의 중요한 국면은 19세기말 아나키스트들(무정부주의자들)과의 결합이었다. 아나키즘과 생디칼리슴의 결합은 혁명적 생디칼리슴을 탄생시켰다. 정치에 대한 불신, 사회주의 정당에 대한 반대, 반국가적 태도, 지식인에 대한 불신 등을 견지하면서 오직 생디카의 활동을 극대화하는 데 최우선적인 가치를 두고, 총파업과 같은 직접 행동을 찬양하는 프랑스 생디칼리슴의 독창적이고 중요한 특징들이 나타나게 된 것이다.

그러나 혁명적 생디칼리슴의 역량은 새로운 사회를 건설하려는 야심에 미치지 못했다. 제1차 세계 대전의 발발은 혁명적 생디칼리슴의 한계를 여지없이 드러냈다. CGT는 총동원령이 곧 총파업을 알리는 신호이며, 혁명의 시발점이 될 것이라고 경고했다. 그러나 실제로 총동원령이 내려졌을 때 노조원들은 조국을 수호하기 위한 애국 대열에 가담함으로써 혁명적 생디칼리슴은 붕괴

♠ 프루동
(Pierre Joseph Proudhon, 1809~1865).

됐다. 그 후 혁명적 생디칼리스트들은 러시아 혁명 초기의 소비에트에서 '노동자 경영의 자주 관리'라는 이상의 실현 가능성을 믿었으며, 1920년에 대부분 공산당을 선택했다.

▶ 관련 항목 : 무정부주의

078 성상 파괴 운동
Iconoclasm

성상(Icon, 聖像)이란 그리스도와 성인들의 상(像)을 말한다. 십계명에는 '새긴 우상'에 대한 숭배를 금하고 있기 때문에 성상 숭배 금지 및 성상 파괴는 성인과 성물 숭배를 허용하는 가톨릭교회에 잠재적인 위협으로 작용하고 있었다. 서양의 역사에서 성상 파괴 운동은 두 차례 일어났다.

726년 비잔티움 제국 황제인 레오 3세는 콘스탄티노플 대궁의 입구

에 새겨진 예수의 상을 떼어내고 십자가로 대체할 것을 명했다. 이 작업에 동원된 사람들 가운데 일부는 성상 지지자들에 의해 살해됐다. 성상 파괴 운동은 그의 아들 콘스탄티누스 5세에 의해 더욱 강력하게 추진됐다. 성상 파괴 운동의 동기 가운데 하나는 신학이었다. 성상 파괴주의자들이 볼 때, 우상을 숭배하는 것은 이교의 냄새를 풍기는 것이었기 때문이다. 그들은 그리스도는 너무나 신성한 존재여서 인간의 능력으로는 표현할 길이 없다고 믿었으며, 그래서 사람이 만든 것을 숭배해서는 안 된다고 생각했다.

　신학적 동기 이외에도 다른 동기들이 작용했다. 레오 3세는 이슬람의 침입으로부터 콘스탄티노플을 구한 황제였다. 그런데 이슬람교도들은 사람과 동물의 형상을 '사탄의 짓'으로 간주하여 철저히 거부했다. 그러므로 레오 3세의 성상 파괴 정책은 이슬람교도들이 기독교에 대해 가한 비판에 응답하고, 이를 통해 이슬람의 종교적 공세를 사전에 차단하려는 목적을 가지고 있었다. 또한 국내의 정치적, 재정적 동기도 작용했다. 비잔티움 제국의 황제들은 급진적인 종교 운동을 천명함으로써 황제의 교회 통제권을 재확인하고, 점차 세력이 증대하던 수도원을 제압하고자 했다. 실제로 수도원은 성상 숭배를 통해 세력을 키우고 있었는데, 콘스탄티누스 5세는 그들을 박해함으로써 수도원 재산을 차지할 기회를 얻었다. 726년에서 843년까지 계속된 성상 파괴 논쟁은 성상 숭배를 허용하는 것으로 결말이 났다.

　성상 파괴 운동은 심각한 결과를 가져왔다. 우선 많은 종교 예술품이 파괴됐다. 이슬람 근본주의자인 탈레반의 예술품 파괴 만행을 보면 성상 파괴 운동의 야만성을 가늠할 수 있다. 두 번째 동유럽과 서유럽의 종교적 간격이 크게 벌어지게 됐다. 당시 비잔티움 제국의 지배를 받고 있던 로마 교황은 성상 파괴 운동을 받아들일 수 없었다. 성상 파

♠ 콘스탄티노플의 하기아 소피아 성당의 내부.

괴 운동은 성인 숭배에 의문을 제기하는 것이고, 그것은 교황이 베드로의 후계자라는 전승을 토대로 유지해 온 교황의 수위권에 대해 의문을 제기하는 것이 되기 때문이다. 그러므로 교황들은 비잔티움 제국의 성상 파괴 운동을 반대하고 프랑크 왕국의 군주들에게 도움을 청하게 된 것이다. 800년 크리스마스, 교황은 샤를마뉴에게 황제의 관을 씌워 줌으로써 로마 교회의 서유럽으로의 방향 전환을 천명했다.

두 번째 성상 파괴 운동은 종교개혁 이후 프로테스탄트들이 일으켰다. 칼슈타트, 츠빙글리, 칼뱅 같은 급진주의자들은 우상 숭배를 금한 십계명에 따라 교회에서 성상을 제거했다. 1580년 남부 독일의 루터파 도시 켐텐을 여행한 몽테뉴는 다음과 같은 이야기를 들었다. "한 목사는, 왜 예수 그리스도와 성상들을 유리창과 새로운 오르간에 그려 넣느냐는 질문을 받자, 사람들을 교육하기 위한 성상은 사람들이 숭배

▲ 성상 파괴 운동으로 파괴된 성상 석조물.

하지 않는다면 금하지 않는다고 대답했다. 그러면 교회에서 왜 오래된 성상들을 제거했느냐고 물었다. 그는 그것은 자기들이 한 짓이 아니라 츠빙글리의 추종자들이 악령에 이끌려 저지른 파괴였다고 대답했다."

스페인의 코르도바를 재정복한 가톨릭 세력은 이슬람 사원(메스키타) 한쪽을 부수고 성당을 세웠다. 후일 이곳을 방문한 황제 카를 5세는 "어디에도 없는 것을 없애고 어디에도 있는 것을 세웠다."며 아쉬워했다고 한다. 어쨌든 이로써 동일 공간에 이슬람 사원과 가톨릭 성당이 공존하는 특이한 모습을 볼 수 있다. 성상 숭배를 거부하는 이슬람 사원은 추상적인 문양으로 차분하게 장식되어 있는 반면, 성당은 온갖 성상으로 화려하게 장식되어 있다. 성상 파괴 운동의 의미를 느껴 볼 수 있다.

079 성전 기사단
Templars

1120년경, 프랑스 샹파뉴 지방 출신 기사(騎士) 위그 드 파앵(Payns)은 예루살렘에 '그리스도의 가난한 기사들의 민병대'를 세웠다. 이들은 예루살렘 왕이 제공해 준 옛 솔로몬 성전 자리에 본부를 세웠다.

'성전(聖殿)기사단'이라는 이름은 여기에서 유래한 것이다. 이들은 1129년 트루아 공의회에서 정식 종단으로 인정받았으며, 종규를 부여받았다. 이들은 붉은 색 십자가가 부착된 흰색 망토를 입었는데, 흰색은 순수함을 붉은 색은 순교를 상징한다. 이들의 목적은 1099년 예루살렘 탈환 이후 증가한 성지 순례자들을 보호하고, 이교도들에 대한 성전을 계속하는 것이었다. 이들은 예루살렘 지역에서만이 아니라 당시 '재정복 운동'이 한창이던 이베리아 반도에서도 활동했다.

성전 기사단은 수도자이면서 기사였다. 중세 사회는 '기도하는 사람', '싸우는 사람', '일하는 사람'의 세 위계로 구성되어 있었다는 점에서 '기도'와 '싸움'을 동시에 수행하는 이들은 중세의 신분 구조를 파괴한 특이한 존재였다. 당시 그리스도교 사회의 정신적 지도자였던 성 베르나르는 『새로운 기사들의 예찬』에서 수도 기사단(혹은 군사교단)의 활동을 정당화했다. 1291년 예루살렘을 최종적으로 상실하고 유럽으로 귀환한 성전 기사단은 교황과 프랑스 국왕 필립 4세의 갈등의 희생양이 됐다. 1307년 필립은 왕국 내의 성전 기사 단원을 체포하여 재판에 회부했다. 1314년에 마지막 기사 단장인 자크 드 몰래가 저주를 퍼부으며 화형에 처해졌다. 성전 기사단은 이단 혐의를 받고 해체됐다. 이들의 비극적인 최후는 많은 전설을 만들어 냈는데, 그 가운데 하나가 이들의 죽음으로부터 프리메이슨이 태어났다는 이야기이다.

성전 기사단과 같은 수도 기사단으로는 성 요한 구호소 기사단과 튜튼 기사단이 있다. 11세기 중엽 이탈리아의 상인들은 예루살렘에 수도원을 세웠고, 수도원장인 제라르는 1080년경에 수도원 옆에 병원을 세웠으며, 그 병원을 세례자 요한에게 바쳤다. 이들의 목적은 예루살렘으로 순례 오는 사람들을 돌보는 것이었다. 1113년에 이들은 수도

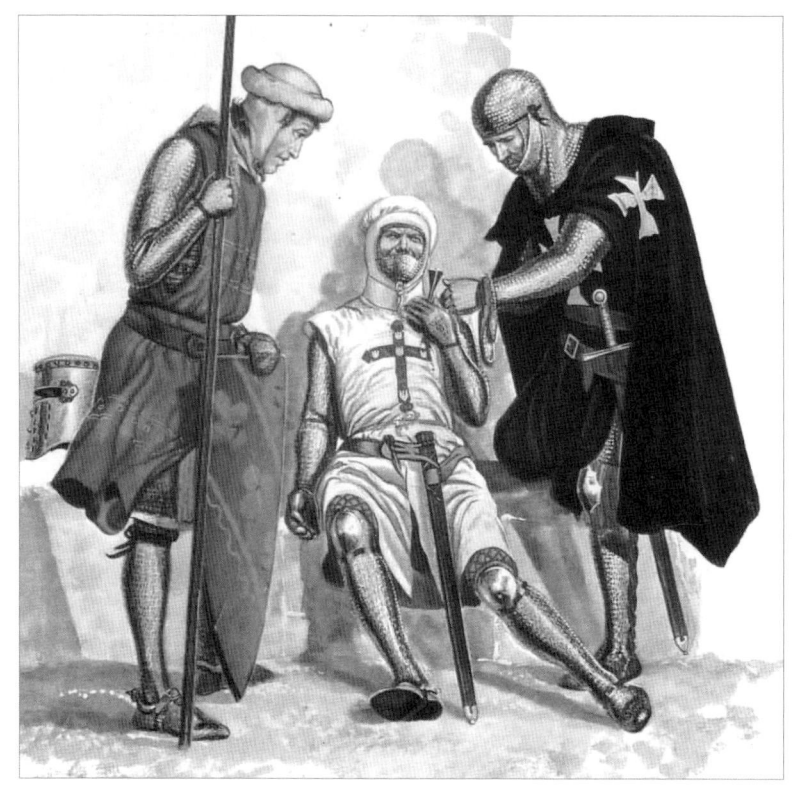

♠ 성전 기사단.

교단으로서 교황의 인정을 받았으며, 성전 기사단과 마찬가지의 군사 교단이 됐다. 이들은 흰색 십자가를 부착한 붉은 색 망토를 입었다. 튜튼 기사단은 12세기 말에 창설되었으나 그리스도교 세력이 패배하자 13세기 초 트랜실바니아 지방으로 옮겨가, 프로이센 지방을 그리스도 교화하는 데 공헌했다. 이들은 검은 십자가가 부착된 하얀 망토를 입었는데, 이들의 십자가는 나치의 철십자가 훈장에 영향을 주었다.

▶ 관련 항목 : 십자군

080 소비에트
Soviet

소비에트는 '평의회(council)'라는 뜻으로 1905년 상트페테르부르크에 처음 등장했다. 파업 중이던 노동자 대표들은 사회주의자들의 지도하에 노동자 대표 소비에트를 결성했으나 얼마 지나지 않아 차르 정부에 의해 폐지됐다. 1917년 2월 혁명 이후 사회주의 지도자들은 페트로그라드 노동자·병사 대표 소비에트를 결성했다. 소비에트의 노동자들은 대체로 멘셰비키를 지지했고, 대부분 농민 출신이던 병사들은 사회혁명당을 지지하고 있었다. 페트로그라드 소비에트는 임시 정부와 대치하는 '제2정부'라 할 만 했고 임시 정부의 권위를 위협했으나, 소비에트는 2단계 혁명론을 따르고 있었기 때문에 권력 장악을 거부했다. 이같은 '이원 권력' 상황에서 레닌은 '4월 테제'를 발표하여 전국적인 노동자와 농민 대표 소비에트 공화국을 수립해야 하며 모든 권력을 즉각적으로 소비에트에 집중해야 한다고 주장했다.

▶ 관련 항목 : 레닌주의

081 수평파
Levellers

1642년 발발한 청교도 혁명에서 왕당파에 승리한 의회파는 장로제를 전국적으로 실시하려는 '장로파'와 개별 교회들의 자유와 독립을 주장하는 '독립파'로 분열했다. 장로파는 의회를 기반으로 하고 있었으며, 독립파는 군대를 기반으로 하고 있었다. 장로파에게 승리한 독립파 내부에서는 고급장교들(grandees)과 수평파(levellers, 水平派)가 대립했다. 주로 사병들로 구성된 수평파의 지도자는 '자유인으로 태어난 존'이라고 불린 존 릴번(John Lilburne)이었다. 수평파는 새로운 정부를 구성하기 위한 기본 협정인 '인민협정'에서 의회의 해산, 인구에 상응하는 선거구의 조정, 군주정과 상원의 폐지, 입법부도 변경할 수 없는 기본법에 의한 종교적 자유의 확립, 법 앞의 평등 그리고 자유인으로 태어난 모든 영국인이 2년마다 선출하는 의회에 모든 권력을 부여할 것 등을 제안했다. 수평파는 가장 가난한 자도 가장 부유한 자와 마찬가지로 투표할 권리가 있다고 주장한 반면, 수평파가 투표권을 이용하여 재산을 평등하게 만들지 않을까 우려했던 고급장교들은 재산을 가진 자들에게만 투표권을 부여해야 한다고 주장했다. 수평파는 사유재산을 부정하지 않았는데, 이러한 점에서 '진정한 수평파'라고 불린 이른바 '밭갈이파(Diggers)'와 구별됐다.

크롬웰은 1649년에 왕을 처형한 다음 릴번을 투옥했고, 수평파의 반란을 진압함으로써 수평파의 위협을 제거했다.

▶ 관련 항목 : 청교도 혁명, 디거스

082 시오니즘
Zionism

'시온'은 예루살렘에 있는 언덕 이름이다. 시오니즘이라는 말은 세계 각지에 흩어져 있는 유대인들이 자기들의 땅이라고 여기는 팔레스타인 지방으로 돌아가 나라를 세우자는 종교적이고 정치적인 운동이다. '시온으로 돌아가자'는 주제는 유대인들이 이스라엘 왕국과 유다 왕국의 독립을 상실하고 바빌론 지방으로 끌려갔을 때부터 나왔지만, '시오니즘'이라는 운동은 19세기 말 반유대주의에 대한 대응으로 오스트리아의 언론인인 테오도르 헤르첼의 주도하에 공식적으로 시작됐

♠ 밸포어 선언에 따라 '약속의 땅' 팔레스타인으로 떠나는 유대인들.

다. 제1차 세계 대전 중 영국은 밸포어 선언을 통해 이 운동을 지지했다. 시오니즘은 1948년에 이스라엘 국가 건설로 결실을 맺었다.

▶ 관련 항목 : 밸포어 선언

083 신성 로마 제국
The Holy Roman Empire

신성 로마 제국은 1806년 8월 6일, 나폴레옹의 최후통첩을 받은 프란츠 2세가 제위를 포기함으로써 해체됐다. 제국의 공식 이름은 '게르만 민족의 신성한 로마 제국(the Holy Roman Empire of the German Nation)'이었다. 이 거창한 이름을 가진 제국은 언제 수립되었을까? '신성한', '로마의', '게르만의'라는 단어는 어떻게 붙여진 것일까?

게르만 족의 이동으로 476년에 서로마 제국이 멸망한 후, 서부 유럽에는 게르만 왕국들이 들어섰다. 메로베우스 왕국의 뒤를 이어 751년에는 카롤루스 왕국이 들어섰으며, 이 카롤루스 왕국의 두 번째 왕인 카롤루스(샤를마뉴)가 800년 12월 25일 로마에서 황제로 추대됐다. 황제의 인장에는 '경건하고 영원한 우리의 주인이며, 영원한 존엄자인 카롤루스'라는 공식 호칭이 새겨져 있고 '로마 제국의 부활'이라는 명문이 새겨져 있다. 이렇게 해서 과거 서로마제국 지역에 제국이 탄생한 것이다.

그런데 그리스도교 세계에 '제국'이 없는 것은 아니었다. 서로마 제국은 476년에 멸망했지만, 동로마 제국(비잔티움 제국)은 여전히 로마 제국으로서의 정통성을 유지하고 있었기 때문이다. 비잔티움 제국이 건재한 상태에서 프랑크 왕국의 카롤루스가 제국을 세운 것은 황제는 오직 한 명뿐이라는 중세의 보편주의 이념을 무너뜨리는 쿠데타적인 행위에 속하는 것이었다. 그러나 비잔티움 제국은 세력이 크게 약화되어 있었다. 게다가 780년부터 섭정을 해온 모후 이레네는 797년에는 아들 레오 4세를 폐위시키고 황제가 되었는데, 이러한 행위는 로마 제국의 전통에 위배되는 것이었다. 교황 레오 3세는 비잔티움 제국에 황제가 궐위되어 있는 것으로 간주하고, 카롤루스를 레오 4세의 합법적인 계승자로 삼아 제국의 황제로 삼으려 했던 것이다. 메로베우스 왕국에서 카롤루스 왕국으로의 전이에 결정적인 역할을 했던 교황은 이렇게 제국의 전이에도 결정적인 역할을 함으로써 향후 서유럽의 정치 무대에서 권력의 한 축을 장악하게 되는 것이다. 어쨌든 800년에 부활한 것은 일반적으로 교과서에 기술되어 있는 '서로마 제국'이 아니라 '로마 제국'이었음을 유의할 필요가 있다. '로마'라는 단어는 이렇게 등장한 것이다. 제위 계승자는 '로마인들의 왕'이라는 타이틀을 부여받았다. 레오 3세의 계승자들은 로마에서 황제로 축성할 권리를 가졌

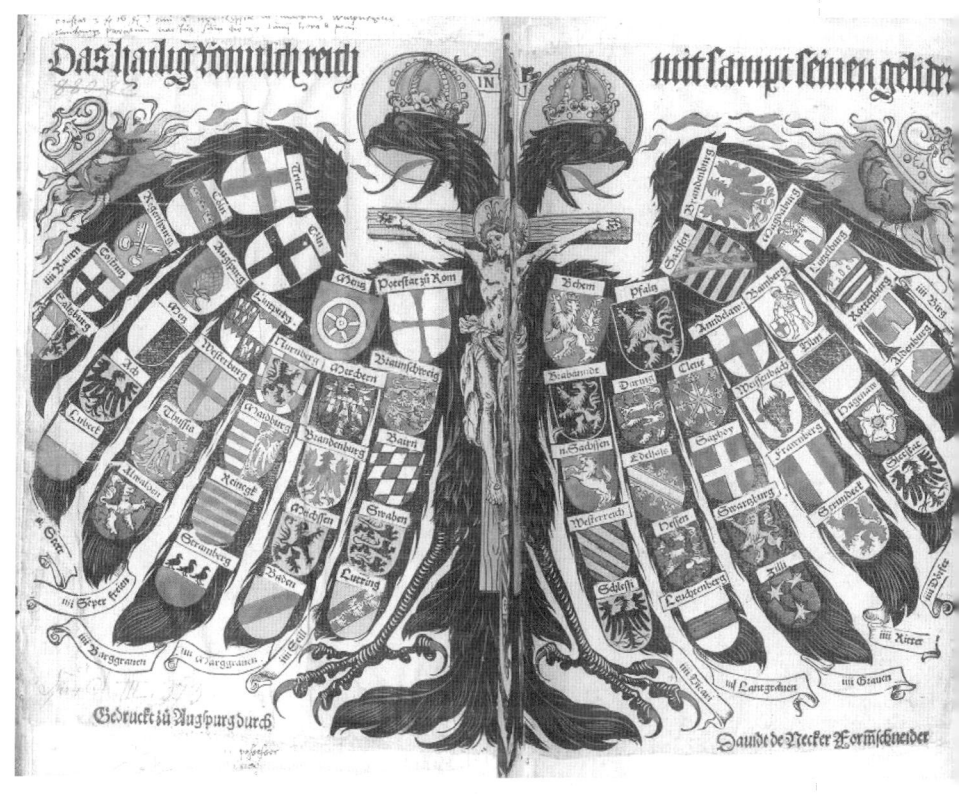

♣ 제국을 상징하는 양두 독수리의 날개 아래 구성 국가들의 문양(紋樣)이 있다.

으며, 이로써 제국은 그리스도교 공동체의 일부라는 인식이 형성됐다.

새로운 로마 제국은 불과 1세기 정도밖에 지속되지 못했다. 카롤루스의 아들인 루이 경건(敬虔) 황제까지는 그래도 황제의 권위와 권력을 유지했으나, 그의 후계자들은 황제에 걸맞은 힘을 지니지 못했으며, 그나마도 908년부터는 이탈리아의 군소 국왕들이 명목뿐인 제위를 존속시켜 나갔다. 새로운 제국을 세운 사람은 게르만 왕인 오토였다. 962년에 오토 1세가 황제가 된 이후, 제위는 1806년까지 거의 중단 없이 게르만 왕조들에 의해 지속됐다. 이러한 이유로 신성 로마 제국의

♠ 독일 국왕이자 신성로마제국의 황제 오토 1세(Otto I, 912~973).

시점을 962년으로 잡는 것이 일반적이다. 그러나 이때는 '신성한' 이라는 용어가 아직 사용되지 않았다. 원래 '신성함'은 교회의 독점물이다. 그런데 세속의 국가인 제국이 신성함의 후광을 주장한 것이니, '신성한'이라는 단어의 사용은 그 자체로 교권과 속권의 투쟁을 반영하는 것이다. 기독교 세계의 주도권을 놓고 교황과 싸웠던 황제 프리드리히 바르바로사(붉은 수염)는 1157년에 '신성한 제국'이라는 호칭을 사용함으로써 교회로부터의 독립을 선언했다. '신성 로마 제국'이라는 호칭은 1254년에 사용됐다.

제국의 제위는 선거에 의해 계승됐다. 1356년 이후에는 7명의 선제후―쾰른 대주교, 트리어 대주교, 마인츠 대주교, 작센 공작, 보헤미아왕, 브란덴부르크 변경백, 라인의 팔츠 백작―가 황제를 선출했으나 이들의 독점도 오래가지 못하고 선거제가 확대됐다. 교황은 새로운 황제에게 축성하고 관을 씌워 주었다. 그러나 이러한 '로마적' 전통은 오래가지 못했다. 1338년 루이 드 바비에르 황제는 이러한 의식이 불필요하다고 선언했다. 선거로 선출된 황제는 그 자체로 합법적이라는 것이었다. 카를 5세가 1530년에 뒤늦게 교황으로부터 관을 받은 이후 이러한 관습은 사라졌다. 15세기 초부터는 오스트리아의 합스부르크 가문에서 제위를 세습했다. 단지 형식적인 선거 절차만 밟았을 뿐이다.

신성 로마 제국의 영토는 현재의 독일, 오스트리아, 서부 체코, 스위스, 동부 프랑스, 네덜란드, 이탈리아 북부를 포함하고 있었다. 이렇게 게르만 왕국이 제국의 주요 구성 요소였으며, 게르만 왕들이 황제가 됐다. '게르만 민족의 신성한 로마 제국'이라는 제국의 정식 호칭이 사용된 것은 15세기 말이며, 1512년에 공식 문서에 등장한다. 그것은 '게르만적인' 제국이었기 때문에 강력한 프랑스의 왕인 필립 4세는 '프랑스의 왕은 자기의 왕국에서는 황제'라며 황제의 권위를 인정하지 않았다. 황제의 힘은 교황과의 투쟁으로 제약을 받았으며, 16세기에는 종교개혁의 영향으로 크게 약화됐다. 30년 전쟁 이후 제국은 황제의 명목적인 권위 아래 반독립적인 국가들이 느슨하게 결합한 연합체에 불과했다. 프랑스의 계몽사상가 볼테르는 제국이 "신성하지도, 로마적이지도, 제국이지도 않다."며 조롱했다.

신성 로마 제국은 제1제국으로도 불린다. 제2제국은 1871~1918년의 독일 제국을 가리키며, 히틀러의 나치 독일은 제3제국을 표방했다. 이렇게 제국이 계속된다는 것은 서구의 오래된 사상이었다. 성 히에로니무스는 성서에 의하면 세계사가 앗시리아·바빌로니아—메디아·페르시아—마케도니아—로마로 계승되어 왔다고 주장했다. 중세에 정설로 받아들여진 이 주장을 그대로 받아들이면, 로마 제국의 종말은 곧 세계의 종말인 것이다. 그런데, 세계는 아직 종말을 맞이하지 않았으니 제국은 계속되어야 했다. 800년 로마 제국의 부활과 멸망, 그 뒤를 이은 제국들의 등장은 이러한 그리스도교적 역사관을 반영하는 것으로도 볼 수 있다.

▶ 관련 항목 : 금인칙서

084 실재론
Realism

12세기 초에 제기된 철학 논제 가운데 하나는 '보편 개념(the universals)'에 관한 것이었다. 보편 개념은 '장미'처럼 구체적인 것일 수도 있고, '아름다움'처럼 추상적인 것일 수도 있다. 문제는 이러한 보편 개념에 합치하는 것이 자연 속에 실재하는가이다. 감각 경험은 개체들의 존재만을 알려준다. 장미의 예를 들자면, 경험적으로 인식할 수 있는 것은 오직 하얀 장미, 빨간 장미, 검은 장미이다. 그러면 '장미'라는 보편 개념은 실재하지 않는 것인가? 모든 개별 장미들이 공통적으로 어떤 실질적인 성질을 공유하지 않는다면 장미라는 명사가 무슨 의미를 지닐 수 있겠는가? 고대 그리스에서 이 문제를 제기했던 플라톤은 감각 경험의 세계를 벗어난 '형상(form)' 혹은 '이데아(idea)'의 세계가 있으며, 감각되는 개체는 '이데아'의 불완전한 모사에 불과하다고 생각했다. 보편 개념이 실재한다는 주장을 '실재론(實在論)'이라 부르고, 보편 개념은 인간이 발명해 낸 명칭일 뿐이라고 보는 주장을 '명목론(nominalism, 名目論)'이라고 부른다.

이 문제는 난해하고 또 무의미한 것으로 여겨지기도 하지만, 이 문제에 대한 관점은 중요한 문제에 대한 입장을 결정해 줄 수 있다. 예컨대 정치학에서는, 집합체인 국가가 그 구성원인 개인보다 더 우선적인가? 윤리학에서는, 불변적인 도덕원리가 있는가 혹은 각자가 자기의 편견에 따라 판단하는 개개의 행위만이 있을 뿐인가? 신학에서는, 3위(trinity)가 각각 존재하는가 혹은 그 각각을 초월하는 하나의 신성한 본질이 있는가? 하는 문제들이 보편 개념과 관련되어 있는 문제라고 볼 수 있다.

085 십자군
Crusades

'십자'라는 용어는 천으로 만든 십자가를 옷에 부착한 데에서 유래한 것이다. 중세의 작가들은 12세기경부터 crux, cruce, se cruisier, croisement, croiserie, cruzada 등의 단어를 사용했다. '십자군 전쟁'을 지칭하는 프랑스 어 'croisade'는 1460년에야 등장한다. 당대인들은 '순례단', '무장 순례단', '성지순례단'이라고 불렀다.

그리스도교인들이 전쟁을 할 수 있는가? 초대 그리스도교는 평화주의적인 성격을 띠고 있었다. 예를 들어 4세기의 존경받는 성인 성 마르탱은 군인이었지만 개종과 함께 "나는 그리스도의 병사이므로 전쟁을 할 수 없다."는 말을 남기고 군대를 떠났다. 성 아우구스티누스와 성 그레고리우스는 그리스도교인의 전쟁 행위를 정당화하는 이론을 수립했다. 아우구스티누스는 '그리스도교인은 하느님의 뜻인 평화를 구축하기 위해 전쟁을 벌이는 것'이라는 논리를 폈으며, 이교도와의 전쟁을 정당화했다. 이러한 이론은 11세기 그레고리우스의 개혁 운동이 성공을 거둔 이후 실천에 옮겨졌다. 그레고리우스와 그의 추종자들은 이교도와의 전쟁을 '세상의 올바른 질서'를 확립하는데 불가피한 정당한 조치로 간주했다.

♠ 서방의 십자군 운동.

 십자군 전쟁은 이교도와 이단을 상대로 그리스도교 신앙을 수호하기 위해 일으킨 전쟁을 가리킨다. 교황은 설교를 통해서 십자군을 선포하고, 전사들은 엄숙한 맹세를 한 다음 교황이나 교황의 대리로부터 십자가를 받는다. 그러면 그는 교회의 병사로 인정된다. 십자군 전사들에게는 '면벌부'와 몇몇 세속적인 특권들이 부여된다.
 역사적으로 가장 중요한 십자군 전쟁은 1096년에 예루살렘을 수복하기 위해 파견된 십자군이다. 이들은 3년 후인 1099년 예루살렘을 수복했으며, 1187년까지 이 성스러운 도시를 지배했다. 십자군 전사들

↑ 성지로 출항하는 십자군.

은 멀리 있는 이교도인 이슬람교도를 처단하기 전에 가까이에 있는 이교도인 유대인들을 먼저 학살했다. 같은 그리스도교인이지만 이단인 그리스 정교도들도 학살을 면하지 못했다. 1291년에 생장 다르크에 있던 그리스도교 최후의 요새가 함락됨으로써 동방 십자군은 종료됐다. 교황 보니파키우스 8세는 1300년 대희년을 맞이하여 로마로 순례를 오는 사람들에게 대사를 허용했는데, 이것은 예루살렘이 아니라 영원한 도시 로마가 그리스도교인들의 중요 순례지임을 선언한 것이다.

예루살렘 지방의 이슬람교도들을 상대로 한 전쟁만이 십자군 전쟁인 것은 아니다. 1053년에 교황 레오 9세가 이탈리아 남부의 노르만인들을 상대로 선포한 것도 십자군 전쟁이며, 이베리아 반도에 있던 이슬람교도를 상대로 한 '재정복 운동' 역시 십자군 전쟁이었다. 북유럽에서는 프로이센인들과 리투아니아인들을 상대로 십자군이 조직됐다. 1208년 교황은 프랑스 남부에 있던 이단인 카타르파를 상대로 십자군을 선포했다. 보헤미아의 이단인 후스파도 십자군 전쟁의 대상이었다.

▶ 관련 항목 : 면벌부, 목동 십자군, 어린이 십자군

086 아날학파
Annales School

아날학파란 1929년 프랑스의 역사가인 뤼시앵 페브르와 마르크 블로크가 공동 창간한 「경제사회사 연보(Annales d'histoire économique et sociale)」에서 유래한 말이다. 이 잡지의 이름은 제2차 세계 대전 직후 「아날. 경제, 사회, 문명」으로 바뀌었다가, 1994년에 다시 「아날. 역사와 사회 과학」으로 바뀌었다. 아날학파의 역사가들이란 이 잡지를 중심으로 활동한 역사가들을 지칭한다.

♠ 마르크 블로크
(Marc Bloch, 1886~1944).

아날학파의 역사가들을 제1세대, 제2세대, 제3세대, 제4세대로 구분하는 것이 일반적이다. 제1세대 아날리스트인 페브르와 블로크가 지향한 「새로운 역사학」은 잡지의 제목에 나와 있듯이 사회 경제사였다. 이들은 전통적인 역사가들이 세 개의 '우상(偶像)' ─ 정치, 개인(개별), 연대(年代) ─ 을 숭배한다고 비판했다. 아날학파의 제1세대가 지향한 역사학은 영역적인 차원에서는 정치에서 사회 경제로, 역사적 인물의 차원에서는 개인에서 집단으로,

역사적 설명의 차원에서는 이야기체에서 구조적인 설명으로 옮겨갔다. 이렇게 해서 과거의 전통적인 역사학이 우대하던 정치적인 사건, 위인 등이 역사의 무대에서 물러나고, 사회 경제적인 구조와 변동, 집단, 계층, 계급 등이 중심인물로 등장했다. 역사는 다수의 힘에 의해 움직인다고 생각했던 것으로 이 근본적인 힘을 파악하는 것이 역사가들의 과제였던 것이다.

전통적인 역사학에 대한 반발이 기술(記述)적인 차원에만 머무는 것은 아니었다. 본질적으로 그것은 랑케 역사학의 '사실주의'에 대한 반발이었다. 페브르는 역사학이 '사실'에서 출발하는 것이 아니라 '문제'에서 출발한다는 점을 누누이 강조하면서, 역사가의 임무는 현실 사회가 안고 있는 문제가 무엇인지를 파악하고 그 해결책을 모색하는 것이라고 말했다. 그러면서도 페브르와 블로크가 「아날」의 창간사에서 강조한 것은, 역사가는 사회 이론가나 역사 철학자들과는 달리 '예(例)와 사실'을 가지고 말한다는 점이었다.

실천적인 차원에서 페브르는 16세기의 인문주의자인 프랑수아 라블레의 사례를 통해 개인과 집단의 문제에 접근했다. 라블레는 무신론자였을까? 그는 무신론자가 될 수 있었을까? 페브르에 의하면, 라블레의 시대는 무신론을 체계적으로 전개할 수 있는 '심성적 도구'를 가지고 있지 못했다. 따라서 라블레 같이 뛰어난 사람이라도 시대의 한계(구조)를 벗어날 수 없었고, 그래서 라블레는 무신론자가 아니었을 뿐만 아니라 될 수도 없었다는 것이다. 여기에서 페브르가 강조한 것은 역사가는 '시대착오'라는 치명적인 죄에서 벗어나야 한다는 것이었다. 라블레는 현재적인 관점에서 본다면 무신론자이거나 또는 후대의 무신론자들에게 영향을 끼친 사람일지 모르지만 16세기인 라블레는 결코 무신론자가 아니었으며, 동시대인들도 그를 그렇게 보지 않았다는 것이다.

블로크는 사회를 총체적으로 소생시키기 위해 사회 구조와 그것의 제반 관계를 분석하고 설명했다. 특히 블로크는 비교사적인 방법을 동원함으로써 독일 역사주의의 개별성과 배타성을 극복하고 그 편협성에서 벗어날 수 있는 가능성을 보여주었다. 프랑스 농촌사(史)를 유럽 농촌사라는 넓은 틀 속에서 바라보며 공통점과 특징을 찾아낸 것이다. 고구려사를 민족사의 차원에서 접근할 것인가 동북 아시아사의

♠ 페르낭 브로델
(Fernand Braudel, 1902~1985).

차원에서 접근할 것인가를 놓고 논란이 벌어지고 있는 지금, 블로크의 비교사 방법론은 시사하는 바가 많을 것으로 생각한다.

제2세대 역사가는 페르낭 브로델이다. 브로델이 1946년에 발표한 『펠리페 2세 시대의 지중해와 지중해 세계』는 현대 역사학을 대표하는 책 가운데 하나이다. 이 연구는 한 인간이 아니라 지중해 세계를 대상으로 하고 있을 뿐만 아니라, 시간적으로도 장장 16세기를 포괄하고 있는 거대한 역사이다. 브로델은 역사에 작용하는 힘을 지속적인 '구조'의 힘, 변덕스러운 '사건'의 힘 그리고 그 가운데에 있는 사회 경제적인 '주기 순환'의 힘 등으로 나누며, 역사가는 이 모든 힘들을 다 다루어야 한다고 주장한다. 여러 가지 힘 가운데 브로델이 특히 주목한 힘은 구조의 힘이었다. 브로델의 유명한 표현에 의하면, 구조는 시간의 마모를 견뎌 내는 힘이며, 인간은 구조라는 감옥에 갇혀 있다. 브로델의 또 다른 대작은 『물질문명과 자본주의』이다. 브로델은 전산업사회의 경제생활을 물질문명—경제—자본주의라는 세 개의 층위로 나누어

♠ 연옥의 상상도.

고찰했다. 경제는 시장에서의 교환이 이루어지는 투명한 영역이다. 그러나 구조에 관심을 가지는 역사가의 시야에 더욱 크게 다가오는 것은 물질문명과 자본주의라는 불투명한 영역이다. 아날학파를 대표하는 역사가인 브로델의 역사학은 전체사요 구조사이다. 최근에 유행하고 있는 미시사는 브로델의 거대 역사에 대한 반발에서 나온 것으로 볼 수 있다.

대표적인 제3세대 역사가는 조르주 뒤비, 자크 르 고프, 엠마뉘엘 르 루아 라뒤리이다. 대체로 제2차 세계 대전 직후에 역사가로 입문한 이들 제3세대 역사가들은 사회 경제사에서 기초를 다진 후 인류학적인 영역에서 새로운 역사를 개척했다. 제1세대와 제2세대 역사가들이 지리학, 사회학, 경제학 등과 지적 교류를 나누었다면, 제3세대 역사가들은 인류학과 지적 교류를 나누었다는 점에서 지식 세계의 변화를 보여준다. 뒤비는 기도하는 사람, 싸우는 사람, 일하는 사람이라는 세 위계가 역사적 사실이 아니라 교회와 수도원 사이의 권력 다툼에서 파생된 담론임을 증명함으로써 지식 권력의 역사적 사례를 보여주었다. 가톨릭교회의 일곱 성사 가운데 하나인 결혼 성사는 12세기에 성사로 인정되었음을 입증한 것 역시 역사적 사실은 권력에 의해 '만들어진 것'임을 강조한 것이다.

동일한 맥락에서 르 고프는 연옥이 12세기에 탄생하게 된 사회적 종교적 배경을 분석했다. 지옥을 피할 수 없는 존재인 고리대금업자들이 천국의 대기 공간인 연옥에 나타났다는 점에서, 연옥이 만들어지는 데 이들의 '로비'가 작용했을 것이며, 연옥은 이를 통해 자본주의 발전에 일익을 담당했을 것이라는 매력적인 설명이 이어진다. 르 루아 라뒤리는 인구와 토지의 상관관계를 분석하여 인구는 토지라는 구조의 한계를 넘어서지 못한 채 스스로 수를 줄여 나가는 비극을 맞이했음을 밝혀냈다. 적어도 전(前)산업사회의 역사는 맬서스의 예언대로 전개됐다는 것이다. 또한, 그는 몽타이유라는 조그만 산골 마을에서 벌어진 이단 재판 기록을 토대로 중세 농민들의 일상생활과 문화를 인류학적으로 복원했다.

이들 제3세대 아날리스트들의 역사 세계를 지칭하는 용어로 인류학적 역사와 집단심성사(集團心性史)가 있다. 이 두 역사학은 넓은 의미로는 동일한 역사학을 의미하지만, 굳이 구분하자면 인류학적 역사는 물질생활을 다루는 반면, 집단심성사는 정신생활을 다룬다고 말할 수 있다. 집단심성사는 집단의 생각하는 방식뿐만 아니라 느끼는 방식까지 연구 대상으로 포함한다는 점에서 독창적이다. '역사에서의 감성', '역사에서의 죽음'과 같은 집단심성사적인 주제는 일찍이 페브르가 제시했는데, 이를 구체화시킨 사람은 필립 아리에스와 미셸 보벨이다. 아리에스는 수많은 도상(圖像) 자료를 연구하여 아동에 대한 감정이 근대에 이르러 변했음을 밝혀냈다. 예컨대 중세의 어린이는 어린이다움을 인정받지 못한 채 일찍부터 어른들 속에 끼어 있었으나(축소된 어른) 17세기 부르주아지 가정의 어린이들은 어린이다움을 인정받았다는 것이다. 아리에스의 집단심성사 연구는 '죽음에 대한 태도'에서도 잘 나타난다. 죽음 앞에 선 인간의 태도 역시 항상 동일한 것은 아니었다. 아리에스는 친숙한 죽음, 나의 죽음, 너의 죽음, 전도된 죽음이라는 단계로 죽음에 대한 태도가 변해 왔다고 말한다. 요컨대 본능적인 감정도 역사적으로는 항상 동일하지 않았다는 것이다. 이러한 점에서 집단심성사는 시대착오에 대한 가장 강력한 경고인 셈이다.

　아리에스의 집단심성사가 인상주의적이라면, 보벨의 집단심성사는 과학적이다. 보벨은 1만8천여 개의 유언장을 계량적으로 분석하여 프랑스 혁명 전부터 이미 프랑스인들의 죽음에 대한 태도가 서서히 변했음을 증명했다. 예컨대 신앙고백의 미사여구가 줄어들고, 성당, 수도원, 종교단체, 병원 등에 대한 기부금이 줄어들며, 장례식이 간소화되는 것 등은 프랑스인들의 신앙심이 혁명전부터 '탈그리스도교화' 되어 왔음을 말해 주는 것으로 혁명기에 나타났던 무신론적인 경향을 준비해 주었다는 것이다.

　제4세대의 역사학은 신문화사이다. 이것이 하나의 세대로 구분될 수 있는 것은 포스트모더니즘의 세례를 받았기 때문이다. 포스트모던 역사 이론은 역사학의 과학성을 인정하지 않으며, 역사학 역시 문학과 마찬가지로 역사가에 의해 '만들어진 것' 즉 픽션(허구)이라고 주장한다. 따라서 사실을 토대로 하고, 인접 사회 과학과의 교류를 통해 역사학을 과학화하려던 아날학파의 역사학, 특히 제2세대의 역사학은 본질적으로 불가능한 꿈이라는 것이다. 이렇듯 과학을 거부한 포스트모던 역사 이론가들에 있어서, 집단심성현상마저도 과학화하려던 시도(보벨의 시도)는 역사를 물화(物化)시키는 것으로 비판됐다. 제4세대를 대표하는 로제 샤르티에는 '책읽기' 라는 영역을 개척했다. 유산 목록을 통해 책의 소유가 어떻게 분포되었는지를 계량적으로 확인하는 것은 사회사적으로는 필수적인 단계이지만, 그러나 그것으로 저절로 의미가 파악되지 않는다. 역사가에게 중요한 것은 '어떻게 읽었는가' 이다. '어떻게 읽었는가' 가 역사적인 물음으로서 가능한 것은 저자의 권위와는 별개로 독자의 '창조적 오독(誤讀)' 이 허용된다는 포스트모던 이론에 의해서이다.

　아날학파를 이처럼 세대로 나누어 설명한 것은 아날학파의 역사 세계가 변해 왔음을 강조하기 위함이지만, 각 세대를 연속이 아닌 단절로 파악하는 것이 잘못된 것임을 나타내기 위해서이기도 하다. 페브르가 제시한 집단심성사와 블로크가 제시한 인류학적 역사가 제3세대 역사가들에 의해 만개한 것이라든지, 아날의 역사가들이 아래로부터의 역사를 고수해 온 것이 바로 그 증거일 것이다. 아울러 이렇게 세대로 나누어 설명한 것은 아날학파를 브로델과 동일시하는 것을 피하기 위해서이다. 브로델은 분명 아날학파를 대표하는 역사가이며 우리 시대를 대표하는 역사가이다. 그러나 아날학파의 제3세대 역사가들은, 한편으로는 브로델의 역사 인식을 계승하면서도 나름대로 새로운 역사 세계를 개척했다. 포스트모던 역사학이 아날학파를 모던 역사학으로 구분하고, 그리하여 전통적인 역사학으로 분리한 것은, 브로델 외의 다른 역사가들을 보지 못한 결과이다.

1929년 정치, 개인, 연대라는 우상 타파를 목표로 시작된 아날학파의 새로운 역사는 세대를 지나오면서 역사학의 영토를 개척했다. 종국에는 정치, 개인, 사건 등과 같은 타부 영역도 아날학파의 역사 세계 속에 포함됐다. 권력이 역사가들의 관심 대상이 되었으며, 전기(傳記)가 복권되었고(르 고프의『성(聖) 루이』), 사건이 부활됐다(뒤비의『부빈의 일요일』). 오늘날, 페브르와 블로크가 제시했던 '새로운 역사'는 더 이상 새롭지 않으며 더 이상 아날학파만의 독점물이 아니다. 그것은 모두가 공유하는 역사학이 됐다.

아날학파가 현대 역사학을 선도할 수 있었던 것은 이데올로기적인 경직성에서 벗어나 다양하고 유연한 역사 실험을 했기 때문이다. 제1세대에서 제4세대까지의 역사 세계에서 확인할 수 있는 점이 바로 이것이다. 이것으로 그들은 동시대의 강력한 사조였던 마르크스주의 역사학과 대조된다. 마르크스주의 역사가들은 방법론적인 경직성에 빠져 편협하게 역사를 바라보았으며, 이념에 매몰되어 사실을 경시하는 비역사적인 길로 빠지고 만 반면, 아날학파의 역사가들은 유연성과 사실성을 결코 포기하지 않았다. 역사가의 정체성은 사실성의 추구에 있음을 확인할 수 있는 대목이다. 포스트모더니즘으로 역사학의 사실성이 위협받고 있는 상황에서 음미해야 할 교훈이 아닐까 싶다.

087 아르미니우스주의
Arminianism

아르미니우스주의는 네덜란드의 신학자인 야코부스 아르미니우스(Jacobus Arminius, 1560~1609)의 신학을 말한다. 아르미니우스는 1582년 주네브(제네바)에서 칼뱅의 후계자인 테오드르 베즈의 가르침을 받았으며, 암스테르담으로 돌아와 1588년에 목사 안수를 받았다. 1603년에는 레이덴 대학교 신학 교수로 초빙되어 생을 마감할 때까지 가르쳤다.

아르미니우스는 교수 생활의 마지막 6년 동안 레이덴 대학교의 동료 교수인 프란키스쿠스 고마루스와 치열한 신학 논쟁을 벌였다. 처음에는 아르미니우스도 구원을 받도록 선택된 사람들은 아담의 타락 이전에 이미 선택됐다고 주장한 칼뱅주의 예정론을 믿었지만, 점차 의심을 품게 됐다. 왜냐하면 예정론은 구원을 얻는 데 있어서 인간의 노력이 아무런 역할도 못 한다고 보기 때문이다. 아르미니우스는 조건적 선택론을 주장했다. 이 주장에 따르면, 하느님은 그가 선물로 주는 구원에 믿음으로 응답하는 사람들을 선택하신다는 것이다. 이것으로 그는 하느님의 은총을 강조하면서도 동시에 펠라기우스적인 인간의 선업을 인정했다고 볼 수 있다.

그가 죽은 이듬해인 1610년, 그의 추종자들은 칼뱅주의와의 불일치점을 담은 「항변(Remonstrance)」 문서에 서명하여 아르미니우스의 사상을 지지했다. 항변파 아르미니우스주의는 고마루스의 지지자들로 구성된 1618~1619년의 네덜란드 개혁 교회 총회에서 논쟁의 초점이 됐다. 아르미니우스주의는 이 회의에서 정죄를 받았고, 아르미니우스파 참석자들은 쫓겨났다. 그러나 1629년에는 아르미니우스의 저술이 레이덴에서 출판되었고, 1630년에는 '항변파'가 신앙의 자유를 보장

받았으며, 1795년에는 네덜란드에서 공식적으로 인정받았다. 아르미니우스주의는 영국과 미국의 감리교 발전에 커다란 영향을 미쳤다.

▶ 관련 항목 : 칼뱅주의

088 얀센주의
Jansénisme

인간은 어떻게 구원받는가? 하느님의 은총으로 구원받는가 아니면 인간의 선행으로 구원받는가? 16세기 종교 개혁가들은 은총으로 구원을 받으며 구원받을 사람은 예정되어 있기 때문에, 구원은 인간의 의지와 선행과는 무관하다고 가르쳤다. 가톨릭 교회는 인간의 구원은 은총과는 무관하게 인간의 선행만으로 가능하다고 가르친 것인가? 물론 그렇지 않다. 중세 가톨릭교회의 교리를 지배한 아우구스티누스는 인간의 의지와 선행으로 구원을 받는다는 펠라기우스에 맞서 인간은 은총으로 구원받는다는 교리를 확립했기 때문이다.

이 미묘하고도 중요한 문제는 신학 논쟁의 핵심이기 때문에 반복적으로 나타날 가능성이 많았다. 벨기에 루뱅 대학교의 신학자였던 코르넬리우스 얀센(Cornelius Jansen, 1585~1638)은 아우구스티누스의 신학 사상에 비상한 관심을 가지고 있었다. 얀센은 원죄로 인해 타락한 인간은 죄와 욕정으로부터 자유롭지 못하기 때문에 오직 은총을 통해서만 자유로워질 수 있다고 주장했다. 얀센은 하느님은 당신이 예정하신 사람들에게 구원을 확실하게 하는 '효과적인 은총'을 주시며, 그것을 받은 사람들은 반드시 선을 행하도록 되어 있다고 주장했다. 얀센은 이렇게 가톨릭의 신학에 아우구스티누스의 신학을 접목시킨 것이지만, 예수회가 보기에 얀센의 주장은 칼뱅주의 신학을 연상시키기에 충분했다. 트렌토 공의회는 아우구스티누스의 신학을 지나치게 경직되게 해석하는 것을 금했다. 스페인의 예수회 신학자인 몰리나는 하느님은 모든 사람에게 '충분한 은총'을 주셨으나, 그것을 '효과적인 은총'으로 만드는 것은 그들에게 달렸다며 얀센의 주장을 반박했다.

얀센은 1636년에 이프르의 주교가 되었고 2년 뒤 세상을 떠났다. 1640년 얀센의 신학 사상이 『아우구스티누스』라는 제목의 책으로 출간되면서 얀센주의가 본격적으로 확산되기 시작했다. 프랑스에서 얀센주의의 근거지는 엄격한 수도원으로 이름난 포르루아얄 수녀원이었다. 얀센주의자들은 엄격한 신앙생활을 강조하고 고해성사나 성체성사를 받기 위해서는 철저히 준비할 것을 요구했다. 이러한 경건한 신앙생활에 대한 강조는 교회가 복음적인 삶에서 멀어지고 세속의 풍조에 휩쓸리고 있다고 우려한 신자들로부터 많은 호응을 받았다.

♠ 얀센
(Cornelius Otto Jansen, 1585~1638).

얀센주의는 자기들을 이단적이라고 비판하는 예수회 회원들을 세속주의와 야합한 타락한 집단이라고 비난했다. 이같은 혼란을 보다 못한 프랑스 교회의 주교들은 교황에게 판결을 요청했고, 1653년에 교황 인노켄티우스 10세는 은총과 인간 의지와의 관계에 대한 얀센의 다섯 명제를 단죄했다. 그러나 교회의 공식적인 단죄에도 불구하고 얀센주의는 여전히 건재했고, 프랑스 교회주의(갈리카니즘)와 연계돼 정치성까지 띠게 됐다. 교황청과의 대립은 오라토리오회의 신부이자 극단적인 프랑스

243

교회주의자인 케넬(P. Quesnel, 1634~1719)에 의해 절정에 달했다. 루이 14세는 그를 프랑스에서 추방했고 포르루아얄 수녀원을 폐쇄했다. 1713년 교황은 교황 칙서 '우니제니투스(Unigenitus)'를 발표해 케넬의 저서 중 101개 명제를 단죄했다. 이에 대해 일부 주교들은 이 문제를 공의회에서 다루자고 주장했다. 이들은 교황의 수위권을 격하시켜 교황도 공의회의 결정에 예속된다고 주장하는 등 공의회주의 운동을 부활시키려는 움직임을 보였다. 교황은 1718년 그들을 파문했다.

유명한 얀센주의자로는 파스칼이 있다. 얀센주의의 신앙혁신주의를 접하며 회심을 경험한 파스칼은 여동생 자클린이 있던 포르루아얄 수녀원에 머물면서 예수회와 얀센파의 신학 논쟁에 참여했다. 파스칼은 『시골 친구에게 부치는 편지(레 프로뱅시알)』라는 제목의 책에서 예수회의 신학을 공격했다. 그러나 파스칼의 노력도 교황이 얀센의 다섯 명제를 단죄하는 것을 막지는 못했다.

089 어린이 십자군
Children s Crusade

'어린이 십자군'은 제4차 십자군과 제5차 십자군 사이인 1212년에 독일과 프랑스에서 각각 출발했다. 일반적으로 '어린이 십자군'이라고 번역하지만, 구성원이 '어린이'였는지에 대해서는 이견이 있다. 'pueri'는 '어린이' 외에도 '하느님의 아이들' 또는 '가난한 사람들'을 뜻하기 때문이다. 사료에는 순례자들의 빈곤을 강조하는 내용이 많이 있는 것으로 보아, '가난한 사람들'이라고 번역하기도 한다. 또한 '어린이'는 나이가 어린 사람이 아니라 결혼하지 않은 사람이라는 주장도 있다.

♠ 귀스타브 도레가 그린 〈어린이 십자군〉.

　1099년에 탈환한 예루살렘을 1187년에 빼앗긴 후 재탈환하기 위한 십자군이 실패로 끝나자, 가난한 자들은 강자들과 부자들이 부도덕과 탐욕을 어깨에 메고 갔기 때문에 실패했다면서 자기들이야말로 '선민'이라고 생각했다. 1212년 초 스페인에서 사라센과 싸우는 기사들을 응원하기 위해 유럽에서 종교 행렬이 벌어졌을 무렵, 독일의 니콜라스와 프랑스의 에티엔이 예루살렘을 해방시킬 군대를 조직하라는 하느님의 메시지를 받았다고 주장했다. 이들은 하느님이 예루살렘으로 평화스럽게 인도하실 것이며, 지중해가 갈라져 예루살렘까지 길을 만들어 줄 것이라고 주장했다.

니콜라스의 나이는 12~14세였다. 쾰른 성당에서의 연설은 사람들을 감동시켰다. 며칠 사이에 수천 명의 어린이와 어른들이 모였으며, 알프스 산맥을 넘어 이탈리아로 향했다. 십자군 원정 도중에도 사람들이 계속 늘어났다. 원정로에 위치한 마을에서 기꺼이 식량을 제공했지만 2만 명은 많은 수였다. 기아와 질병으로 많은 사람이 죽었으며, 신발도 없이 알프스를 넘느라 동사자가 속출했다. 4분의 3이 도중에서 죽고, 7천 명만이 이탈리아에 도착했다. 제노바에 도착해 바다를 바라보며 바다가 갈라지기를 고대했으나, 아무리 기도해도 기적은 일어나지 않았다. 일부는 실망하여 귀향을 생각했다. 그러나 또다시 알프스를 넘는 일은 끔찍했기에 귀향을 포기하고 값싼 일자리를 찾았다. 귀향한 사람들은 조롱거리가 됐다. 니콜라스는 포기하지 않고, 수천 명의 추종자와 함께 이탈리아를 누볐다. 또다시 기근과 질병, 그리고 산적들의 공격을 받았다. 많은 여자들은 창녀로 팔려 갔고 남자들은 노예로 팔려 갔다. 니콜라스가 어떻게 되었는지는 확실하지 않다. 그가 제5차 십자군에 참가한 후 부자가 되어 쾰른에 돌아왔다는 말이 있으나 전설에 불과하다.

에티엔 드 클루아의 나이도 12~15세였다. 방돔에서 십자군을 제창하는 연설을 했고, 수많은 사람들을 모았다. 파리에서는 그를 진정한 예언자로 여겼다. 그는 국왕 필립 2세에게 지원을 요청했으나, 국왕은 집으로 돌아갈 것을 권했다. 1212년 3월, 3만 명이 방돔에 모여 마르세유로 향했다. 이들은 랑그독 지방의 카타르파를 정벌하러 떠나는 정식 십자군을 보고 자기들의 초라함을 실감했다. 기근과 질병으로 많은 사람이 죽었다. 마르세유에 도착해서 바다를 보았으나, 바다는 갈라지지 않았다. 절망과 불행 속에서 며칠간 기도한 결과, 두 명의 마르세유 상인이 다가와 그들을 성지로 태워다주겠다고 제안했다. 그들은 하느님이 보낸 사람이라고 생각했으나 노예 상인이었다. 어린이들은 알제리와 알렉산드리아에서 아랍인들에게 노예로 팔려 갔다. 이들 가운데 4백여 명은 아랍의 칼리프에게 팔려 가서 좋은 대우를 받고 종교의 자유를 누렸으나, 다른 사람들은 개종을 거부하고 죽었다.

어린이 십자군은 중세의 광신과 광기를 잘 보여주는 사건이다. 민중들은 교회의 가르침대로 십자군에 광분했으나, 엘리트들은 그렇지 않았다. 국왕은 그들을 만류했고, 고위 성직자들은 그들의 무모함을 비판했다. 어린이 십자군 혹은 빈자 십자군은 부자들과 지배자들에 대한 사회적 십자군의 의미를 내포하고 있었기 때문이다.

▶ 관련 항목 : 십자군, 목동 십자군

090 에라스투스주의
Erastianism

에라스투스주의는 16세기 스위스의 의사이자 신학자인 토마스 에라스투스의 이름에서 나왔다. 에라스투스는 1557년 팔츠 선제후의 초청으로 하이델베르크 의과대학에서 강의하며 명성을 얻었다. 신학자로서 에라스투스는 예수의 몸이 성찬의 빵에 실재한다는 루터파의 주장이 아니라 예수의 몸은 성찬의 빵에 상징적으로만 존재한다는 츠빙글리의 주장을 지지했다. 에라스투스는 팔츠의 칼뱅주의자들이 주네브의 교회와 비슷한 교회 체계를 세우려는 것에 반대했다. 그러나 선제후는 칼뱅주의자의 제안을 받아들였고, 에라스투스는 하이델베르크를 떠났다.

　에라스투스주의라는 말은 국가가 교회보다 우월하다고 주장하는 사람들을 비방하기 위해 장로파 신자들이 1643년에 처음 사용한 용어이다. 그러나 에라스투스는 '파문'이라는 논제에 관심을 기울였을 뿐 국가와 교회의 관계에 대해서는 관심을 기울이지 않았다. 에라스투스는 그리스도교인들의 죄는 교회가 성사를 주지 않음으로써 처벌하는 것이 아니라 세속 국가가 처벌해야 한다고 주장했을 뿐이다. 그렇지만 에라스투스는 에라스투스주의 덕분에 역사에 이름을 남겼다. 에라스투스주의는 종교보다 세속의 우위를 주장했다는 점에서 1555년 아우구스부르크 종교 회의에서 결정된 'Cuius regio, eius religio(그의 지방에, 그의 종교)'와 맥을 같이 한다고 볼 수 있다.

091 역사주의
Historism / Historicism

　역사주의는 다양한 의미를 가지고 있는 혼란스러운 용어이다. 칼 포퍼는 역사주의를 둘로 구분한다. 모든 지식과 진리는 상대적이며, 사회학적 학설들은 특정한 시대의 지배적인 편애나 이해관계와 연관된다고 믿는 역사주의(historism)가 그 하나이고, 역사적 예측과 역사적 진행 방향의 예견이 사회 과학의 주된 목적이며, 이는 역사 진보의 밑바닥에 깔려 있는 규칙적인 흐름·패턴·법칙·경향을 발견함으로써 달성될 수 있다고 확신하는 역사주의(historicism)가 다른 하나이다. 이 두 역사주의의 의미는 대립적이다. 'historicism'과 'historism'을 우리말로는 '역사주의'로밖에 표기할 수 없기 때문에 혼란은 더욱 심해진다.

그러나 역사적인 차원에서 볼 때, '역사주의'의 의미는 분명하다. 역사가들은 역사가 '진보'하는지, 역사의 규칙적인 '법칙'이 있는지 알지 못하며, 관심을 가지지 않는다. 이러한 문제는 사회과학자나 철학자들의 관심 사항일 뿐이다. 역사학자들은 포퍼가 말한 첫 번째 역사주의를 지지한다. 그리고 '모든 지식과 진리는 상대적'임을 밝히고 강조하는 데

♠ 칼 포퍼
(Karl Raimund Popper, 1902~1994).

에서 역사학의 의미를 찾는다. 일견 역사학의 존재 이유를 소극적으로 규정하는 듯하지만, 사실 포퍼가 말한 두 번째 의미의 역사주의로 넘어가는 순간, 전체주의의 위험이 닥친다.

역사주의는 상대주의이다. 모든 가치와 규범은 상대적일 뿐이다. 모든 시대와 상황에 적용될 수 있는 절대적이고 보편적인 진리는 존재하지 않는다. 역사주의는 개체성을 강조한다. 개체는 그 어떤 다른 개체나 목적을 위한 존재가 아니라 그 자체로 고유한 목적을 가진다. 개체는 유일무이한 것이다. 역사적인 사건은 오직 한번 일어난다. 그것은 반복되지 않기 때문에 비교를 거부한다. 모든 개체, 모든 사건, 모든 시대는 나름대로의 고유한 가치를 가진다. "모든 시대는 신과 직결되어 있다."는 랑케의 말은 역사주의의 본질을 표현한 것이다.

역사주의 역시 역사의 산물이다. 역사주의는 프랑스의 계몽사상을 거부하고 독일의 특수성을 정당화하는 데 동원됐다. 역사주의의 개체 중심주의는 '사건 중심주의'로 직결되어, 독일의 역사학자들은 사건

그것도 사료를 통해 분명히 확인할 수 있는 정치적인 사건에 초점을 맞추었다. 독일의 역사주의가 국가의 신성화에 이바지했다고 비판받는 이유가 여기에 있다. 사회사와 문화사가 역사학의 중추를 이루면서 정치사 그리고 그 배후에 있는 역사주의는 역사의 무대에서 사라진 듯한 인상을 준다.

역사주의는 진리의 상대성을 주장함으로써 학문의 존립 자체를 위태롭게 한다는 비난을 받아왔다. 그러나 이것은 부당한 비난이다. 오히려 역사학과 같은 인문학에도 절대적인 진리가 존재한다고 주장하는 사람들이 인간의 자유로운 사유 능력을 부정함으로써 학문을 위협한다고 보아야 옳을 것이다. 역사학자들은 본질적으로 역사주의자이다.

092 예수회
Society of Jesus

예수회(Society of Jesus)는 이그나티우스 로욜라(1491~1556)가 설립한 수도회이다. 프로테스탄트 종교개혁에 대처하기 위한 가톨릭교회의 첫 번째 주요 조치가 트렌토 공의회의 개최라면, 두 번째 주요 조치는 예수회의 창설이라고 볼 수 있다.

에스파냐의 귀족 출신인 로욜라는 신성 로마 제국 황제인 카를 5세의 휘하 장교로서 전투에 참전했다가 부상당하고, 병상에서 그리스도와 성인들의 생애에 관해 독서를 하다가 세속 군주의 병사가 되기보다는 그리스도의 영적 병사가 되기로 결심했다. 그는 스페인의 작은 마을 만레사 근처의 동굴에서 은둔 생활을 하다가 황홀경을 체험했다. 명상 지침서 『영적 훈련』은 여기에서 비롯된 것이다. 1535년에 완성되어 1541년에 출간된 이 지침서는, 인간의 죄악과 그리스도의 생애에 대한 체계적인 명상 계획에 의해 어떻게 자기의 의지를 극복하고 하느님께 봉사해야 하는지에 대한 실제적인 조언을 담고 있다. 이 책은 예수회원들의 기본 지침서가 되었고, 가톨릭 평신도들에게 널리 읽혔다. 로욜라의 『영적 훈련』은 16세기에 쓰여진 종교 서적 가운데 칼뱅의 『그리스도교 강요』에 버금가는 영향력을 가지고 있었다.

♠ 로욜라
(Ignatius de Loyola, 1491~1556).

로욜라의 가장 큰 업적은 예수회 설립이다. 예수회는 1534년에 파리에서 로욜라 주위에 모인 6명의 제자로 구성된 작은 집단으로 시작했다. 설립 목적은 청빈과 순결 및 선교 사업으로 하느님을 섬기는 것이었다. 예수회는 1540년에 교황 파울루스 3세에 의해 가톨릭교회의 정식 교단으로 인가를 받았다. 로욜라가 죽던 때에는 회원수가 1천 5백 명을 헤아렸다.

예수회는 단순한 수도회가 아니라 신앙의 수호를 맹세한 병사들의 군대였다. 그들의 무기는 총과 창이 아니라 웅변과 설득, 그리고 올바른 교리의 가르침이었다. 예수회의 조직은 군대 조직을 모방한 것이어서 총사령관 격인 총장(general)이 있었고, 회원들에게 엄격한 규율이 강요됐다. 교단의 복장 때문에 '검은 교황'으로도 불린 예수회의 총장은 종신직으로 선출되었고, 다른 회원의 조언을 받을 필요가 없었다. 그는 단 한 사람, 교황에게만 복종했다. 예수회 수도자들은 청빈, 순결, 복종이라는 세 가지 수도 서약에 덧붙여 '네 번째 서약' 즉 교황에 대한 엄격한 복종을 맹세했다.

로욜라는 처음에는 예수회를 프로테스탄티즘에 대항하는 전위 부대로 생각하지 않았다. 그러나 대응 종교개혁이 고조되면서 예수회는 그러한 방향으로 나아가지 않을 수 없었다. 예수회는 16세기 후반에 전 유럽으로 퍼져 나가 칼뱅주의자들과 대결했다. 많은 지역에서 예수회는 지배자와 신민들을 가톨릭에 머물도록 하는 데 성공했다. 폴란드, 독일 일부 지역, 그리고 프랑스에서는 프로테스탄트에게 빼앗겼던 영토를 되찾는 데 성공했다.

예수회는 해외 선교 사업이라는 원래의 목적을 잊지 않았다. 그들은 인도·중국·스페인령 아메리카의 이방인들을 전도했다. 이그나티우스 로욜라의 가장 가까운 동료 가운데 한 명이었던 프란치스코 사비에르는 인도에서 수천 명에게 세례를 베풀고 수천 마일을 누비며 전도 활동을 했다. 예수회는 정착이 허용된 모든 곳에 학교를 설립했다. 그들이 설립한 학교들은 대단히 효율적이어서, 종교적 증오의 불꽃이 사그라진 후에는 프로테스탄트들도 예수회 학교에 아이들을 보낼 정도였다.

예수회의 교육 활동 덕분에 가톨릭 국가들에서 교육이 널리 보급됐다. 자선 활동에 대한 관심도 높아졌다. 대응 종교개혁 이래로 가톨릭 교회에서는 신앙과 더불어 선행을 꾸준히 강조했으므로 자선 활동은 종교적으로 매우 중요한 역할을 했다. 대응 종교개혁의 지도자인 성 프랑수아 드 살과 성 뱅상 드 폴은 설교와 저술을 통해 자선 행위를 권면했다. 고아원과 빈민 구제소가 많이 설립된 것은 이러한 배경을 가지고 있다.

093 오리엔탈리즘
Orientalism

　오리엔탈리즘이라는 용어는 1830년대 프랑스에서 유행한 오리엔트에 대한 관심과 애호를 지칭하기 위해 사용됐다. 빅토르 위고는 "루이 14세 시대 사람들은 그리스 애호가였으나, 우리는 오리엔탈리스트다."라고 말했으며, 에드가 키네는 '오리엔트 르네상스'라는 말을 만들어 낼 정도로 오리엔탈리즘은 언어학, 문헌학, 회화에서 유행했다.

　오리엔탈리즘의 이같은 의미는 에드워드 사이드의 『오리엔탈리즘』(1978) 이후 크게 달라졌다. 사이드가 보기에 동양에 대한 관심과 애호는 학문적이고 예술적인 차원에서만 머물 수 없는 것이었다. 지식과 권력의 관계에서 볼 때, 오리엔탈리즘은 서양이라는 '세계'가 동양이라는 '타인'에 대한 문화적 헤게모니와 제국주의적 지배를 정당화하기 위해 만들어 낸 '상상의 세계'였다는 것이다. 이렇게 해서 원래는 오리엔트 문화 애호를 가리키던 말이 오리엔트에 대한 편견 내지 부정적인 견해를 지칭하는 말로 바뀌었다.

　사이드 이후에는 서양의 동양 지배를 정당화한 사람은 물론이고 동양의 역사에서 후진성이나 정체성 등을 발견한 사람들까지도 모두 오리엔탈리스트라는 오명을 면하기 어렵게 됐다. 마르크스는 "영국은 인도에서 이중의 사명을 수행해야 한다. 하나는 파괴의 사명이고, 하나는 재생의 사명이다."라고 말했기 때문에 오리엔탈리스트이고, 막스 베버는 "동양인에게는 본질적으로 무역, 통상, 경제적 합리성의 능력이 결여되어 있다."라고 보았기 때문에 오리엔탈리스트이며, 밀(Mill)은 "인도인이 인종적으로 열등하다고는 말할 수 없어도 문명의 차원에서는 열등하기 때문에 자기의 사상이 인도에는 적용될 수 없다."고 말했기 때문에 오리엔탈리스트이다. 역사가 가운데에서도 랑케는 이슬

♠ 에드워드 사이드
(Edward W. Said, 1935~2003).

람을 게르만·라틴의 여러 민족에 의해 정복된 민족으로 논의했고, 부르크하르트는 이슬람을 뿌리 뽑히고 벌거벗은 하찮은 민족으로 묘사했기 때문에 오리엔탈리스트이다. 사이드적인 관점에서 본다면, 19세기 서양인은 모두 오리엔탈리스트이다.

오리엔탈리즘이 이처럼 오리엔트에 대한 부정적인 견해를 말한 사람들을 단죄하는 데 무차별적으로 동원되면 오리엔탈리즘은 개념적 도구로서의 기능을 상실한다. 오리엔탈리즘의 본질은 동양과 서양의 구분이 '만들어진 것'이라는 점이다. 서양은 이성적·지적·동적·남성적·진보적인 반면, 동양은 감성적·신비적·정적·여성적·정체적이라는 구분이 사실이 아니라 서양인이 만든 허구임을 인식하는 것이 중요하다. 따라서 '조용한 아침의 나라', '아시아의 신비' 등과 같은 표현을 사용할 때는 조심해야 한다. 오리엔탈리즘적인 표현이기 때문이다.

094 왕
King

왕(king)의 본질을 이해하는 데에 에른스트 칸토로비치가 1957년에 제시한 '왕의 두 몸' 이론이 유용하다. 이 정치 신학적인 이론에 의하면, 왕은 두 몸을 가지고 있는데 하나는 자연적이고 육체적이며 죽음을 피할 수 없는 몸이고, 다른 하나는 정치적이고 비물질적이며 불멸의 몸이다. 정치적인 몸은 왕에게서 육화되지만 왕으로부터 독립적이다. 이렇게 왕은 자연적인 속성 외에 초자연적인 속성을 지닌다. 왕의 초자연적인 속성은 왕을 축성(祝聖)하는 도유(塗油)에 의해 부여된다. 13세기에는 법이 왕권 이론의 핵심을 차지하여, 왕권의 초월성은 법의 불멸적인 기능과 연결된다. 이와 병행하여 국가를 인간의 몸에 비유하고 왕을 그 머리에 비유하는 유기체 메타포가 등장한다. 중세 말에는 왕위를 차지하고 있는 사람은 죽어도 왕위는 계속된다는 왕위의 불멸성 이론이 등장한다. 이 모든 관념들이 수렴되어 왕의 두 몸이라는 관념을 탄생시키는데, 그것은 15세기의 국왕 장례식에서 상징적으로 나타난다. 1422년 샤를 5세의 장례식에서부터 왕을 대신하여 왕의 인형을 사용했으며, 그 인형은 왕을 나타내는 물건들(왕관, 홀, 정의의 손)로 장식됐다. 왕의 육신은 관 속에 안치되어 있는 반면, 인형은 왕의 불멸의 몸을 상징한다. 왕은 두 개의 몸을 가지고 있는데, 왕의 죽음과 함께 이 두 몸은 분리된다. 자연적인 몸은 죽지만 정치적인 몸은 후계자에게 계승된다. 궁내부 대신이 외치는 "국왕께서 서거하셨다. 국왕 만세"라는 말은, 자연적인 몸의 죽음과 초자연적인 몸의 불멸을 표현하는 것이다.

칸토로비치의 이론은 역사가들 사이에서 많은 논란을 불러 일으켰다. 프랑스의 중세사가인 알랭 부로는 『왕의 하나의 몸』이라는 의미심장한 제목의 책에서 칸토로비치는 다양하고 이질적인 요소들을 결합하여 매력적인 이론을 만들었지만, 실제로 프랑스의 왕들은 신성함을 지니지 못한 '인간'이었음을 강조한다. 국왕의 장례식은 왕의 몸의 초월성에 대해 아무런 믿음도 부여하지 못한다는 것이다.

왕의 두 몸 이론은 법률적인 허구에 불과하다는 알랭 부로의 비판에도 불구하고, 서양의 왕들은 왕의 가문이 신성하며, 왕권은 신으로부터

왔다는 왕권신수설을 일찍부터 주장해 왔다. 클로비스의 할아버지인 메로베우스는 '바다의 신'으로 알려졌으며, 그의 자손들 모두 초자연적인 혈통을 내세웠다. 왕(king, König)이라는 단어 자체가 고트 어인 'kuni(종족, 가족)'와 라틴 어인 'gens(겐스, 씨족)'가 결합하여 만들어진 말로서 '혈통'을 강조하는 말이다. 메로베우스 왕조의 왕들이 권력을 상실했을 때에도 감히 왕이 되겠다고 나선 사람이 없었으며, 마르크 블로크가 말하듯이, 중세의 혼란기에도 왕국의 수가 놀랍도록 고정되어 있었던 것은, 왕은 특별한 혈통을 가지고 있다는 인식이 퍼져 있었기 때문이다. 그러니 751년에 페피누스가 카롤루스 왕조를 세울 때 필요했던 것은 초자연적인 신분을 획득하는 것이었다. 그는 교황으로부터 도유(塗油)를 받아 준(準)성직자의 신분이 됨으로써 이 문제를 해결할 수 있었다. 987년에 카롤루스 왕조를 무너뜨리고 세워진 카페 왕조의 왕들 역시 카롤루스 대제의 혈통임을 내세워 합법성을 주장했다. 카페 왕조의 왕들은 왕국의 연속성을 확보하기 위해 왕의 생전에 후계자를 축성함으로써 메로베우스 왕조식의 선거제를 피할 수 있었으며, 장자 상속제와 남계 상속제를 확립했다. 이렇게 다른 왕국들이 여전히 선거제에 시달리고 있을 때 프랑스는 세습제를 정착시킴으로써 왕국의 연속성을 확보했다. 중세 말이 되면 교회의 축성(祝聖)보다는 피(血)가 왕을 만들었다. 신왕은 선왕의 죽음과 동시에 왕이 됐다. 축성은 왕위에 기독교적인 후광을 더해 주는 역할에 머물렀다.

    왕은 본질적으로 제사장이다. 고대 국가의 왕은 귀족들에게 권력을 빼앗겼을 때에도 왕 본래의 임무인 제사장 직만은 변함없이 수행했다. 중세의 왕은 그리스도교적인 왕이었다. 왕의 사명은 지상에 평화를 유지하고, 교회를 보호하며, 그리스도교를 보급하는 것이었다. 왕은 정의롭고 자비심이 많으며 자상하고 경건하고 용기가 있어야 했다. 왕은 고아, 과부, 빈자를 도와야 했다. 카롤루스 왕조의 왕들은 사제와 같았으며, 수도자들처럼 금욕해야 했다. 그리스도교적인 왕이었기 때문에 왕의 권력은 하느님으로부터 오는 것이었다. 왕은 직접 하느님으로부터 권력을 부여받았다고 주장한 반면, 교황은 '두 개의 칼'의 비유를 동원하여 세속의 군주가 가지고 있는 세속의 칼 역시 원래는 교황이 하느님으로부터 받아 양도해 준 것이라는 주장을 펼쳤다.

12세기에 나온 왕권 이론 가운데 가장 중요한 것은 존 솔즈베리의 '왕권론'이다. 솔즈베리는 왕국을 인체와 비슷한 자율적인 단위로 파악했다. 신체의 모든 부분은 상호 의존적이며 전체의 올바른 기능을 위해 협조하는데, 가장 중요한 머리는 왕이다. 솔즈베리 이후 국왕권 이론은 이원론적인 성격을 지닌다. 왕은 왕국에서 세속적인 문제의 우두머리이며, 왕권은 직접 하느님으로부터 온다. 또한 왕국에 로마법이 도입됨으로써 국왕의 사법적, 입법적 권위가 높아졌다. 입법가로서의 왕의 기능이 강조된 것이다. 왕도 법을 지켜야 하는가? 왕도 법 아래에 있다. 솔즈베리는 뜻밖에도 폭군을 살해할 수 있다는 주장을 펼치기도 했다. 그러나 대부분의 법학자들은 왕은 법을 준수할 의무가 없으며 오직 하느님에게만 책임을 진다고 말했다.

왕은 공공선이 요구할 때에는 법을 어길 수도 있었다. 국왕 이론가들은 자연법 관념을 가지고 교황의 '두개의 칼' 이론을 피할 수 있었다. 강력한 국왕인 필립 4세 시대에 장 드 파리는 왕권의 기원을 '인민'에게 두었는데, 이것은 사실 국왕의 교회 장악을 확실하게 하려는 수사학이었다. 중세 말이 되면 국왕의 권력은 교황권을 능가하게 되고 왕국은 고유한 관습과 전통을 지닌 국가로 인식됐다. 왕의 권력과 의무는 왕국의 존속과 평화를 유지하는 것이었다. 제국이나 교황과의 관계가 느슨해졌다. 지상에서의 평화를 유지한다는 왕의 본래 의무는 그 자체가 목적이지 종교적인 이상과는 멀어졌다. 이렇게 중세 동안 왕권의 본질과 원천은 황제와 교황의 갈등, 왕과 교황의 갈등, 왕과 황제의 갈등 등을 거치면서 변해 왔으나, 왕은 신민들을 그리스도의 덕성으로 이끌며, 그리하여 간접적으로는 천국으로 이끄는 도덕적 안내자라는 의무는 변함이 없었다.

왕권의 성격과 한계는 '왕국의 기본법'에 잘 나타나 있다. 왕이라고 해도 기본법을 어길 수 없었다. 프랑스는 왕국이었다. 다시 말해 공화국이 아니었다. 왕위는 장자에게 세습됐다. 살리법에 의해서 여성과 그의 자손들은 상속에서 배제됐다. 국왕은 13세가 되면 성년이 되었고 그때부터 왕국을 통치할 수 있었다. 합법적인 상속자는 선왕의 죽음부터 왕이었다. 혈통이 왕을 만들지 축성이 왕을 만들지 않았기 때문이다. 축성을 통해서 왕은 프랑스의 성직자들에게 그들의 특권을 보호할 것을 약속하며, 이단을 근절할 것을 약속한다. 앙리 4세 이후 프랑스 국왕은 가톨릭이어야 했다. 그러나 축성과 종교에도 불구하고 왕은 종교 권력의 간섭을 받지 않았다. 게다가 왕이라도 왕령지를 나누거나 양도할 수 없었다. 왕령지의 분할을 막기 위해 태자를 제외한 왕자들은 승계의 권리를 상실했고, 오직 분할 불가하며 환수 가능한 영지만을 보유할 수 있었다. 나아가 엄밀한 의미에서 국왕은 사생활을 가질 수도 없었다. 그의 의식주는 모두 공적인 행위였으며, 왕비의 출산마저도 공적인 행사였다. 이러한 '왕국의 기본법'은 국왕의 권력을 제한하는 관습법이었으며 왕조차도 변경할 수 없었다.

근대에 들어, 왕국은 이성적이고 법적인 규칙이 지배하는 왕국으로 변했다. 절대 군주라 해도 이성과 자연에 구속됐다. 왕이 탈신성화된 대신 국가가 신성화됐다. 국가이성은 왕을 포함한 모든 사람에게 영향을 주었다. 왕은 국가와 동일했으며, 루이 14세처럼 "국가, 그것은 나다."라고 천명할 수 있었다. 프랑스 혁명은 주권이 국민에게 있다는 공화국의 원리를 천명함으로써 군주정을 종식시켰다.

▶ 관련 항목 : 절대주의

095 유럽연합
EU

유럽연합은 유럽 대륙을 두 차례의 대전으로 몰고 간 극단적인 민족주의로부터 유럽을 구하기 위해 제2차 세계 대전 직후 모색됐다. 1950년 프랑스의 로베르 슈만과 독일의 콘라드 아데나워는 유럽석탄철강공동체(ECSC)에 대한 구상을 발표했다. 독일의 재무장을 억제하려는 프랑스와 전후 상실된 국제적 영향력을 회복하려는 독일의 이해 그리고 유럽

▲ 유럽연합기. 가운데의 원형으로 둘러진 금별은 유럽 사람들 간의 결속과 화해를 의미한다.

공동 시장의 창출을 통한 경제적 효과를 기대한 이탈리아와 베네룩스 3국의 이해가 합치하여, 1951년 'ECSC'가 설립됐다. 1957년에는 유럽경제공동체(EEC)와 유럽 원자력 공동체(Euratom)가 출범했으며, 1965년에는 '유럽 공동체들'이 단일 집행위원회와 의회를 가지게 됐다.

유럽연합(European Union)은 유럽의 정치적·경제적 통합을 위해 1993년 11월 1일 발효된 마스트리히트 조약에 따라 EEC 가맹국 12개국—벨기에·프랑스·서독·이탈리아·룩셈부르크·네덜란드·덴마크·아일랜드·영국·그리스·포르투갈·스페인—이 참가하여 출범한

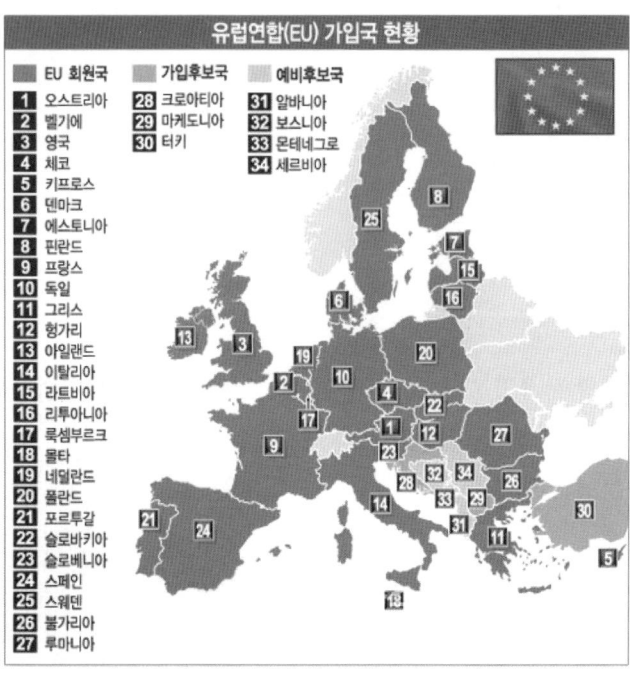

▲ 2007년 현재 유럽연합 가입국 현황.

기구이다. 1995년에 오스트리아 · 핀란드 · 스웨덴의 유럽자유무역연합(EFTA) 회원국이 가입했고, 2004년에는 폴란드 · 헝가리 · 체코 · 슬로바키아 · 슬로베니아 · 리투아니아 · 라트비아 · 에스토니아 · 키프로스 · 몰타 등 10개국이 가입했으며, 2007년에는 불가리아 · 루마니아가 새로 가입함으로써 가맹국 수가 총 27개국으로 늘어났다. 스위스 · 노르웨이 · 러시아는 유럽연합 가맹국이 아니다.

유럽의회는 프랑스의 스트라스부르에 있고, 집행위원회는 벨기에의 브뤼셀에 있다. 2002년에는 공통 화폐인 유로화를 유통시켰으며, 2004년에는 로마에서 유럽연합 헌법을 조인했다. 진통 끝에 합의된 개정 헌법에 의해 2009년에는 초대 유럽연합 대통령이 탄생할 예정이다.

096 유토피아
Utopia

유토피아(utopia)는 'u'와 'topia(장소)'의 합성어이다. 그리스 어에서 'u'는 '없다(ou)'는 뜻과 '좋다(eu)'는 뜻을 함께 가지고 있다. 그러므로 유토피아는 이 세상에 '없는 곳'을 뜻하지만, '좋은 곳'을 뜻하기도 한다. 유토피아라는 말을 처음 사용한 사람은 16세기 잉글랜드의 인문주의자인 토마스 모어(Thomas More)였다. 그는 『국가 중 가장 좋은 국가와 유토피아라는 새로운 섬에 관하여』(1516)에서 유토피아는 지리적·역사적으로 존재하지 않지만 '좋은 곳'이라고 언급했다.

인간은 현실 사회에 대한 불만의 표현으로 이상 사회를 그렸는데 불만의 해결 방안, 이상 사회의 위치, 이상 사회의 실현 주체에 따라 코케인·아르카디아·천년왕국·유토피아로 구분할 수 있다. 중세 말 잉글랜드의 민중 시인들이 그린 '코케인의 나라'는 젖과 꿀이 넘치는 풍요로운 곳, 욕구가 충족되는 쾌락의 장소이다. 반면에 아르카디아는 자연적인 단순함·소박함·순수함이 넘치는 곳이며, 인간의 욕구가 절제되어 자연과 조화를 이루는 목가적인 낙원이다. 루소가 돌아가고 싶어 했던 바로 그 '자연'이다. 코케인이 가난한 자들의 천국이라면 아르카디아는 선비들의 이상향이다. 코케인과 아르카디아는 자연의 혜택으로 지상낙원을 이루고 있는 신화적인 공간이다. 천년왕국은 그리스도교의 지상낙원이다. 천년왕국설에 의하면, 예수는 재림하여 지상에 왕국을 건설한 후 부활한 성인들과 순교자들과 함께 최후의 심판이 오기까지 천년 동안 왕국을 다스린다.

유토피아는 신화에 귀의하지도 않고, 초자연적인 힘에 의지하지도 않는다는 점에서 현실적이다. 유토피아는 법적·제도적 규제를 통하여 인간의 욕망을 제한하고, 그럼으로써 사회적 갈등과 불만을 해소하

♣ 토마스 모어
(Thomas More, 1478~1535).

려 한다. 따라서 유토피아는 인위적이고 조직적이며 정치적인 성격이 강하다. 유토피아 사상은 고대의 플라톤까지 소급된다. 플라톤의 유토피아는 스승 소크라테스를 죽인 우민 정치에 대한 혐오에서 출발했기 때문에, 불평등의 원리에 입각한 유기체적 계층 사회이다. 이 사회는 유능하고 덕이 있는 철학자가 지배함으로써 질서와 안정을 유지한다. 국가의 안정과 통합을 유지하기 위해 통치자 계급에 한해 재산 공유제와 가족 공유제를 실시한다. 토마스 모어의 유토피아 사회는 전통적인 신분제를 인정하지 않으며, 거의 모든 사람들의 완전한 평등을 보장한다. 정치적으로는 대의민주제 원리가, 경제적으로는 공유제가 실시된다. "저는 사유재산이 철폐되지 않고는 바르고 고른 재화의 분배나 인간 세계의 행복이 있을 수 있다고는 도저히 생각할 수 없습니다." 그렇지만 플라톤과는 달리 가정을 인정하여 일부일처제가 실시된다. 노예제가 존재하지만 그것은 신분제가 아니라 일종의 형벌제이다. 생산·분배·소유에 평등의 원리가 적용되고, 교육·학문·여가·쾌락의 추구에서도 평등한 기회가 부여된다. 한마디로 모어의 유토피아는 정의와 평등, 행복과 쾌락, 자연과 이성, 법과 덕이 지배하는 사회이다.

도니, 안드레애, 캄파넬라, 윈스탄리, 모어 등이 제시한 유토피아가 공유제 사회였던 반면, 밸러즈와 맨더빌은 개인주의적·자유방임적 사회 원리를 제시했으며, 베이컨의 '신아틀랜티스'는 최초의 과학적

♠ 토마스 모어의 유토피아 가상 지도.

유토피아였다. 모어의 목표가 사회 정의의 실현이라면, 베이컨의 목표는 과학에 의한 사회의 진보이다. 전자가 욕구를 제한함으로써 자족할 수 있는 사회를 구상했다면, 후자는 생산을 증대함으로써 인간의 욕구를 최대한으로 충족시킬 수 있는 사회를 꿈꾸었다. 19세기의 유토피아 이론과 사상은 사회주의였다. 초기 사회주의자들(유토피아 사회주의자들)은 모어의 이상을 따라 효율적인 사회 조직과 제도를 통해 평등을 실현하고자 했고, 베이컨의 이상을 따라 과학 기술의 발전을 통해 풍요를 향유하고자 했다. 마르크스가 '과학적 사회주의'에서 제시한 유토피아는 '능력에 따라 일하고 필요에 따라 소비하는' 사회였다.

그러나 유토피아가 실현되는 데에는 대가가 따른다. 정의와 평등의 실현은 강력한 통제와 자유의 제한을 수반한다. 모어의 유토피아에서는 한 가정에 초과 인원이 생기면 다른 가정으로 옮기며, 여행증명서 없이 여행하다가 잡히면 노예가 된다. 불치의 병에 걸린 사람은 자살을 시키거나 죽인다. 모어는 "유토피아에서는 사유 제도가 없기 때문에 모두 사회를 위해 열심히 일한다."고 말하지만 인간의 본성을 아는 사람들은 모어의 말을 믿지 않는다. 유토피아는 전체주의 사회이다. 그 사회는 인간의 자유를 억압하고 인간의 욕구를 통제하여 인간성을 왜곡함으로써 기능한다. 따라서 유토피아에는 디스토피아의 위험이 내재되어 있다. 헉슬리의 『멋진 신세계』는 결코 멋지지 않은 세계이며, 오웰의 『1984년』은 과학만능주의와 전체주의가 몰고 올 위험을 묘사한 디스토피아 문학의 대표이다. 사회주의 혁명을 달성한 소련은 유토피아가 아니라 디스토피아임이 증명됐다.

유토피아는 현실 사회의 불의를 비판하고 개혁하려는 사상이다. 그것은 공상이나 신화가 아니라 인간의 법과 제도를 개선하여 달성할 수 있다고 보는 현실주의 정치사상이다. 그러나 유토피아는 기본적으로 평등한 사회를 의미하기 때문에 개인의 자유와 인권을 무시하고 전체주의 사회로 전락하기 쉽다. 자유와 인권이 보장되지 않는 사회가 유토피아일 수는 없다. '지상 천국'은 유토피아가 아니라 디스토피아이기 쉽다. 유토피아는 '좋은 곳'이지만 '없는 곳'이기 때문이다.

097 의회
parliament

의회란 지역의 대표들이 모여 국사를 논의하는 곳이다. 오늘날에는 세계의 모든 국가가 실질적이건 형식적이건 의회를 가지고 있는데, 의회는 유럽 중세 문명의 산물이다. 오리엔트 문명 가운데 어느 문명도

대의제를 발전시키지 못했다. 고대의 그리스나 로마에서는 직접 민주주의가 시행되었지만 대의제는 없었다.

통치 기술에서의 이같은 이례적이고 중요한 발전은 중세 유럽에서 이루어졌다. 일찍이 1188년에 이베리아 반도의 레옹 왕국의 도시들은 왕과 귀족들의 협의체인 코르테스에 대표를 파견하도록 요청받았으며, 13세기에 이베리아 반도의 모든 왕국은 도시 대표를 포함하는 대의체를 소집했다. 교회의 공의회는 1215년의 제4차 라테라노 공의회부터 대의체로 인식됐다. 프랑스의 삼신분회는 1302년에 처음 소집됐다. 그밖에 시칠리아, 헝가리에서도 같은 시기에 대의체가 발전하고 있었으며, 스칸디나비아 제국(諸國) 역시 14세기에 유사한 제도를 가지고 있었다. 독일의 제후국들도 마찬가지였다. 대의체를 소집하여 정책 결정에 참여시키는 것은 중세 말 유럽에서의 보편적인 관행이었다. 이러한 맹아적인 의회를 모범적으로 발전시킨 나라가 잉글랜드이다.

의회를 뜻하는 'parliament(parliament, parliamentum)'은 '협의(parley)' 혹은 협의하는 장소를 가리킨다. 'parliament'라는 단어는 10세기 말의 무훈시인 '롤랑의 노래'에서 처음 사용됐다. 여기에서 족장 발리간트는 죽어 가는 왕 마르실에게 "나는 너와 오래 parliament 할 수 없다."고 말한다. 'parliament'가 공식 문서에 처음 나타난 것은 1242년이다. 그해 런던에서 열린 제후들과 고위 성직자들의 회의는 'parliament'라고 불렸으며, 그러한 회의는 1244년부터 1258년까지 1250년을 제외하고 매년 열렸다. 잉글랜드 국왕 헨리 3세는 1258년에 웨스트민스터와 옥스퍼드에서 열린 회의를 'parliament'라고 부른 '옥스퍼드 조항들'을 받아들임으로써 그 단어를 공식적으로 인정했다. 13세기 말에 이미 'parliament'는 권위 있는 기구가 됐다. 그것은 국왕의 'parliament'였다. 왜냐하면 국왕이 치서만이 그것을 존재히게 할 수 있었기 때문이다. 그러나 1484년 리처드 3세가 주재한 의회에서는 의회 역시 권위를 가지고 있음을 천명했고, 새로운 국왕을 인정했다. 이렇게 'parliament'는 국왕의 기구로 출발하여 중세 말에는 왕국의 기구로 자리 잡았다.

'parliament' 이전에 대의체가 없었던 것은 아니다. 국왕은 가신, 제후, 고위 성직자, 고위 관리들을 궁정에 불러 국사를 논의했다. 1205년 잉글랜드의 국왕 존은 '왕국의 어려운 문제와 공동의 이익을 다루기 위해' 대주교, 주교, 수도원장, 백작, 귀족들을 런던으로 소집하여 회의를 열었다. 1213년 정치적인 곤경에 처해 있던 존은 주(州)당 '4명의 분별 있는 기사'를 포함한 대규모 회의를 소집했다. 1265년 시몽 드 몽포르는 각 주에서 기사 2명씩 그리고 각 도시에서 시민 대표 2명씩을 소집하여 고위 성직자, 대제후와 회동시켰다. 이로써 선출된 대표들이 의회에 참석하게 된 것이다. 1295년 에드워드 1세는 각 주와 도시, 그리고 하급 성직자들의 대표들을 성속의 제후들과 회동시키는 큰 규모의 의회를 소집했다. 이 의회는 '모범의회'라고 불리는데, 그 이유는 왕국의 세 신분을 모두 참여시켰기 때문이다. 또한 이때의 대표들은 전권을 위임받은 명실상부한 의원이었다.

왜 국왕은 의회를 소집한 것일까? 에드워드 1세의 첫 번째 의회인 1275년 의회 소집 칙서를 보면 국왕이 기대했던 것이 무엇인지를 알 수 있다. 의회는 국왕의 국내외 정책에 대해 협의(parley)할 기회를 가지며 국왕의 군사적 모험에 필요한 군대와 돈을 제공해 주는 자리로 기대됐다. 1297년 이후 잉글랜드에서는 선출된 대표가 법적인 과세 동의권을 가지는 것이 당연시됐다. 의회에서의 과세 동의에는 계약의 원리가 깔려 있다. 국왕은 의회라는 과정을 통해 보조금 지급 의무를 왕국의 모든 주와 도시로 확대할 수 있었고, 의회는 그 제도적 성격을 강화할 수 있었다. 당시의 법학자들은 "모든 사람에게 관계된 것은 모든 사람의 동의를 얻어야 한다."는 원칙을 알고 있었다. 따라서 과세 동의권이 입법권으로 확대되는 것은 자연스러운 일이었다. 에드워드 1세는 의회의 절차를 통해 옛 법을 개정하거나 폐지하고 새로운 법을 만들 것임을 약속했다.

이렇게 의회는 예산을 심의하고 법을 만드는 입법 기구로 발전해 나갔다. 그러나 오늘날처럼 삼권분립이 확립되지 않은 시대의 'parliament'를 오늘날의 의회와 동일시하기는 어렵다. 'parliament'는 입법 기능 외에도 다른 기능들을 수행했기 때문이다. 그 가운데 가장 중요한 것은 청원을 해결하고 행정 관리들을 감독하며, 재판하는 기능이었다. 의회가 사법부의 기능을 수행했다는 것은 의회가 국왕의 궁정에서 비롯되었으며, 또 잉글랜드의 'parliament'에 영향을 준 프랑스의 파를르망(parlement)이 고등법원이었다는 사실로도 설명이 된다.

의회는 왕국의 중요 문제를 해결하는 최후의 법정이 됐다. 사법관들은 정치적으로 너무 위험해서 자체적으로 판단을 내리지 못하는 문제는 의회로 이관했다. 여기에서 내려진 일련의 결정들은 의회가 영국의 정부 구조에서 높은 위치를 차지하는 데 기여했다. 의회가 요크 공작 리처드, 에드워드 4세, 리처드 3세, 헨리 7세 등에게 통치권을 부여한 것은 의회의 고유 권위를 가지고 내린 결정이었다. 이들 왕위 찬탈자들은 의회의 인정으로 통치권을 획득했고, 의회의 권위는 이들 왕위 찬탈자들과의 협력을 통해 늘어났다. 이렇게 해서 13세기 중엽 국왕의 전쟁 비용을 보조하기 위해 소집된 의회는 중세의 마지막 찬탈자인 헨리 7세를 승인한 1485년이 되면 영국 정치의 필수적인 요소로 발전하게 된다.

의회는 중세 사회의 구조에서 나온 것이다. 두 가지 측면에서 의회의 탄생을 설명할 수 있다. 하나는 법이다. 12세기에 교회법학자들은 공의회가 기독교 세계 전체의 여론을 대변한다고 논의하는 가운데 대의체에 주권이 있다는 관념을 공식화했다. 중세의 왕들은 로마법의 주권 이론으로 입법을 정당화시킬 수 있음을 알았다. 로마법 이론으로 무장한 국왕의 관리들은 통치자가 입법할 수는 있으나 중요한 조치는 신민 전체의 조언과 동의가 필요하다고 결론지었다. 신민 모두를 한 곳에 모이게 할 수는 없었으므로 새로운 절차가 필요했다. 의회가 필요해진 것이다. 다른 하나는 봉건제이다. 서양 봉건제에서 주군은 봉신을 보호할 의무가 있으며, 봉신은 주군을 도와줄 의무가 있다. 봉신의 본질적인 의무는 군사적인 조력이었고, 평화 시에는 주군의 궁정에 참석하여 정치적인 조언을 하거나 재판을 보좌했다. 바로 이 조언의 의무에서 의회가 싹텄다고 볼 수 있는 것이다.

▶ 관련 항목 : 고등법원, 봉건제, 삼신분회

098 이단
Heresy

근대 초 이단 재판과 마녀사냥의 교본으로 사용되었던 『마녀의 망치』(1486)에는 '이단'의 조건이 다음과 같이 명시되어 있다.

> 한 사람이 이단으로 판결 받기 위해서는 다음과 같은 다섯 가지 조건을 충족시켜야 한다. 첫째, 그의 논리상에 오류가 있어야 한다. 둘째, 그 오류는 신앙과 관계된 것이어야 한다. 그것이 진정한 교회의 가르침에 위배되는 것이든지 혹은 건전한 도덕에 위배되어 영생으로 이끌지 못하는 것이어야 한다. 셋째, 그 오류는 가톨릭 신앙을 가지고 있는 사람이 가지는 오류여야 한다.

♠ 중세 마녀재판 광경. 격한 관중에 둘러싸인 채 심문받던 여자가 쓰러져있다.

그렇지 않으면 그는 유대인이나 이교도이지 이단이 아니기 때문이다. 넷째, 오류의 정도가 어느 정도냐 하면, 그 오류를 가지고 있는 사람도 그리스도의 신성이나 인성과 관계된 진리를 일부는 인정할 정도여야 한다. 왜냐하면 어떤 사람이 신앙을 완전하게 거부하면 그는 '신앙을 버린 자'이기 때문이다. 다섯째, 그는 끈질기고 완강하게 그 오류를 견지해야 한다. 따라서 어떤 사람이 지은 범죄가 무엇이든지 간에 그가 이해상의 오류 없이 그러한 범죄를 저질렀다면 그는 이단이 아니다. 예를 들어 어떤 사람이 간통이나 간음을 범했다면 그는 "너희는 간음을 범하지 마라."는 계율을 따르지 않은 것이지만, 그가 간음을 범하는 것은 합법적이다는 견해를 가지고 있지 않다면 그는 이단이 아니다.

중세에 '이단'이란 신앙상의 오류를 완강히 고수한다고 가톨릭교회가 판단한 사람들이다. 그 오류라는 것은 가톨릭교회에서 보기에 오류이지 어떤 절대적인 기준에 의해서 오류인 것이 아니다. 오류는 소위 이단으로 몰려 박해를 받는 사람들의 '선택'인 것이다. 이단이란 어원(그리스 어 hairesis, 라틴 어 haeresis)적으로 '다른 견해나 교리'를 가리킨다. 이단이란 하느님과 예수 그리스도를 믿지만 가톨릭교회와는 다른 방식으로 믿는 사람들을 가리킨다. 이단들은 가톨릭교회를 비판하면서 자기들이야말로 '진정한 기독교인'임을 자처했으며, 이러한 이유 때문에 박해를 받은 것이다. 흔히 이단 박해의 이유로 이야기되는 '사회적 비도덕성'이나 '난잡한 행위' 등은 가톨릭교회가 박해를 정당화시키기 위해서 동원한 과장된 수사이지 결코 본질이 아니다.

가톨릭교회는 프랑스 남부에 퍼져 있던 카타르파를 진압하기 위해 1233년 이단 재판 전담 기구를 설치했으며, 1252년에는 이단 재판관들이 고문을 실시하는 것을 허용했다. 이단 재판은 재정복 운동과 종교적 통일을 달성한 이베리아 반도와 이탈리아에서 극성을 부렸으며 조르다노 부르노, 갈릴레오 갈릴레이 같은 지식인들을 박해하다가 18세기 계몽 시대에 가서야 잠잠해졌다. 2003년 3월 12일 가톨릭교회는 '교회가 진리에 봉사한다는 미명 아래 불관용과 폭력을 묵인한 죄'를 고해했는데, 그 가운데에는 동방교회와의 결별, 마르틴 루터의 파문, 십자군의 만행, 이단 재판, 마녀사냥, 유대인 박해 등이 포함되어 있다.

▶ 관련 항목 : 마녀사냥

099 이신론
Deism

이신론(Deism, 理神論)과 유신론(Theism)은 어원적으로는 같은 의미를 가지고 있다. 이신론은 라틴 어 'deus'에서 나온 말이고, 유신론은 그리스 어 'theos'에서 나온 말인데, 두 단어는 모두 '신(神)'이라는 뜻이다. 이 두 단어는 동일한 의미로 혼용되다가, 17세기부터 신학자들과 철학자들은 이 두 단어에 각각 상이한 의미를 부여하기 시작했다. 유신론자들과 이신론자들은 공히 최고의 신과 창조주에 대한 믿음을 천명한다. 같은 점은 여기까지이다. 유신론자들은 신은 자기가 창조한 세상의 움직임에 적극적으로 개입한다고 믿는 반면, 이신론자들은 신은 세상을 창조할 때 세상이 스스로 움직일 수 있는 힘을 부여해 주었다고 믿는다.

차이는 크다. 현실적으로 이신론자들은 계시, 예언, 초자연적인 힘, 기적 등을 믿지 않는다. 그들은 우주가 자연의 법칙에 따라 움직이듯이 인간 사회도 자연법에 따라 움직인다고 믿는다. 그리스도교에서 '계시'를 빼 버린 이신론은 자연 종교, 자연 신학이라고 부를 수 있는 개념이다. 자연 종교란 계시나 교회의 가르침을 통하여 전해지는 지식이 아니라 모든 사람이 타고났거나 이성을 사용하여 얻을 수 있는 지식 체계이다. 자연 종교는 인간의 이성에 대한 신뢰의 증가, 독단과 불관용을 초래한 계시 종교에 대한 불신, 질서정연한 우주의 합리적 건축자로서의 신(神)에 대한 인식과 더불어 확산됐다. 자연의 법칙과 자연법은 계시의 빛이 아니라 이성의 빛으로 파악할 수 있는 것이다.

'이신론'이라는 단어는 피에르 비레의 글(1564)에 처음 나타나는데, 이 칼뱅주의 신학자는 '이신론'이라는 새로운 용어가 무신론을 감추기 위한 위장 개념임을 간파했다. 잉글랜드에서는 허버트 셔버리 경이 『진리론』(1624)에서 이신론을 확인했다. 이신론은 잉글랜드에서 1690년과 1740년 사이에 크게 유행했다. 매튜 틴달의 『창조만큼이나 오래된 그리스도교』(1730)는 이신론자들의 바이블로 받아들여졌다. 그 후 이

▲ 벤자민 프랭클린(Benjamin Franklin, 1706~1790).

이신론은 프랑스, 독일, 미국으로 확산됐다. 영국과 독일의 이신론자들은 그리스도교 교리를 온건하게 공격했지만, 프랑스의 이신론자들은 적극적이고 신랄했다. 볼테르는 "분별력을 가진 모든 사람, 모든 선량한 사람은 그리스도교가 공포에 사로잡히도록 끊임없이 공격해야 한다."고 말했다. 계몽사상가인 루소, 혁명가인 로베스피에르는 이신론자였다. 토마스 제퍼슨과 벤자민 프랭클린을 위시한 미국의 '건국의 아버지들'은 이신론을 지지했다.

이신론자들은 '최고 존재(Supreme Being)', '신적인 시계 제조자(Divine Watchmaker)', '신적인 우주 창조자(Divine Author of the Universe)', '자연의 신(Nature's God)', '빛의 아버지(Father of Lights)' 등의 여러 가지 표현으로 신을 지칭했다. 신을 '시계 제조자'에 비유하는 것은 신이 만든 우주는 시계와 같이 스스로 정확하게 움직인다는 뜻으로 뉴턴이 만유인력의 법칙을 발견한 이후에 나온 비유이다. '최고 존재'는 프랑스 혁명기에 '인권선언'에 등장하며, '로베스피에르에 의해 한때 국가의 신으로 숭배되었고, '자연의 신'은 미국 독립선언서에 올랐다.

이신론은 프랑스 혁명을 고비로 잠잠해졌다. 이성주의에 대한 회의가 싹트기 시작했고, 프랑스 혁명가들의 폭력 의지는 이신론에 대한 기대를 무너뜨렸다. 다윈의 진화론과 회의주의 등은 이신론의 창조론을 흔들었다. 19세기 이후 이신론이라는 용어의 사용은 수그러들었다.

이신론이라는 용어 자체가 무신론을 금지하던 시대에 나온 일종의 위장 개념이었다는 점에서 종교의 자유, 다시 말해 믿지 않을 자유가 보장된 현대에는 굳이 이신론이라는 가면을 쓸 필요가 없게 되었기 때문이다. 현대의 이신론자들은 당당히 무신론을 천명한다.

▶ 관련 항목 : 계몽사상, 범신론

100 인간과 시민의 권리 선언
Déclaration des Droits de lhomme et du citoyen

'인간과 시민의 권리 선언'은 1789년 8월 26일 프랑스 제헌 국민 의회에서 발표한 것으로 자유, 권리의 평등, 소유권의 신성함 등이 천명되어 있다. 전문은 다음과 같다.

국민 의회를 구성하고 있는 프랑스 인민의 대표들은 인권의 무지, 망각, 혹은 경멸이 공공의 불행과 정부의 타락의 유일한 원인임을 인지하고, 인간의 자연적이고 양도 불가능하며 신성한 권리들을 엄숙한 선언으로 표명하기로 결정하였는 바, 그 목적은 이 선언이 사회단체의 모든 구성원들에게 항시 제시되어 그들에게 그들의 권리와 의무를 끊임없이 상기시켜 주도록 하기 위함이며, 또 입법부의 행위와 행정부의 행위는 모든 정치 기구의 목적과 매 순간 비교될 수 있기 때문에 더욱 존중받을 수 있도록 하기 위함이며, 마지막으로 시민들의 요구는 이제 간명하고 확실한 원칙 위에 서 있기 때문에 언제나 헌법의 유지를 위해 그리고 모두의 행복을 위해 움직이도록 하기 위함이다. 그러므로 국민 의회는 최고 존재의 호의 아래 인간과 시민의 다음과 같은 권리들을 인정하고 선언한다.

제1조 모든 사람은 자유롭고 권리에 있어서 평등하게 태어나며 그 후로도 그러하다. 사회적인 차이는 공공의 유용성에만 의거한다.

제2조 모든 정치적 결사의 목적은 인간의 자연적이고 양도 불가능한 권리들의 보존이다. 이러한 권리들은 자유, 소유, 안전 그리고 압제에 대한 저항이다.

제3조 모든 주권의 원칙은 본질적으로 국민에게 있다. 어떠한 단체나 어떠한 개인도 거기에서 명시적으로 나오지 않은 권위를 행사할 수 없다.

제4조 자유는 타인에게 해를 끼치지 않는 모든 것을 할 수 있는 것이다. 그러므로 각 개인의 자유권의 행사는 사회의 다른 구성원들에게 동일한 권리들을 향유할 수 있도록 해주는 것들만을 한계로 가진다. 이러한 한계는 법으로만 결정될 수 있다.

제5조 법은 사회에 해를 끼치는 행위만을 금지할 수 있는 권리를 가진다. 법으로 금지되지 않은 것은 무엇이든지 방해되어서는 안 되며, 어느 누구도 법이 명하지 않은 것을 하도록 강제되지 않는다.

제6조 법은 전체 의지의 표현이다. 모든 시민들은 개인적으로 혹은 그들의 대표를 통해서 그것의 형성에 협력할 권리가 있다. 법은 그것이 보호하건 그것이 벌을 주건 모든 사람에게 똑같아야 한다. 모든 시민들은 법 앞에 동등하므로 모든 공적인 지위, 장소, 자리에 자기들의 능력에 따라 그리고 그들의 덕성과 그들의 재능 이외의 어떠한 차별도 없이 동등하게 들어갈 수 있다.

제7조 어느 누구도 법에 의해 정해진 경우에만 그리고 법이 정한 형식에 따라서가 아니면 소추되거나 체포되거나 구금될 수 없다. 자의적인 명령을 간청하거나, 내리거나, 집행하거나, 집행하도록 시키는 사람은 처벌을 받는다. 그러나 법에 의해 소환되거나 구속되는 시민은 모두 즉시 복종해야 한다. 저항을 하면 죄를 짓는 것이다.

♠ 1789년 발표된 프랑스의 「인간과 시민의 권리 선언」.

제8조 법은 엄격하고 분명히 필요한 처벌만을 해야 한다. 위법에 앞서 제정되고 합법적으로 적용된 법에 의하지 않고는 처벌받지 아니한다.

제9조 모든 사람은 유죄가 선언되기 전까지는 무죄로 간주되기 때문에, 구속이 불가피하다고 판단된다 해도 피의자의 신변을 확보하는 데 꼭 필요하지 않은 가혹함은 법에 의해 엄중하게 처벌된다.

제10조 어느 누구도 자기의 견해 심지어는 종교적인 견해가 법이 정한 공공의 질서를 어지럽히지만 않는다면 그것 때문에 불안해할 필요가 없다.

제11조 사상과 의견의 자유로운 소통은 인간의 가장 소중한 권리 가운데 하나이다. 모든 시민은 그러므로 자유롭게 말하고 쓰고 출판할 수 있으나, 법이 정한 바의 자유의 남용에 대해서는 책임을 져야 한다.

제12조 인간과 시민의 권리들의 보장은 공권력을 필요로 한다. 이 공권력은 그러므로 모두의 이익을 위해 세워지는 것이지 그것을 부여받은 사람들의 개별적인 유용성을 위해서가 아니다.

제13조 공권력의 유지를 위해, 그리고 행정의 비용을 위해 공동의 기여는 불가피하다. 그것은 모든 시민들 사이에 그들의 능력에 비례하여 균등하게 분담될 것이다.

제14조 모든 시민은 그들 스스로 혹은 그들의 대표를 통해 공적인 기여의 필요성을 결정하고, 자유롭게 동의하고, 그것의 사용을 추적하고, 그것의 비율·기초·범위·기간 등을 정할 권리를 가진다.

제15조 사회는 공적인 대리인들에게 행정의 회계를 요구할 권리를 가진다.

제16조 권리의 보장이 확보되지 않고 권력의 분할이 정해지지 않은 사회는 헌법을 가지지 못한 사회이다.

제17조 소유권은 불가침적이고 신성한 권리이기 때문에 어느 누구도 법적으로 확인된 공적인 필요가 분명히 요구하지 않는 한, 그리고 정당하고 선결적인 보상이 이루어지지 않는 한, 침해받을 수 없다.

▶ 관련 항목 : 프랑스 혁명

101 인종 학살
Genocide

　인종 학살(Genocide)이라는 용어는 그리스 어 'genos(씨족)'와 라틴 어 'caedere(죽이다)'에서 파생된 'cide'를 합성하여 만든 말이다. 이 말은 직접적으로는 제2차 세계 대전 중에 나치가 자행한 유대인 학살을 지칭하지만, 넓게는 특정 인종에 대한 조직적인 학살을 지칭하는 개념으로 사용된다. 1948년 유엔이 채택한 '인종 학살 범죄의 예방과 저지를 위한 협약'은 인종 학살을 "한 민족적, 종족적, 인종적 혹은 종교적 집단을 총체적으로 또는 부분적으로 몰살시킬 의도로 자행된 범죄이다."라고 정의했다. 여기에는 살인, 육체적 정신적 위해, 출산 방해, 어린이 강제 이동 등이 포함된다. 종교적인 집단 학살을 인종 학살에 포함시킨 것은 인종을 과학적으로 판별하는 것이 불가능하다는 현실적인 어려움을 인정했기 때문이 아닌가 생각된다. 전쟁, 문명의 교류, 이민 등을 통해 이미 오래 전에 혼혈이 이루어졌기 때문이다. 엄밀히 말해 인종 개념은 생물학적인 개념이라기보다 사회학적 개념이다.

　어떤 사람들은 엄밀한 의미의 인종 학살 외에도 단기적인 집단 학살을 인종 학살에 포함시키기도 한다. 예를 들어 1931년 기근으로 인한 우크라이나인들의 죽음을 스탈린의 인종 학살로 본다든지, 1793년 프랑스 혁명기의 방데인들의 학살을 '프랑스인에 의한 프랑스인의 인종 학살'로 본다든지, 심지어는 한국전쟁 당시의 양민 학살을 인종 학살로 몰아가는 시도가 바로 그것이다. 그러나 이렇게 인종 학살의 범위를 확대하는 것은 인종 학살이라는 전대미문의 범죄를 희석시킬 우려가 없지 않다. 현재 유엔에서는 터키의 아르메니아인 인종 학살, 독일의 유대인과 집시 인종 학살, 르완다 인종 학살만을 인정하고 있다.

| 아르메이아인 인종 학살 |

제1차 세계 대전이 한창이던 1915~1917년, 오스만튀르크 제국은 오늘날의 터키 영토에 살고 있던 아르메니아인 다수를 학살했다. 이 사건은 오늘날 많은 국가와 국제기구에서 인종 학살로 공식 인정하고 있다. 터키 정부는 '학살'은 인정하지만, 당시 수많은 터키인들도 학살당했다는 이유로 학살의 규모와 성격(인종 학살)에 대해서는 동의하지 않고 있다. 오늘날 터키 정부의 인종 학살 인정 문제는 터키의 유럽연합 가입을 둘러싸고 논란이 되고 있다. 과거사 문제가 터키의 유럽연합 가입을 가로막고 있는 것이다.

아르메니아인 인종 학살은 20세기 최초의 인종 학살로, 아르메니아인 전체 인구 2백만 명 가운데 1백5십만 명을 지도 위에서 사라지게 했다. 아르메니아인들은 전통적으로 기독교(아르메니아는 기독교를 국교로 삼은 최초의 국가)를 믿었다. 아르메니아인들은 오스만 제국에서는 소수였지만, 제국의 동부 지방에서는 다수를 점하고 있었다. 19세기부터 유럽 열강들이 노쇠한 터키 제국의 내정에 간섭하자, 아르메니아 기독교인들은 자기들의 운명을 개선할 수 있다는 희망을 갖게 됐다. 이에 터키 정부는 정치적 탄압과 학살로 대응했다. 1894년에서 1896년 사이에 30만 명이 학살되었고 수십만 명이 이슬람교로 강제 개종됐다. 1908년에 정권을 잡은 청년 투르크당은 동일한 정책을 추진했다. 이들은 1909년에 아다나 지방에서 3만 명의 아르메니아인을 학살했다. 이들의 아르메니아인 절멸 의지는 제1차 세계 대전을 계기로 폭발했다. 우선 투르크 군대에 있는 아르메니아인들을 무장해제 시킨 다음, 1915년 4월 24일 이스탄불에서 아르메니아인들의 정치적·지적 엘리트들을 생포함으로써 학살을 개시했다. 아르메니아인들을 러시아 국경으로부터 떼어놓는다는 구실로 살인적인 강제 이동이 시작됐다. 대부분의 강제 이동자들

♣ 2005년 아르메니아 정교회 수사들이 아르메니아인 집단학살 90주년을 기리며 예루살렘에서 가두행진을 벌이고 있다.

은 기근과 질병으로 죽거나 학살당했다. 학살은 1920~1923년에 신생 터키 공화국이 그리스-아르메니아 연합국과 벌인 전쟁에서 재개됐다. 이렇게 세 차례에 걸쳐 이루어진 학살의 희생자 수는 정확히 알 수 없으나 1916년의 조사에 의하면, 러시아 군의 진출로 구조된 30만 명의 아르메니아인, 조직적인 학살이 어려웠던 콘스탄티노플과 스미르나의 20만 명을 제외하면 생존자들의 섬만이 드문드문 존재했을 뿐이다. 앞에서 제시한 150만 명은 아르메니아인들이 주장하는 수치이다. 학자들은 60만에서 150만 명까지를 제시한다.

| 유대인 학살 |

유대인 학살을 지칭하는 단어로는 인종 학살(Genocide), 유대인 학살(Judeocide) 외에도 쇼아(Shoah)와 홀로코스트(Holocaust)가 있다.

쇼아는 1944년에 법학자인 라파엘 렘킨이 유대인 학살을 지칭하기 위해 사용한 히브리 어로서 절멸, 파멸, 재앙 등의 뜻을 가지고 있다. 쇼아는 1985년에 클로드 란츠만 감독이 만든 9시간 30분짜리 다큐멘터리 영화의 제목이기도 하다. 홀로코스트는 '신에게 드리는 희생제'라는 의미이며, 희생자를 전혀 고려하지 않는 용어이기 때문에 비록 널리 사용되고 있기는 하지만 부적절한 용어라 할 수 있다.

독일에서 유대인 박해는 히틀러가 1933년 1월 30일에 총리가 되고 즉시 시작됐다. 유대인 소유 기업은 배척받아 파산했으며 유대인은 지방 정부와 법원, 대학에서 쫓겨났다. 1933~1938년에 이루어진 일련의 법령·몰수·학살로 히틀러는 독일 유대인의 정치적·경제적 기반을 무너뜨리는 데 성공했다. 1935년 뉘른베르크 법에 따라 유대인은 시민권을 잃었으며 다른 독일인과의 결혼도 금지됐다. 1938년 11월에 벌어진 '수정의 밤' 학살 사건으로 독일에 있는 모든 유대교 예배당과 유대인 기관이 파괴됐다. 그 후 수천 명의 유대인이 집단 수용소에 감금되었고, 독일 유대인의 재산 대부분은 가혹한 벌금과 강제 징수로 몰수됐다. 제2차 세계 대전이 발발하자 유대인들은 '게토(유대인 거주 지역)' 안에서만 살라는 명령을 받았으며, 6세 이상의 모든 유대인은 '다윗의 별'이라 쓰여진 노란색 배지를 달아야 했고, 12세가 넘는 유대인 남자는 군수 공장으로 끌려갔다.

제2차 세계 대전 초 독일군이 연승을 거두자, 유럽에 거주하는 대다수 유대인은 나치와 그 위성국 치하에 들어갔다. 대서양에서 볼가 강, 노르웨이에서 시칠리아까지 그곳에 살고 있던 유대인들은 모든 인간적 권리를 빼앗겼다. 재산은 몰수당했으며 대부분 집단 수용소에 감금됐다. 프랑스를 함락한 뒤인 1940년에 구상된 '마다가스카르 계획'은 마다가스카르 섬에 수백만 명의 유럽 거주 유대인들을 정착시키는 것

♠ 히틀러의 나치 SS대원들이 유대인들을 게토로 이끌고 있다.

이었다. 그러나 이 계획은 영국과의 평화 없이는 실시할 수 없는 것이었고, 독일이 러시아를 침략한 뒤에는 실용성이 없어졌기 때문에 폐기됐다. 1942년 1월 20일 베를린 교외의 그로센반제에서 아돌프 아이히만을 비롯한 나치의 주요 관료들이 모여 '유대인 문제의 최종 해결책'을 논의했다. 이 회의에서 취해진 결정은 모든 유대인을 체계적으로 동부에 있는 수용소로 이주시켜 '적절하게 처리한다'는 것이었다. 가장 효과적인 대량 학살 방법은 가스실에서 가스를 마시게 하는 것이었다. 4백여만 명의 유대인이 아우슈비츠, 마이다네크, 트레블링카, 헤움노, 소비보르, 벨제크 등의 집단 수용소에서 살해됐다. 쇼아는 어린이, 노인 등을 포함한 일체의 유대인들을 포함한 말 그대로의 '인종 학살'이었다. 역사가들은 5~6백만 명이 희생된 것으로 추산하는데, 이는 유럽에 있는 전체 유대인의 3분의 2, 전 세계 유대인의 40퍼센트에

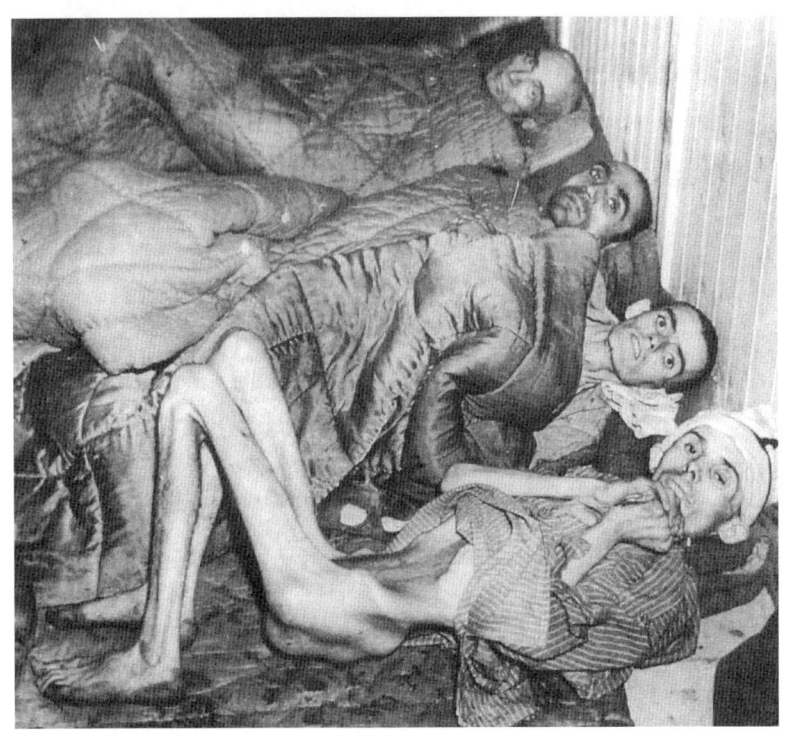

♠ 1942년 독일군 포로수용소에 감금됐다 발견된 유대인 생존자들.

해당한다. 라울 힐베르크의 연구에 의하면, 전체 희생자 5백십만 명 가운데 2백7십만 명이 가스실에서 처형당했다. 유대인 외에 '바람직하지 않은 인종'인 집시, 동성애자, 정신질환자, 여호와의 증인, 프리메이슨, 공산주의자들도 학살당했다.

쇼아는 과거에 일어난 사건이고, 그렇기 때문에 역사의 일반적인 운명에서 벗어나지 못한다. 다시 말해 쇼아 자체를 부정하는 사람들이 등장하는 것이다. 쇼아는 없었다거나, 가스실의 존재를 역사적으로 입증할 수 없다고 주장하는 역사학자들이 있다. 쇼아는 유대인들이 자기들의 희생을 정치적으로 이용할 목적으로 만들어 냈거나 과장한 신화라는 주장도 있다. 원시 시대도 아닌 현대에, 더욱이 독일과 같은 문명화된 국가가 인종 학살이라는 야만적인 행위를 자행했다는 것은 도저히 믿어지지 않기 때문에, 쇼아에 대해 의문을 품는 것이 어쩌면 더 자연스러울 지도 모른다. 인간으로서 어떻게 그러한 야만을 이해할 수 있겠는가? 그러나 쇼아는 '사실'이다. 불필요한 해석과 불필요한 논쟁은 오히려 쇼아의 '악'을 가리는 범죄가 될 지도 모른다. 참상을 정확히 기억할 필요가 있다. 1998년도에 나온 독일의 한 고등학교 교과서에는 5백5십만 명이 학살되었고, 그 가운데 3백만 명이 가스실에서 사망했다고 기술되어 있다. 오늘날 독일은 독일인이 되기를 원하는 사람이 쇼아의 실재를 부정하면 국적을 부여하지 않는다. 오스트리아는 1992년에 유대인 학살 같은 나치의 범죄 행위를 부인하는 행위를 처벌하는 법률을 제정했다. 2007년 4월 19일 유럽 의회는 인종 학살, 반인륜적 범죄, 전쟁 범죄를 공공연하게 용서하거나 부정하거나 그 의미를 사소한 것으로 만드는 행위를 처벌할 수 있다는 결의를 채택했다.

역사는 해석이지만, 사실만을 기억하는 것으로도 충분할 때가 있다. 특히 인종 학살의 경우에는 그러하다. "역사 그 자체는 비이성적이고 역사가의 해석만이 이성적일 뿐이다."라는 코젤렉의 말이 떠오른다.

| 르완다 인종 학살 |

르완다 인종 학살은 1994년 4월 6일에서 7월 4일까지 지속됐다. 2, 3개월 동안 유엔의 추산으로 약 80만 명이 사망했다. 학살당한 종족은 투치(Tutsi)족이 대부분이었다. 후투(Hutu)족 가운데 투치족과 유대가 있거나 투치족의 학살을 반대한 온건한 후투족도 배신자로 몰려 학살됐다.

르완다 인종 학살은 후투족에 의한 투치족의 학살이지만, 원래부터 후투족과 투치족이 적대적으로 대립했던 것은 아니다. 독일과 벨기에의 식민 지배를 받기 이전에, 이들은 바나와란다라는 단일 종족으로서 동일한 언어, 관습, 종교를 가지고 있었다. 물론 분열되기는 했지만 그것은 인종적인 분열이 아니라 사회 경제적인 분열이었다. 20세기 초 독일의 식민주의자들—그리고 이들의 뒤를 이어 벨기에 식민주의자들—은 투치족이 후투족보다 생물학적으로 우월한 인종이라고 보고 이들을 식민 통치에 활용했다. 1945년 이후 신분증에 후투, 투치, 트와족을 구별하여 표시하면서 르완다인들 사이에 분열이 심화됐다. 1950년대 말에 투치 족이 독립 운동을 주도하자, 가톨릭 성직자들은 민중을 대변하던 후투족을 지지했고, 식민주의자들은 후투족이 다수라는 이유로 후투족에 접근했다. 이렇게 해서 두 종족 사이에 긴장이 고조되면서 인종적 증오심이 생겨났다.

1963년 12월에 최초의 대규모 투치족 학살이 벌어져 8천 명에서 1만 2천 명이 죽었다. 1972년 이웃 부룬디에서는, 다수가 투치족으로 구성된 부룬디 군대가 부룬디에 거주하는 후투족을 학살하여 후투족 추산으로 약 2십만 명이 죽임을 당했다. 이 학살은 르완다의 후투족을 자극했다. 투치족 학생과 교사들이 학교에서 추방되었고, 학살이 자행됐다. 이같은 연쇄 보복적인 학살의 최종 결과가 바로 1994년의 인종 학살이었다. 1994년 4월 6일, 후투족 극단주의자들이 후투족 대통령인 쥐베날 하비아리마나를 암살한 다음 인종 학살을 벌였다. 3개월 동안 라디오와 텔레비전 방송은 매일 매시간 아직 살아 있는 투치족의 위치를 공개하면서 인종 학살을 선동했다. 약 80만 명의 투치족이 '좋은 인종'이 아니라는 이유로 살해당했다.

▶ 관련 항목 : 파시즘, 전체주의, 국가사회주의

102 인클로저
Enclosure movement

'인클로저'는 장원 영주나 부유한 농민이 자기의 경작지 인근 농지를 사들여 그 둘레에 울타리를 치고(inclosure, enclosure), 이렇게 구획된 경지를 개방 경지와는 별도로 경작하는 것이다. 근대 초 농민들은 지조(地條)를 교환하거나 매입하는 방법으로 보유지를 통합해 나감으로써 효율적인 영농을 할 수 있었다. 1485년에서 1500년 사이에 미들랜드 지역에서는 대략 16,000에이커에 이르는 토지에 인클로저가 이루어졌고, 그중 13,000에이커 이상이 목장으로 바뀌었다. 목양(牧羊)은 곡물 경작보다 적은 일손으로 가능했을 뿐만 아니라, 양모와 양고기에 대한 수요가 늘어나 가격이 올라감에 따라 곡물 경작보다 더 많은 이윤을 가져다주었기 때문이다.

그러나 효율성의 사회적 대가는 적지 않았다. 영주는 개방 경지의 지조들을 병합하여 울타리를 치고, 경작지를 목초지로 전환하여 대규모 목양을 하면서 작인들을 내쫓았다. 나아가 영주는 방목지와 마을 공유지에 울타리를 치고 마을 주민들이 가축을 방목할 권리를 박탈하기도 했다. 심한 경우 농민들을 모두 내쫓고 마을의 개방 경지를 거대한 목장으로 전환시켜 버리기도 했다. 농민들은 유랑민 신세로 전락했다. 인클로저에 대한 사회적 비난이 일자, 1489년 의회는 경작지를 목장으로 전환하는 것을 금지했으나 제대로 시행되지 않았다. 1516년 토마스 모어는 『유토피아』에서 양들이 이제는 농민들을 먹어 치우고 있다고 비난했다. 1536년 '은총의 순례'와 1549년 '케트의 반란' 등은 인클로저에 반대하는 운동이었다.

인클로저는 지주, 자본가적 차지농(借地農), 농업 노동자로 구성되는 근대적인 농업 조직으로의 전환을 가능하게 해주었다. 지주는 병합된

♠ 15~16세기 영국의 인클로저 운동은 양모를 생산하기 위한 것이었다. 그 결과 많은 농민들이 땅을 잃고 농업노동자로 전락했다.

대규모 토지를 자본가적 차지농에게 임대해 주었고, 자본가적 차지농은 토지를 잃은 농민을 농업 노동자로 고용하여 효율적으로 토지를 경영할 수 있게 된 것이다. 마르크스는 인클로저와 자본주의 초기 역사를 결부시켰다.

103 자본주의
capitalism

자본(capital)은 '머리'를 뜻하는 라틴 어 '카푸트'에서 유래했다. 이 말은 12~13세기경에 나타나는데, 당시에는 자금, 상품, 스톡, 많은 액수의 돈, 이자를 가져오는 돈의 뜻으로 사용됐다. 자본가(capitalist)라는 말은 17세기에 처음 등장한다. 루소는 1759년에 그의 친구에게 "나는 대귀족도 아니고 자본가도 아니네. 나는 가난하지만 행복하다네."라고 했다. 18세기 말에 자본가는 '돈을 가지고 있으면서 그것을 이용하여 더 많은 돈을 벌려는 사람'이라는 나쁜 평판을 받았다. 1790년 국민 의회 연단에서 퀴스틴 백작은 "모든 종류의 귀족제를 깨부순 우리 국민 의회가 자본가들이라는 귀족 앞에서는 무릎을 꿇어야 할 것인가? 자본가들이란 단지 그들의 부를 늘릴 수 있는 곳이라면 어디든 조국이라고 생각하는 코스모폴리탄이 아닌가?"라며 '자본가'를 비판했다.

'자본주의'라는 용어는 리샤르의 『불어 신어휘』(1842)에서 처음 등장한다. 1850년에 사회주의자인 루이 블랑은 "어느 한편의 사람이 다른 사람들을 배제하고 자본을 독점하는 것이다."라고 자본주의를 정의했다. 프루동은 "자본이 소득의 근원이지만 일반적으로 자신의 노동을 통해서 자본을 움직이게 만드는 사람들이 그 자본을 가지고 있지 않은 사회적, 경제적인 체제다."라고 정확히 정의했다. 흥미롭게도 『자본론』의 저자인 마르크스는 '자본가적 생산 양식'이라는 말은 사용했지만 '자본주의'라는 용어는 사용하지 않았다. 사회주의자들이 자주 사용하던 이 말은 베르너 좀바르트의 『근대 자본주의』(1902)와 함께 학문 세계에 들어왔다. 마르크스가 사용하지 않았던 이 말은 마르크스주의 모델에 흡수되어, 마르크스가 구분한 역사 발전 단계를 노예제, 봉건제, 자본주의라고 부르게 됐다. '자본주의' 표제어는 브리태니커 백과사전에는 1926년에, 아카데미 프랑세즈 사전에는 1932년에 등재됐다.

'자본주의'는 치열한 학문적 논란을 불러 일으켰을 뿐만 아니라 정치적으로도 오염되었기 때문에 정의하기가 어려운 용어이다. 너무 남용되어서 학술 용어로는 배제해야 한다는 말이 있을 정도이다. 자본주의를 정의한 몇 가지를 소개하면 경제학에서 파악하는 자본주의란 생산 요소가 사유화되고 생산을 위한 자원의 배분과 소득의 분배가 시장에서 이루어지는 경제를 지칭한다. 시장에서의 교환은 합리적인 계산에 기초한 사적인 영리 추구의 결과이다. 이러한 의미에서 자본주의는 시장 경제와 동일한 개념으로 통용된다. 마르크스에 의하면, 자본가적 생산 양식은 생산 수단으로부터 분리된 노동자가 시장에서 자기의 노동력을 상품으로 판매하는 제도이다. 마르크스는 『자본론』에서 다음과 같이 설명한다.

> 자본가적 사회의 경제 구조는 봉건 사회의 경제 구조에서 성장해 나왔다. 후자의 해체는 전자의 요소들을 해방시켰다. 직접 생산자인 노동자는 그가 토지에 결박되지 않고 또 타인의 노예나 농노이기를 멈춘 후에야 비로소 자기의 몸을 자유롭게 처분할 수 있었다. 또한 그가 노동력의 자유로운 판매자가 되어 자기의 상품(노동력)에 대한 수요가 있는 곳이라면 어디든지 그것을 가

지고 갈 수 있기 위해서는 길드의 지배에서, 도제와 직인에 대한 길드의 규약에서, 그리고 길드의 구속적인 노동 규제에서 벗어나지 않으면 안 된다. 그리하여 생산자를 임금 노동자로 전환시키는 역사적 과정은 한편으로는 농노적 예속과 길드의 강제로부터 그들이 해방되는 것으로 나타나는데, 우리의 부르주아 역사가들은 이 측면만을 중요하게 생각한다. 그

♠ 좀바르트(Werner Sombart, 1863~1941).

러나 다른 한편으로 해방된 사람들은 그들의 모든 생산 수단을 박탈당하고, 또 종래의 봉건제가 제공했던 일체의 생존 보장을 박탈당한 후에야 비로소 자신을 판매할 수 있게 되는데, 이 수탈의 역사는 피와 불의 문자로써 인류의 연대기에 기록되어 있다.

　자본주의라는 용어가 학문적으로 널리 보급되는 데 기여한 좀바르트는 '정신'을 강조한다. 좀바르트에 의하면 자본주의는 영리주의와 경제적 합리주의에 의해서 최대 이윤을 추구하는 정신이다. 프로테스탄티즘의 윤리와 자본주의 정신의 상관관계에 주목한 막스 베버도 기본적으로는 좀바르트와 마찬가지로 '정신'을 강조한 것이다. 역사가 페르낭 브로델은 시장 경제와 자본주의를 별개의 영역으로 파악했다. "수요와 공급이 만나 교환이 이루어지는 시장 경제는 자본주의 성립의

필요조건이지만 충분조건은 아니다. 자본주의는 시장 위에서 시장을 통제하고 지배하는 영역이다. 시장 경제의 원리가 경쟁이라면 자본주의의 원리는 독점이다. 독점이 무너지면 자본가들은 시장에 내려와 시장 경제의 경쟁 원리를 따르지 않고 다른 부분에서 독점을 추구한다. 자본가들은 독점을 통해 '최대 이윤'을 모색하는 것이다." 브로델에 의하면 자본주의는 상업 자본주의→산업 자본주의→독점 자본주의로 발전한 것이 아니라 본질적으로 독점 자본주의였다.

브로델의 독특한 견해에도 불구하고 자본주의의 근본은 시장 경제라고 말할 수 있다. 시장 경제가 있어야만 자본주의도 있을 수 있기 때문이다. 시장 경제의 원리는 자유 경쟁이기 때문에 기본적으로는 자유주의가 자본주의의 이념이 되는 것이다.

▶ 관련 항목 : 부르주아지

104 자연법
Natural law

자연법(natural law, law of nature) 관념은 고대에 나타났다. 플라톤은 실정법을 평가할 수 있는 불변의 기준을 발견할 수 있다고 생각했으며, 아리스토텔레스는 "어느 곳에서나 동일한 권위를 가지는 자연법이 존재한다."고 주장했다. 자연법은 도시국가의 성문법보다 상위에 있는 법을 지칭했다. 그것은 불문법이기는 했지만 인간의 행동을 올바르게 인도할 수 있는 신성한 법이었다.

스토아학파는 평등주의적인 자연법 개념을 가지고 있었다. 이성은 모든 사람들, 모든 국가의 사람들에게 동일하며, 이성에 따라 산다는 것은 자연스럽게 산다는 것이었다. 로마 시대의 만민법은 로마인이건 비로마인이건 모두에게 적용되는 법이었기 때문에, 자연법과 동일시됐다. 키케로는 자연법을 명료하게 규정했다. "진실된 법이 존재하는데, 그것은 모든 존재들에 퍼져 있고 언제나 자기 자신과 일치하며 결코 사멸하지 않는 자연에 부합하는 공정한 이성이다. 그것은 우리가 우리의 의무를 다하도록 요구하며 우리가 기만적인 행위를 하지 못하도록 금한다."

중세에 이교도 철학자들의 가르침을 따르는 것은 교회의 권위를 손상시킬 우려가 있었다. 해결책은 자연법을 신법과 동일시하는 것이었다. 아우구스티누스는 인간은 아담과 이브의 타락 이전에는 자연법 아래에서 자유롭게 살고 있었으나, 타락 이후에는 원죄와 실정법의 멍에를 지고 살아간다고 주장했다. 토마스 아퀴나스는 신의 법, 자연법, 인간의 법 사이의 상관관계를 체계화했다. 신적인 이성의 영원한 법은 신의 마음속에 있기 때문에 완전한 형태로는 인간에게 나타나지 않지만, 계시에 의해서 그리고 인간의 이성에 의해서 부분적으로 나타난다고 보았다. 토마스 아퀴나스에게서 두드러진 것은 이성에의 호소였다. 신의 법 자체가 '신적인 지혜의 이성'에 다름 아니었다.

근대 초 종교개혁, 국민국가의 발전, 과학의 발전 등은 자연법사상에 영향을 주었다. 교회의 권위와 성서로부터 독립된 도덕 기준에 대한 요구가 생겨났고, 통치자와 피치자 사이의 관계에 대한 새로운 문제가 제기됐다. 과학은 모든 자연현상을 자유로운 이성적 탐구에 종속시켰다. 사회적이고 도덕적인 현상들도 이성에 의한 비판적 검토의 대상이 됐다. 17세기 네덜란드의 법학자인 후고 그로티우스는 스토아 철학자들과 같은 맥락에서 '자연법은 모든 사람들 모든 민족들에게 공통'으로 보았다. 자연법은 인간의 본성에서 나오는 규칙들이었다. 따라서 자연법은 인간이 이해할 수 있으며, 불변이었다. 인간은 평화로운 사회를 유지하기 위해서 약속을 지키고, 인간의 평등함을 인정히

♠ 홉스(Thomas Hobbes, 1588~1679).

고, 공평함과 정의로움의 원칙을 지키고, 부모의 책임과 부부간의 신뢰의 원칙을 지킬 필요가 있는데, 이러한 기준은 교회가 요구하는 기준과는 다른 도덕적 기준이었다.

자연법 개념과 함께 중요하게 여겨지기 시작한 것이 '사회계약' 개념이었다. 사람은 자연 상태에서 태어나며, 자연적 이성을 발휘하여 사회계약을 맺고 사회를 구성한다. 17세기 중엽 잉글랜드 내전의 혼란스러운 시기를 살았던 홉스는 사회계약론을 권위주의의 바퀴로 만들었다. 홉스에 따르면, 자연 상태의 인간은 이기심과 잔인성을 억제하고 사회질서를 유지하려면 절대적인 권위의 지배 아래 들어갈 필요가 있기에 사회계약을 맺는다. 신민들로부터 권위를 부여받은 군주는 사회적 리바이아던이 되어 안정, 안전, 만족 등을 보장한다. 군주는 오직 신에게만 책임을 지며 자연법에 맞게 행동해야 한다. 한 세대 후의 인물인 로크는 온건했다. 절대왕정을 우려했던 로크는 개인은 모든 권한을 군주에게 양도하지 않았다고 주장했다. 개인은 법과 안전 유지에 관련된 것만 군주에게 양도했을 뿐, 생명과 재산 등의 권리는 여전히 개인이 가진다는 것이다. 프랑스에서도 억압적인 군주에 맞서 개인을 보호하기 위해 자연법과 사회계약 이론이 동원됐다. 몽테스키외는 자연법은 사회에 선행하며, 종교와 국가보다 우월하다고 주장했다. 루소는 개인은 사회계약을 맺어서 자기의 자연적 권리를 군주에게 양도하지 않고 전체 사회에 양도했다고 주장했다. 이 자연 예찬론자는 "인간은 자연법 덕분에 자유롭다."고 말했다.

19세기 초에 자연법 이론은 역풍을 받았다. 실증주의 시대의 비판 정신은 증명되지 않은 가설을 그대로 받아들이지 않았다. '사회계약'은 역사적인 오류로 인정됐다. 선험적인 가설로부터의 연역적인 추론은 복잡한 사회 문제에 대한 해결책을 마련할 수 없다는 인식이 확산됐다. 순수한 이성의 산물인 프랑스 혁명에 대한 반대는 이성을 사회 개혁의 유일한 안내자로 보는 것에 대한 반대로 이어졌다.

♠ 절대 권력을 상징하는 리바이어던 (Leviathan). 홉스가 이 말을 쓰기 전에는 원래 성서에 등장하는 거대한 뱀을 의미했다.

자연법사상의 역사는 고대부터 시작되지만 그것이 활발히 논의된 시기는 17세기이다. 17세기 자연법사상가들은 자연계의 질서를 지배하는 법칙이 있는 것처럼 인간 사회를 지배하는 보편적인 법칙이 있다고 주장했다. 인간은 이성을 통해 자연의 법칙을 발견했듯이 이성을 통해 인간 사회의 법칙을 발견할 수 있다. 자연법은 시대와 민족을 초월하는 보편적인 기준이며, 인간이 만든 것이 아니라 자연적으로 존재하는 것이다. 자연이 더 이상 신의 개입에 의해 무질서하게 움직이지 않듯이 인간 사회도 더 이상 전제 권력의 자의적인 통치에 의해 무질서하게 움직이지 않는다는 자연법사상은 18세기 계몽사상으로 발전하여 프랑스 혁명으로 현실화된다.

105 자유사상가
Libertin

자유사상가(自由思想家)는 리베르탱(libertin)을 옮긴 말이다. 불어의 'libertin'은 라틴어 'libertinus'에서 온 말인데, 노예에서 해방되어 자유를 얻은 '피해방인'을 지칭한다. 그러니 리베르탱(자유사상가)이라는 말에는 해방되어 자유를 획득한 사람이라는 뜻이 담겨 있다. 무엇으로부터 해방된 것일까? 로마 시대에서와 같은 노예 상태로부터의 해방은 물론 아니었다. 그것은 종교(기독교)와 종교적인 금욕으로부터의 해방이었다. 자유사상은 16세기에 에피쿠로스의 철학에서 비롯됐다. 그때부터 리베르탱이라는 말은 종교적인 도그마와 금욕으로부터 해방된 사람들을 비난하기 위해서 사용됐다. 칼뱅은 자기의 반대파들을 리베르탱이라고 불렀다.

1620년경, 시인 테오필 드 비오를 중심으로 모인 젊은 귀족들에게서 불경과 방종이 결합된 자유사상이 나타났다. 가라스 신부와 메르센 신부의 비난을 받았으며, 1623년에 비오가 구속된 후 귀족들의 자유사상은 루이 13세의 동생 측근들 속으로 숨어들었다. 사상의 독립이 대귀족의 전유물은 아니었다. 라모트 르베이에, 가브리엘 노데, 시라노 드 베르주락 같은 지식인들은 도덕적이고 철학적이며 교조적인 가톨릭을 비판했다. 이들의 '지적인 자유사상'은 이신론 혹은 드물기는 하지만 무신론을 담고 있었다. 이들은 대중의 미신(기적, 의식(儀式), 종교의 역사적 증거)은 사회적 질서를 유지하는 데 필요한 정치적 구속 혹은 사기(詐欺)에 불과하다고 비판했다. 그들은 계시(啓示), 영혼 불멸, 창조 등에 의문을 품었으며 자연적인 질서를 지배하는 운명, 비판적 이성, 고대인들의 도덕성 등을 강조했다. 계몽사상가들은 이들 비판적 자유사상가들의 후계자라고 말할 수 있다.

▶ 관련 항목 : 이신론

106 자유주의
Liberalism

　인간에게는 자유, 평등, 공동체 등 소중한 가치들이 많이 있다. 자유주의는 단순하게 말하면, 자유를 가장 소중한 가치로 여기는 이념이다. 여기에서 말하는 자유는 공동체의 자유가 아니라 개인의 자유이다. 자유주의는 자유 경쟁의 원리를 토대로 삼기 때문에 경쟁에서 이긴 승자와 경쟁에서 패한 약자 사이의 불평등을 심화시킨다. 자유주의는 개인의 이익이 공동체의 이익에 우선하기 때문에 공동체의 유대를 약화시킨다. 반면에 평등이나 공동체를 가장 소중한 가치로 여길 경우에는 자유의 관념이 침해를 입을 수 있다. 인간 사회에서 자유, 평등, 공동체는 조화시키기 어려운 가치이지만 그렇다고 어느 하나를 일방적으로 포기할 수는 없다. 자유를 포기하면 독재나 전제주의 사회가 되고, 평등을 포기하면 약육강식의 정글이 될 것이다. 또한 공동체만 우대하면 전체주의 사회가 된다.
　자유주의는 잉글랜드의 명예혁명, 미국 혁명, 프랑스 혁명에서 전제주의를 무너뜨리는 혁명 이념으로 등장했다. 전제 왕권에 맞서는 자유주의는 급진적인 혁명 이념이었다. 명예혁명에 의해 촉진된 입헌주의, 종교적 관용, 상업 활동의 자유는 18세기 유럽과 미국의 자유주의자들에게 모델이 됐다. 미국 독립선언은 권력의 정당성은 피치자의 동의에서 유래한다는 고전적 자유주의의 정치 이념을 표명했으며, 헌법은 정치적 자유주의의 역사에서 이정표가 됐다. 프랑스 혁명의 인권 선언은 정부의 목적이 인간의 천부적 권리인 자유, 재산, 안전 및 압제에 대한 저항권을 확보하는 데 있다고 명시했다.
　혁명 이념이었던 자유주의는 승자인 부르주아의 이익을 지키는 보수적인 이념이 됐다. '평등'의 가치를 가장 소중한 가치로 여기는 사

♠ 혁명의 여신이 '인간과 시민의 권리선언'을 들고 있다.

회주의가 이제 과거 자유주의가 수행했던 혁명 이념으로서의 역할을 이어받았다. 자유주의는 승자와 강자의 이념이었기에 패자와 약자의 이념인 사회주의의 저항을 받았다. 1870~1930년 사이에 고전적 자유주의는 시대 상황에 적응하여 변하기 시작했으니 사회적 자유주의의 등장이 그것이다. 사회적 자유주의는 정부의 적극적인 역할을 강조하는 것이었다. 사회적 자유주의는 개인주의적 사회관 대신에 유기적 사회관을 이론적 출발점으로 삼았으며, 공동체가 개인의 발전과 완성을 돕는다는 점을 인정했다. 사회는 개인의 자아실현과 인격 발전을 돕는 수단으로 여겨졌다. 그렇지만 사회적 자유주의가 자유주의를 포기한 것은 아니었다. 사회적 자유주의자들은 시장 경제의 포기를 원치 않았으며, 계급투쟁과 생산·교환·분배의 국유화를 지향하는 마르크스적 사회주의를 단호히 거부했다.

고전적 자유주의와 사회적 자유주의를 구분하는 기준은 국가가 개인의 영역에 개입하는 것을 어떻게 받아들이는가이다. 고전적 자유주의는 국가의 불간섭을 자유를 지키기 위한 우선적인 요건으로 보는 반면, 사회적 자유주의는 국가의 개입을 개인의 자유와 기회의 영역을 넓히기 위한 필수적인 요소로 본다.

107 자코뱅주의
Jacobinism

1789년 5월 5일 베르사유에서 삼신분회가 열렸다. 삼신분회에 참석하기 위해 베르사유에 온 브르타뉴 지방의 대표들은 사전에 의견을 조율하기 위해 '브르통 클럽'을 만들었다. 다른 지방의 대표들도 가입할 수 있도록 문호가 개방됐다. 10월에 벌어진 파리의 아줌마들의 베르사유 행진 이후 왕실이 파리로 옮겨오자 브르통 클럽도 파리로 올라와 국민 의회 가까이에 있는 도미니크 수도원 건물에 둥지를 틀었다. 도미니크 수도원은 자코뱅 수도원이라고 불린다. 자코뱅 클럽, 자코뱅주의 등의 이름은 여기에서 비롯된 것이다. 이들은 '헌법 동지회'로 이름을 바꾸었고, 바르나브에서 로베스피에르에 이르는 모든 애국파기

여기에 가입했다. 이 클럽은 의회 의원이 아닌 사람도 받아들였지만, 회비가 비쌌기 때문에 부유한 사람들만 가입할 수 있었다.

클럽의 목적은 의회에 상정된 의제를 미리 논의함으로써 의회 활동을 돕는다는 것이었다. 클럽은 모든 혁명 협회들의 중심이 되기를 원했다. 실제로 라클로가 창간한「헌법 동지회 소식」이라는 신문을 통해 지방의 클럽들과 연대했다. 1790년에는 66개의 클럽이 가담했으며, 1791년 10월에는 1,000개의 클럽이 가담했다. 이들 자매 클럽들 덕분에 파리의 클럽은 1791년 6월 왕의 '탈주'로 촉발된 위기를 극복할 수 있었다. 1791년 7월 16일, 260명이 넘는 온건파 의원들은 자코뱅이 과격해지고 있으며 '국왕의 납치'라는 공식적인 견해를 받아들이지 않는다는 이유로 자코뱅 클럽을 탈퇴하여 푀이양 클럽을 만들었다.

이제 클럽은 로베스피에르와 브리소 같은 '좌파'가 지배했다. 1791~1792년의 겨울에 브리소와 로베스피에르는 전쟁 문제를 둘러싸고 대립했다. 1792년 8월 10일, 클럽은 '자유와 평등 동지회'로 이름을 바꾸고 사회적인 문호를 조금 넓혀 부유한 장인들도 받아들였다. 여성에게는 닫혀 있었지만 공개 토론회는 민중적인 남자와 여자로 가득 찼다. 클럽에서는 지롱드파와 산악파가 투쟁을 벌였다. 1792년 10월에 브리소가 축출되었고, 1793년 6월에는 지롱드파가 제거됐다. 클럽은 1793년 6월 이후 테르미도르 9일(1794년 7월 27일)까지 혁명 정부를 주도했다.

테르미도르 9일에 클럽은 로베스피에르의 죽음과 함께 폐쇄됐다. 1794년 10월 16일, 국민 공회는 클럽들 사이의 연대와 통신 그리고 집단 청원 등을 금지하며 자코뱅 조직을 해체했다. 총재 정부 시기에는 '신자코뱅' 클럽이 재건되기도 했지만, 에피소드 이상의 위력은 없었다. 자코뱅 클럽은 끝났다. 그러나 자코뱅 전통이나 자코뱅주의가 끝난 것은 아니다. 자코뱅주의는 오랫동안 프랑스의 역사를 수놓는다.

자코뱅주의는 프랑스 혁명기에 자코뱅 클럽과 함께 태어났다. 1789~1791년에는 입헌 군주정을 지지했고, 1791~1792년은 민주주의적이고 자유주의적인 성향을 띠었다. 혁명적 자코뱅주의는 1793~1794년에 완성되었는데 국가의 일

♠ 1800년 경 아이들에게 자코뱅주의를 가르치는 볼테르.

체성, 부르주아지와 민중의 연대, 민중적 공화정 등으로 요약할 수 있다. 혁명력 2년의 자코뱅주의는 '합의를 만들어 내는 기계(미슐레)'였으며, 정치적 지도(指導)와 이데올로기적 지배의 도구였다. 클럽이 폐쇄된 후 자코뱅주의는 초기 사회주의와 결합했다.

프랑스 혁명의 과격화와 급진화의 상징으로서, 자코뱅주의는 19세기 정치 투쟁의 주요 준거가 됐다. 여기서 어떤 사람은 절대적인 악을 본 반면, 어떤 사람들은 모델을 보았다. 자코뱅주의를 계승하려 한 혁명가들에게 혁명력 2년은 그들이 열망하는 민주적이고 사회적인 공화정의 이상을 표현했다. 이들 사회주의적인 신(新)자코뱅주의가 파리 코뮌의 여러 흐름들 가운데 하나를 형성했다. 파리 코뮌의 평등주의적 자코뱅주의자들은 빈곤층에 우호적인 정책을 취하는 것이 국가의 역할이라고 보았으며, 혁명 파리를 중심으로 하는 중앙 집권적인 국가 건설을 제창했다. 그렇다고 수도가 지방을 지배하는 것은 아니었다.

왜냐하면 지방의 지지는 혁명의 성공에 필수적이었기 때문이다. 제3 공화국은 프랑스 혁명과 함께 자코뱅주의의 유산을 받아들였다. 그러나 이제 자코뱅주의라는 말은 혁명 전통이 아니라 강력한 중앙 집권적인 국가를 의미했다. 프랑스 혁명기에는 지롱드파가, 파리 코뮌 시기에는 프루동주의자들이 반대했던 바로 그 중앙 집권적인 체제 말이다.

▶ 관련 항목 : 프랑스 혁명, 테르미도르 9일

108 장원
Manor

봉건제(주종제)가 봉건 지배층을 결합시켜 주는 제도였다면, 장원제는 장원에서 지배층과 피지배층을 결합시켜 주는 제도였다. 피지배층의 대부분은 농민들이었다. 농민 가운데는 자유로운 신분의 농민도 있었지만, 대부분은 농노라고 불리는 예속적인 신분의 농민들이었다. 장원에서 영주는 지대와 부역을 받는 등 경제적으로 지배했을 뿐만 아니라 재판을 하고 세금을 걷는 등 경제 외적으로도 지배했다.

장원은 경작지와 공유지로 구성되는데, 경작지는 말 그대로 곡물을 경작하는 곳이고, 공유지는 삼림·황무지·소택지와 같이 영주와 농민이 공동으로 사용하는 곳이다. 경작지는 다시 영주 직영지와 농민 보유지로 나뉜다. 농민 보유지는 영주가 농민들에게 할당해 준 토지이고, 영주 직영지는 영주가 남겨 둔 토지이다. 영주 직영지는 영주로부터 토지를 할당받은 농민들의 부역으로 경작되었는데 대체로 일주일에 3일 정도였다. 농민들은 일요일에는 노동을 하지 않았으므로 노동할 수 있는 시간의 절반을 영주에게 바친 셈이다. 이렇게 영주 직영지가 존재하는 장원을 고전 장원(classical manor)이라고 부르는데, 일본의 장원에는 직영지가 없었다는 점에서 서양 장원제의 중요한 특징으로 볼 수 있다.

그러나 농민이 자기의 보유지에서 노동할 때와 영주의 직영지에서 노동할 때는 아무래도 차이가 있기 마련이었기 때문에, 영주로서는 직영지를 해체하여 농민들에게 할당해 주고 대신 현물이나 현금으로 지대를 받는 편이 유리했다. 이렇게 해서 직영지가 해체된 장원을 순수 장원 또는 지대 장원이라고 부른다. 고전 장원에서는 영주와 농민의 관계가 부역으로 맺어지는 인신적인 관계라면 지대 장원에서는 지대의 납부로 맺어지는 경제적인 관계이다. 이렇게 인신적인 관계에서 경제적인 관계로의 이행은 중세의 일반적인 모습이었다.

농노는 토지에 결박되어 있는 존재로서 이동의 자유가 없었다. 그는 장원의 영주 직영지 경영에 필요한 노동력의 일부였기 때문에 장원의 영주가 바뀌면 장원과 더불어 새로운 영주에게 예속됐다. 농노는 부자유한 신분임을 표시하는 인두세(chevage)를 납부했다. 그 액수는 많지 않았으며 프랑스의 경우에 4드니에였기 때문에 농노를 '4드니에의 사람'이라고도 불렀다. 농노는 혼인의 자유도 제한됐다. 특히 장원의 여자 농노가 다른 장원의 농민과 결혼하는 것은, 영주로서는 그 여자 농노 본인과 장차 그 여자 농노에게서 태어날 자식들의 노동력을 상실하는 것이었기 때문에, 이를 보상하는 의미에서 혼인세를 물었다. 혼인세와 비슷한 것으로 초야권(初夜權)이라는 것이 있는데, 역사가들은 초야권의 실재를 인정하지 않는다. 또한 농민 보유지는 농노의 소유지가 아니라 영주가 할당해 준 땅이기 때문에 농노는 상속세를 물었는데, 상속자가 없는 경우에는 영주에게 귀속됐다.

영주는 강력한 영주권을 가지고 있었다. 그것은 영주가 단순히 토지 소유자라는 경제적 요인에서 유래하는 것이 아니라, 지역의 지배자라는 정치적 요인에서 유래하는 것이었다. 영주는 장원 내에서 제분, 제빵, 포도 압축 등 일상생활에 필요한 시설을 독점하고 장원의 주민들에게 강제로 이용하게 하여 사용료를 징수했다. 농민으로서는 가까운 이웃 장원의 시설 이용료가 저렴하다 하더라도 자기 영주의 시설을 이용하지 않을 수 없었다. 이러한 시설 독점 및 강제 사용권은 도로, 교량, 항만의 부두 시설 나아가 시장 개설 또는 시장 내 각종 시설에까지 미쳤다. 영주권의 핵심은 재판권이었다. 프랑스의 대부분과 서부 독일 지역에서는 영주가 생사여탈권을 가지고 있던 경우가 많았으며, 노르망디와 영국에서는 왕과 대제후만이 그러한 상급 재판권을 가지고 있었다. 바로 이 재판권이야말로 농노를 예속시키고, 그들을 장원의 노동력으로 토지에 결박시키는 권리였다. 재판권에는 도망간 농노를 추적할 권리가 포함됐다. 상급 재판권과 같이 중죄를 다루는 경우는 다르지만, 경죄의 경우에는 체형보다 벌금형이 보통이었다. 그것은 영주의 수입을 증대시키는 방편이었기 때문이다.

 장원제 안에는 영주제와는 성격을 달리하는 공동체의 규제와 권리가 있었다. 공동체의 규제는 농업 경영면에서 두드러지게 나타나는데, 그것은 기술상의 제약과도 밀접한 관계가 있다. 3포제 농법과 개방 경지 그리고 혼재지제도하에서는 농민은 물론이요 영주라 하더라도 독자적이고 개별적인 농업 경영을 할 수 없었다. 경작지에 심는 곡식의 종류, 파종이나 수확의 시기 등은 전체적으로 정해져 있었다. 이러한 공동 규제를 경작강제라고 한다. 공동체의 규제보다 농민들에게 더 중요했던 것은 공동체의 권리였다. 수확이 끝나면 누구의 경작지에서든 떨어진 이삭을 주울 수 있었고, 가축을 방목할 수 있었다. 촌락의 목장이나 목초지는 공동으로 이용할 수 있었고, 주변의 삼림에서는 나무를 베거나 숯을 구어 땔감을 마련할 수 있었다. 소택지에서는 고기를 잡고 이탄(peat)을 채집할 수 있었다. 이러한 공동체의 권리는 가난한 농민들의 생존에 직결되는 중요한 권리였다. 촌락 공동체의 규제와 권리는 영주권까지 제약하는 힘을 가지고 있었다. 영주는 농노에게 부역과 공납을 요구할 권리가 있었으나, 장원의 관습은 이를 억제하는 힘을 가졌다. 영주로서도 지나친 요구나 수탈, 부당한 재판권 행사 등으로 인해 장원이 붕괴되는 것은 바람직하지 못했기 때문에 관습을 존중하는 편이 안전했다.

  장원에서 영주와 농민의 관계는 경제적 강제와 경제외적 강제로 맺어졌다. 경제적 강제란 농민이 할당받은 토지의 대가로 지대를 내는 것이다. 지대에는 노동 지대, 현물 지대, 현금 지대 등 다양했지만 지대는 본질적으로 소작료와 다르지 않았다. 만일 농노의 의무가 여기에서 그쳤다면 그는 근대의 차지인(借地人)과 크게 다르지 않았을 것이다. 그러나 봉건 장원의 농민은 영주에게 봉건적 부과조, 세금, 시설 강제 이용료 등을 냈으며 재판을 받는 등 경제외적 강제의 지배를 받았다. 근대의 차지인과 구별되는 중세 농민의 특징은 바로 여기에 있다고 할 수 있다.

▶ 관련 항목 : 봉건제, 농노, 초야권

109 재세례파
Anabaptists

'재세례'라는 말은 '세례를 다시 받는다.'는 뜻이다. 유아들은 '세례'의 의미를 이해하지 못하기 때문에 성년이 되어 다시 세례를 받거나, 아예 성인들에게만 베풀어야 한다는 인식에서 유래한 것이다. 이것은 가톨릭교회의 유아세례를 거부하는 것이기 때문에 가톨릭교회의 박해를 초래했다. 재세례파는 초대 교회의 공동체로 돌아가 순수성을 회복하려고 했으며, 신약성서의 교훈을 문자 그대로 준수하려 했고, 재산의 공유를 실천하려고 했으며, 자선 활동과 상호 부조의 의무를 중요시했다.

재세례파(Anabaptists)는 원래 취리히의 츠빙글리파에 속해 있었으나, 1525년경에 츠빙글리와 결별했다. 루터와 츠빙글리는 신앙이 있건 없건 모든 사람은 예배에 참석해야 하며 동일한 종교 공동체에 속해야 한다고 주장했다. 그러나 재세례파는 신앙적으로 결단을 내린 사람의 참여만이 참된 교회를 이룬다고 확신했다. 그들은 교회에 참여하는 데에는 '내적인 빛'의 인도에 따라야 하며 모든 사람들은 자기의 길을 선택할 수 있어야 한다고 믿었다. 이러한 입장은 교회와 국가가 불가분의 관계라고 생각했던 당시의 여건에는 맞지 않았다. 1529년 제국법은 재세례주의를 위법이라고 규정했다.

처음 몇 년 동안 이 운동은 스위스와 독일에서 많은 추종자들을 확보했다. 극도로 소박한 신앙심과 평화주의 그리고 엄격한 성서적 도덕률이 진지한 신자들에게 호소력이 있었기 때문일 것이다. 그러나 네덜란드와 독일 북부에 퍼진 재세례주의는 종말론에 경도되어 있었다. 호프만은 그리스도가 죽은 지 1500년이 되는 1533년에 천년왕국이 열린다고 확신하여, 순교자가 되기 위해 자진해서 감옥에 들어갔다. 그는 6개월만 있으면 새 시대가 도래하여 석방될 것으로 믿었으나, 10년간 감옥에서 살다가 생을 마감했다. 로드만, 마티스, 복켈슨 같은 극단주의자들은 1534년에 독일의 뮌스터 시를 장악했다. 그들과 같은 부류의 극단주의자들이 새로운 예루살렘으로 몰려들었다. 재세례파에 반대한 2천여 명의 시민이 도시를 떠났고, 나머지는 재세례를 받았다. 불신자들의 재산은 몰수되었으며 공산주의가 실시됐다. 일부다처제가

♣ 중세 천년왕국 상상도.

도입됐다. 부활절에 최후의 심판이 시작될 것으로 확신한 마티스는 신도 몇 명만을 동반하고 적진을 향해 돌진했으나, 부하들과 함께 도륙당하고 말았다. 전직 재단사였던 복켈슨(라이덴의 얀)은 왕의 칭호를 취했으며, 자기는 세상을 정복하고 이단을 멸할 사명을 지닌 다윗의 후손이라고 주장했다. 그의 궁정에서는 2백여 명의 사람들이 부귀를 누렸다. 평등주의는 완전히 사라졌다. 뮌스터에는 식량 부족으로 기아가 발생했다. 복켈슨은 하느님이 자갈돌로 빵을 만들어 줄 것이라고 예언했지만 이루어지지 않아 신도들을 슬프게 했다. 1535년 새로운 예루살렘은 가톨릭 세력에 의해 진압됐다. 복켈슨은 사슬에 묶여 끌려다니면서 사람들의 구경거리가 되다가 처형됐다. 뮌스터의 재세례파 가운데 절반이 학살되었으며, 그 후 10년 동안 네덜란드에서 약 3만 명이 처형됐다. 1536년에 루터도 재세례파의 처형을 요구했다.

　이 사건으로 재세례파의 평판이 크게 실추됐다. 추종자들은 독일에서건 스위스에서건 무자비한 박해를 받았다. 생존자들은 메노 시몬스의 이름을 따서 메노파를 형성했다. 이 분파는 재세례파 본연의 평화주의와 소박한 '심정적 종교'를 추구했으며, 오늘날까지도 존속하고 있다.

▶ 관련 항목 : 루터주의

110 재정복
reconquista

　재정복(reconquista, 레콩키스타)은 그리스도교인들이 이슬람교도들에게 빼앗긴 이베리아 반도를 되찾으려는 운동을 말한다. 재정복은 이슬람교도들이 이베리아 반도를 정복한 직후인 722년 코바동가 전투에

♠ 무하마드 12세에게 항복을 받아내는 가톨릭왕 페르디난도와 이자벨라.

서부터 시작되어 1492년 최후의 이슬람 왕국인 그라나다 왕국을 점령함으로써 마감됐다. 위의 그림은 프란시스코 프라딜라의 1882년 작품으로 그라나다 왕국의 무하마드 12세(보압딜)가 가톨릭왕인 페르디난도와 이자벨라에게 항복하는 장면이다.

지브롤터 해협은 '다리'와 같았다. 유럽을 정복한 사람들은 이 '다리'를 건너 아프리카로 진출했고, 아프리카를 정복한 사람들은 이 다리를 건너 유럽으로 진출했다. 그러나 15세기 말 스페인 정복자들은 이 다리를 건너지 않았다. 유럽과 아프리카를 구분하기 시작한 것이다. 대신 그들은 이탈리아의 신기루 속으로 빠져들고 말았다. 유럽의 또 다른 극단에서는 1453년에 콘스탄티노플을 점령한 터키인들이 유럽을 위협하고 있었다. '유럽'이라는 단어가 사용되기 시작한 것이 바로 이 무렵이다. 유럽의 '탄생'으로 볼 수 있는 것이다.

111 전체주의
totalitarianism

전체주의라는 용어는 이탈리아의 철학자인 지오반니 젠틸레(1875~1944)가 처음 사용했다. 젠틸레는 무솔리니 정부에서 국가 교육부 장관을 지냈으며, 파시스트 상임위원회 위원으로 있다가 저항 세력들에게 처형당한 파시스트였다. 젠틸레와 무솔리니가 의미한 전체주의는 국가의 이데올로기가 시민들에게 영향을 미치는 사회이다. 근대 국가는 라디오와 인쇄술 같은 근대적인 테크놀로지를 이용하여 이데올로기를 전파할 수 있게 됨으로써 자연스럽게 전체주의로 나아가게 될 것이었다. 이처럼 원래부터 전체주의는 파시즘과 밀접한 관계를 가진 용어였는데, 이 용어를 체계화시키고 용례를 확대시킨 사람들은 하나 아렌트, 칼 프리드리히, 즈비그니에프 브레진스키 같은 정치학자들이었다.

하나 아렌트는 『전체주의의 기원』(1957)에서 나치 체제와 스탈린 체제는 기존의 독재 체제를 변형시킨 체제가 아니라 '역사적으로 독특하고 완전히 새로운' 정치체제이며, 전체주의 체제가 대중적인 호소력을 가질 수 있었던 것은 과거, 현재, 미래의 불확실함과 불안감을 해결해주는 이데올로기였기 때문이라고 보았다. 프리드리히와 브레진스키는 전체주의를 파시스트 체제뿐만 아니라 스탈린 체제에도 적용되는 이데올로기라고 주장했다. 전체주의는 정교한 지도 이데올로기, 독재자가 이끄는 단일 대중 정당, 테러주의적 비밀경찰과 강제 수용소, 커뮤니케이션과 물리적 힘의 독점, 국가 주도 계획 경제와 중앙 집권적 통제 경제 등을 구성 원리로 하여 개인의 공적인 생활은 물론이고 사적인 생활까지를 포함하는 모든 생활에 대한 영구적인 지배를 획책한다는 것이다.

♠ 왼쪽부터 오르조니키제와 스탈린 그리고 미코얀 1925년.

　전체주의론은 냉전 시대에 미국에서 등장한 이론으로서 파시즘 체제뿐만 아니라 소련 체제까지를 전체주의에 포함시킨 것이 특징이다. 전체주의론은 1950년대 냉전기의 구미 세계를 풍미했으나, 1960년대에 등장한 반항 세대는 전체주의 이론가들이 제2차 세계 대전 시기의 애국적인 반(反)나치 감정을 공산주의라는 새로운 적을 향한 반감으로 전이시켜 냉전을 부추긴다고 비난했다. 20세기 말에 소련이 해체된 후 공산주의의 잔혹상이 폭로되고 서구 지식인들의 맹목적 소련 추종에 대한 재검토 바람이 분 뒤, 전체주의 모델은 나치즘과 공산주의가 동일한 악을 표상한다는 추론과 함께 다시 부상했다.

　전체주의 이론은 완벽한 통제에 대한 열망과 그 목적을 이루기 위해 사용한 수단에 초점을 맞추어 나치즘과 스탈린주의를 설명하는 이론이다. 나치즘과 공산주의가 통제 방식에서 유사점이 많다는 것은 사실이다. 법이 인종이나 계급이라는 '더 높은' 명령에 종속됐다는 점 역시 두 체제의 공통점이다. 또 자유주의와 개인주의에 반발하여 '사회주의'를 표방했다는 점에서도 공통점을 찾아볼 수 있다.

전체주의론을 거부하는 사람들은 나치즘과 스탈린주의는 최종 목표에서 근본적인 차이를 보였음을 강조한다. 히틀러는 지배 인종의 패권을, 스탈린은 보편적인 평등을 목표로 삼았다는 것이다. 그러나 이러한 비교는 정당한 비교가 아니다. 스탈린이 표방한 공산주의적 완전한 평등은 현실 정치에서는 선전 구호에 불과했으며, 이데올로기적인 차원에서는 실현 불가능한 유토피아에 불과했기 때문이다.

스탈린의 공포 정치를 히틀러의 경우와 동일하다고 보는 사람들은 1931년에 수백만 명의 우크라이나인들을 죽인 기근이 '인종 학살'에 해당한다고 주장한다. 물론 우크라이나 기근은 범죄에 가까운 방치의 결과였지만 러시아인들에게도 마찬가지로 심각한 피해를 입혔다는 점에서 '인종 학살'로 볼 수는 없다. 그러나 두 체제의 폭력성에서는 차이가 없다. 히틀러는 인종의 적을 제거하기 위해 유대인 6백만 명을 학살했고, 스탈린은 소련인 5천5백만 명을 계급의 적으로 학살했다. 여기에서 인종과 계급의 차이를 강조하는 것은 이데올로기에 현혹되어 폭력성을 간과하는 것이다. 두 체제는 광적인 폭력에 의지했다는 점에서 똑같은 괴물이었다. 전체주의 사회는 개인의 자유와 인권을 존중하지 않고 이성적인 절차를 존중하지 않는 사회, 개인의 이익보다는 전체의 이익을 우선하는 사회이다. 파시즘 사회와 공산주의 사회는 이러한 점에서 똑같은 전체주의 사회였다.

▶ 관련 항목 : 파시즘, 국가사회주의

112 절대주의
Absolutism

'앙시앵 레짐(구체제)'이라는 단어가 앙시앵 레짐 이후에 만들어진 단어이듯이, '절대주의'라는 단어도 절대주의 이후에 만들어진 단어이다. 알렉시 드 토크빌에 이어 프랑수아 퓌레는 "혁명은 자기가 폐지한 것에 세례를 준 것이다."고 말했다. 절대주의라는 단어는 1797년에 등장하여, 1865년에 아카데미 프랑세즈의 공식 인정을 받았다. 절대주의란 '군주의 권력이 무제한인 체제'를 가리킨다. 그러나 구체제의 왕들이 이렇게 무제한적인 권력을 가지고 있었는가? 근대사가들은 이 말을 '불필요하고 텅 빈 말(피에르 구베르)', '기발한 역사적 오독(誤讀)'이라고 비판한다.

절대주의라는 말은 혁명 이후에 만들어졌지만, '절대적'이라는 말은 일찍부터 사용됐다. 법학자들은 로마법의 영향을 받아 절대왕권을 이론화했다. "Princeps legibus solutus est 국왕은 법으로부터 풀려 있다."는 것이다. 중세 말의 이론가들은 "프랑스의 왕은 세속의 영역에서는 상위 권력을 인정하지 않는다.", "왕은 자기의 영토 내에서는 황제이다."라며 국왕 지상권을 옹호했다. 종교 전쟁 시기의 장 보댕에게 있어 국왕 주권은 자연과 이성에 합치하는 국가의 상징이었으며, 혼란을 종식시킬 수 있는 유일한 존재였다. 주권에 대한 성찰은 합리성에 대한 성찰을 동반하여, 국가는 이성(국가이성)을 가지게 됐다. 가장 정교한 절대왕권 이론가는 홉스였다. 군주는 리바이어던이라는 국가의 영혼이며 머리로서 권력과 권위는 절대적이며, 신민들과의 계약에 의해 제약받지 않는다. 군주는 신에 대해서만 책임을 진다. 고전주의 시대에 보쉬에는 하늘 높은 곳에 있는 옥좌에 앉아 자연의 움직임을 관장하는 신의 이미지를 왕에게 부여했다.

현실적으로 국왕 권력은 무제한적이지 않았다. 절대왕정은 무엇보다도 신에게 책임을 지는 사회였다. 신이야말로 진정으로 절대적인 힘이었다. 그 다음에는 자연법과 왕국의 기본법이 있었다. 왕은 신분회, 고등법원, 법인체들과 타협해야 했으며 관습과 특권을 존중해야 했다. 절대왕정 시기에는 세금 징수와 징집에 반대하는 사회적 반란이 빈번했고, 귀족과 부르주아지들도 반란을 일으켰다. 국왕은 권력의 원천이었지만 관직은 관직자들이 상속할 수 있는 소유물이었다. 군대도 예외가 아니어서 1763년까지 대령은 자기 부대의 소유자였다.

절대왕정은 '절대'라는 말에도 불구하고 협상과 타협의 상태이다. '절대주의'라는 편견은 프랑스 혁명 이후에 만들어진 것이다. 그것은 공화주의 역사가들이 부여한 이미지이다. 저명한 근대사가인 프랑수아 블뤼슈는 "구체제 시대의 프랑스는 세계에서 가장 풍요롭고 자유로운 나라였다."고 말한다. 절대주의는 '근대'의 정치 체제였던 것이다.

▶ 관련 항목 : 왕, 구체제

113 제국주의
Imperialism

제국주의(imperialism)는 '황제(emperor)'에서 파생된 용어이다. 황제는 지상 최고의 통치자이다. 중세 말 프랑스 왕은 왕국 내에는 상위 군주가 없음을 천명하기 위해서, 신성 로마 제국 황제의 우위를 인정하지 않기 위해서, "프랑스 왕은 왕국 내에서는 황제이다."라고 선언했다.

서양의 역사에서 1870년부터 1914년까지는 특별히 '제국주의 시대'라고 불린다. 서구의 열강들이 아프리카와 아시아의 국가들을 식민지로 만들기 위해 각축을 벌였기 때문이다. 당시 사람들은 이러한 유례없는 현상에 주목했고, '제국주의'라는 용어를 만들어 냈다. 유럽의 열강들은 왜 이렇게 해외 식민지 건설에 매달렸을까? 제국주의론의 원조로 평가받는 홉슨에 의하면, 자본주의는 과잉 생산(과소 소비)으로 이어지고, 다시 불황과 실업으로 이어지는데, 이를 해결하기 위해 등장하는 것이 식민지 시장 개척, 즉 제국주의이다. 홉슨은 제국주의의 배후에는 과잉 자본을 가진 금융가 계급이 있다고 주장했다. 홉슨의 설명은 제국주의와 자본주의를 연결시켰다는 점에서 획기적인 것이었다. 그러나 홉슨은 제국주의가 필연적이라고는 생각하지 않았다. 그는 사회 개혁을 통해 잘못된 분배 체계를 수정함으로써 과잉 자본의 발생

♠ 비폭력으로 영국 제국주의에 대항한 인도의 '위대한 혼' 간디

♠ 동인도 회사를 지키는 무장한 군인들.
동인도 회사는 일개 회사가 아니라 영국 정부의 이익을 대변했다.

을 줄이고 국내 시장을 확대할 수 있다고 생각했다.

레닌은 홉슨의 자본주의적 제국주의론을 받아들였지만, 홉슨이 기대했던 자본주의의 개혁 가능성은 프티 부르주아적인 순진한 환상이라고 비판했다. 레닌에 의하면, 제국주의는 모든 시대에 나타나는 통시적인 현상이 아니라 자본주의의 최종 단계에 필연적으로 나타나는 현상이다. 마지막 단계의 자본주의 국가들은 생산의 활력을 잃어버리고 자본 수출에서 얻은 이자로 살아가는 기생적인 고리대 국가로 전락하여 결국 사멸하게 된다는 것이다. 레닌이 목격한 제1차 세계 대전은 바로 이렇게 자본주의의 최종 단계에서 발생한 제국주의 전쟁이었다. 레닌은 제국주의론을 통해 자본주의의 몰락을 예견한 동시에 러시아에서의 사회주의 혁명의 발발을 정당화했다.

홉슨-레닌의 제국주의론은 19세기 말에 등장한 제국주의의 성격을 잘 설명해 준다. 19세기 말의 제국주의는 시장으로서의 식민지를 개척하기 위한 성격을 가지고 있었다. 시장은 무엇보다도 안정적인 원료 공급지이며 안정적인 상품 소비지였다. 그러나 그 시장이 레닌의 주장처럼 자본 수출 시장이었는지에 대해서는 실증적인 역사가들의 견해가 일치하지 않는다. 실제로 열강들의 자본수출은 주로 열강 상호간에 이루어졌지 식민지 투자는 적었다는 것이다. 식민지 건설이라는 것이 경제적으로는 이익보다 비용이 많이 드는 사업임에도 불구하고 정치가들은 대중들의 민족주의적 열망을 꺾지 못했다는 설명도 있다. 자본주의가 아니라 민족주의가 제국주의를 추동했다는 설명이다.

114 젠더
Gender

사전적인 의미에서 'sex'와 'gender'는 모두 성(性)을 가리킨다. 그러나 학술적으로는 생물학적인 성(性) 즉 타고나는 성(sex)과 사회·문화적인 환경에 의해 후천적으로 만들어지는 성(gender)을 구분한다. 예컨대 남성과 여성은 출생과 동시에 결정되지만, 남성다움과 여성다움은 사회·문화적으로 주입되는 것이다. 이같은 의미는 1995년 베이징에서 열린 제4차 세계 여성 대회에서 'sex'와 'gender'를 공식적으로 구분하면서 일반적으로 사용되기 시작했다.

생물학적인 성(性)에는 단지 '다름'이 있을 뿐이다. '다름'을 '불평등'으로 만드는 것은 "여성은 남성보다 열등하다.", "여성은 이성적이 아니라 감성적이다.", "여성은 유혹에 쉽게 넘어가는 존재이다." 등과

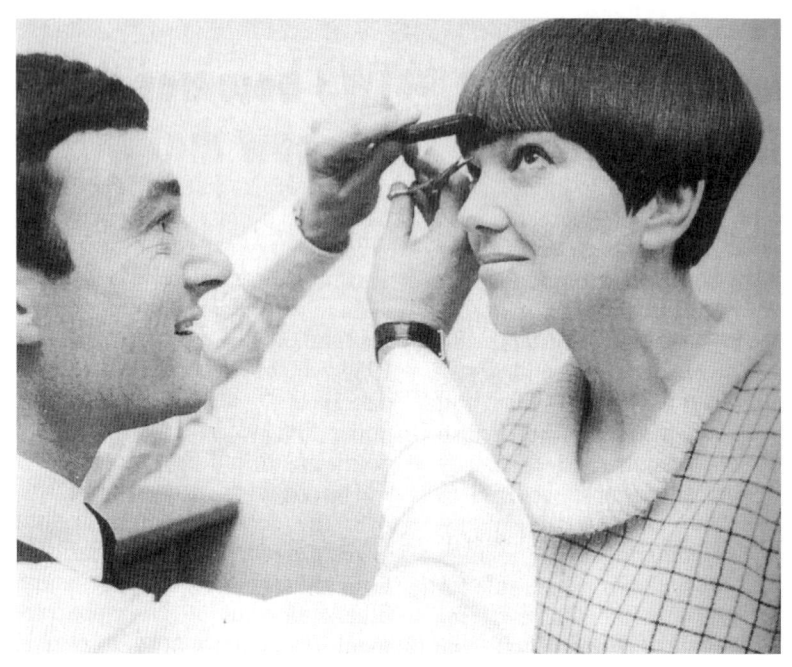

♠ 비달 사순으로부터 눈썹 손질을 받는 메리 퀀트. 영국의 패션 디자이너 메리 퀀트는 1960년대에 미니스커트를 선보임으로써 여성 옷의 혁명을 일으켰다.

같이 여성을 '타인'으로 규정하는 담론들과 '현모양처', '내조' 등과 같이 여성의 사회적 역할을 제한하는 담론들 그리고 '열녀', '일부종사' 등과 같이 여성을 억압하는 담론들이다. 페미니즘의 시각에서 보면, 이러한 담론들은 '사실'에 토대를 둔 것이 아니라, 남성 중심의 사회를 만들고 유지하기 위해 남성들이 만들어 낸 관념들이다. 이러한 관념들—철학, 종교, 지식으로 포장되어 있다—을 통해 남성은 여성의 사회적 위치를 고정시키며, 지배에서 벗어나려는 여성들을 억압한다는 것이다. 여성들도 교육을 통해 이러한 지배 담론들을 마치 하나의 사실처럼 주입받는다. 요컨대, 남녀의 차별은 문화적으로 제도적으로 '만들어진 것'이라고 할 수 있다.

젠더라는 개념을 통해 사회를 바라보는 것은 남녀의 성적 차별이 선천적이 아니라 후천적이라고 인식하는 것이며, 그러한 불평등을 극복해야 한다는 문제의식을 표현하는 것이다. 젠더를 '성별'이라고도 번역하나 '문화적인 성'이라는 의미를 전하지 못하기 때문에 적절한 번역이라고는 생각되지 않는다.

115 젠트리
Gentry

역사적으로 젠트리는 17세기 잉글랜드 혁명(청교도 혁명)의 주요 세력이었다. 혁명 이전 젠트리들은 토지 경영의 합리화와 관직 보유 등으로 부와 지위를 획득함으로써 궁정이나 의회로 진출했다. 의회파의 지도자였던 올리버 크롬웰이 대표적인 젠트리였다.

♠ 올리버 크롬웰(Oliver Cromwell, 1599~1658).

젠트리는 가문의 문장(紋章)을 소유할 수 있는 신분 계층으로 기사, 에스콰이어, 젠틀먼과 같은 하급 귀족을 가리킨다. 근대 초 젠트리의 수는 약 6천 명 정도였다. 젠트리의 제일 아래에 있는 젠틀먼은 넓은 의미로는 작위 귀족을 포함하는 모든 귀족층을 가리키고 좁은 의미는 에스콰이어 아래에 있는 소지주를 가리킨다. 젠트리는 시골에 사는 지주이기 때문에 '향신(鄕紳)'이라고 번역한다.

잉글랜드에서는 젠트리와 시민의 구별이 그렇게 엄격하지 않았다. 젠트리 가문의 차남 이하의 아들은 종종 상인의 도제가 되어 상업으로 부를 쌓았으며, 부유한 상인은 토지를 매입하여 지주가 되는 경우, 한 세대 정도만 지나면 젠트리로 인정받았다.

▶ 관련 항목 : 청교도 혁명

116 조합주의
Corporatism

조합주의(corporatism)는 'corps', 'corporation'에서 파생된 용어이다. 'corps'나 'corporations'은 중세의 '길드'처럼 여러 사람이 모여 결성한 법인체를 뜻한다. 'corporation'은 대체로 기술이나 직업 공동체에 사용된 반면, 'corps'는 'corporations' 가운데 중요한 'corporation'에 사용됐다.

역사적으로 '6대 상인 조합(corps)'이 있다. 나사(螺絲)상 · 식료품상 · 환전상 · 금은세공품상 · 잡화상 · 모피상이 바로 그것이다. 이들 6대 상인 조합은 상업과 제조업에서 커다란 영향력을 행사했다. 이들은 상업 자본주의의 자연스러운 대변인이었다.

조합주의는 국가가 사회를 조합들로 구성하여 관리하는 제도이다. 무솔리니는 전국을 22개의 조합으로 구성하여 통제했다. 파시스트들의 주장에 따르면, 조합주의에서는 계급투쟁이 존재하지 않고 직능에 따라 유기적으로 조직된 생산자들의 조화로운 협업만이 존재한다. 조합주의에서는 사회주의뿐만 아니라 자본주의까지도 극복된다는 것이다.

조합주의는 파시즘의 패망과 함께 잊혀 졌다가 1970년대에 부활했다. 신(新)코포라티즘은 거대 기업과 노조 같은 이익 단체가 국가의 지원 아래 이해관계를 조정하는 것을 말한다. 신(新)코포라티즘은 다원적 사회관을 전제로 전개된다. 다원적 사회관이란 한 사회나 국가는 여러 집단들 사이에서 발생하는 이해와 마찰로 작동된다는 관점이다. 그러므로 이러한 사회에서의 공동선은 이익 집단들이 추구하는 이해관계가 타협에 도달함으로써 달성된다. 이익 단체들은 관련 위원회에 참여하여 국가의 정책 결정에 관여한다. 신(新)코포라티즘은 파시즘 체제에서의 조합주의처럼 국가 주도로 사회를 조직하고 통제하는 체제가 아니다.

파시즘 체제에서의 조합주의와 신(新)코포라티즘은 차이가 있지만 '조합들'이 국가 권력을 매개로 결합한다는 데에서 공통점을 찾아볼 수 있다. 'corporatism'은 조합주의, 담합(談合)주의 등으로 번역되나, 조합주의는 노동조합주의(생디칼리즘)와 혼동될 소지가 있고 담합주의는 조정과 타협이라는 뉘앙스보다는 밀약과 야합이라는 부정적인 뉘앙스를 지니기 때문에 코포라티즘이라고 음역하기도 한다.

117 중농주의
Physiocray

Physiocray란 '자연의 지배'를 뜻한다. 그러므로 '중농주의'란 국가가 경제에 간섭하지 말고 자연스러운 흐름에 맡기라는 경제 이론이다. 중농주의는 중상주의와 비교할 때 그 특징이 잘 드러난다. 중상주의자들은 상공업이 국가의 안전과 국력을 좌우한다고 본 반면, 중농주의자들은 토지와 농업이 부의 원천이라고 보았다. 중상주의자들은 상공업을 육성하고 국부의 유출을 막기 위해서는 국가의 적극적인 보호와 개입이 필요하다고 본 반면, 중농주의자들은 자유롭게 내버려둠으로써 국가의 경제력이 증진된다고 보았다. 자유방임을 뜻하는 레세 페르(되는대로 내버려 두어라)는 '자연의 지배'에 맡기라는 중농주의 경제학의 철학이었다.

중농주의의 창시자는 루이 15세 시대의 궁정 의사였던 프랑수아 케네였다. 케네는 『경제표』(1758)에서 프랑스 사회를 인체에 비유하여 농촌과 도시를 잇는 상품과 화폐의 순환 과정을 보여주었다. 케네는 농업에 종사하는 사람들만이 생산에 투자한 비용을 초과하는 잉여 생산물을 만들어 내는 생산 계급이고, 도시의 상공업자들은 원료를 가공하거나 상품을 교환하는 등 농업 생산물을 소비재의 형태로 바꿀 뿐 잉여 생산물을 만들어 내지 못하는 비생산 계급이라고 구분했다. 케네의 영향을 받은 튀르고는 루이 16세 치하에서 재무 총감이 되어 봉건적인 직능 조합을 폐지하고 곡물 거래를 자유화하는 등 '자연의 지배'에 맡겼다. 그는 왕실의 재정 파탄을 해결하기 위해 토지단세론(土地單稅論)이라는 급진적인 재정정책을 세웠는데, 그것은 프랑스 농경지의 대부분을 차지하고 있던 귀족, 성직자, 지주 계급의 지대 수입에 과세한다는 계획이었다. 지대 수입에만 과세하고 나머지 조세는 모두 철폐하자는 튀르고의 토지단세론은 농민이나 상공업자들의 환영을 받았으나 귀족, 성직자, 지주 등 보수 세력의 반감을 샀다. 튀르고가 재무 총감직에서 면직되면서 이 정책은 실행에 옮겨지지 못했다.

중농주의자들이 농업만이 잉여 생산물을 창조한다고 본 것은 농업국이었던 프랑스의 상황을 반영한 것이다. 중농주의는 프랑스를 재정적 곤경에서 구해야 한다는 현실적인 문제를 해결하기 위해 나온 경제 이론이었다. 생산과 유통의 법칙을 인간의 의사나 정치로부터 독립된 객관적인 법칙으로 파악한 것은 중농주의의 공이다. 자유방임주의는 봉건제의 속박을 타파하려는 자본가 계급의 요구와 합쳐 자본주의의 지도 이념이 됐다. 경제의 순환과 생산적 노동에 관한 분석은 아담 스미스를 통하여 고전 경제학에 그리고 다시 마르크스에게 영향을 주었다.

한국의 역사에도 중농주의자들이 나온다. 실학자인 유형원, 이익, 정약용 등은 중농주의 경제학의 토대를 개척한 사상가로 평가받는다. 이들은 토지 집중 및 대토지 소유가 정치를 어지럽히고 경제를 파탄시키는 근본 원인으로 보고 균전론(均田論), 한전론(限田論), 여전론(閭田論) 등 토지 공유제와 경자유전제를 주장했다. 사농공상(士農工商)을 중시하던 조선의 학자들이 농업을 중시한 것은 당연하다. 그러나 서양의 중농주의 경제 이론은 '자유방임'이라는 철학을 가지고 있다는 점이 중요하다. 바로 이러한 점에서 중농주의 경제 이론은 '자연'을 시대의 화두로 삼았던 계몽사상의 흐름 속에 있다. 조선의 중농주의자들은 개인의 토지 소유 자유를 인정하지 않고, 공유제나 국유제 등 국가주의적 통제에 의지했다는 점에서 서양의 중농주의자들과 차이를 보인다.

▶ 관련 항목 : 중상주의, 계몽사상

118 중상주의
Mercantilism

Mercantilism은 라틴 어 'mercari(상업을 하기)', 'merx(상품)' 등에서 파생된 말이다. 중상주의(mercantilism)라는 말은 중상주의자들이 아니라 중상주의에 반대한 사람들에 의해서 사용됐다. 중농주의자인 미라보 백작이 1763년에 처음 사용했으며, 고전 경제학의 아버지인 아담 스미스가 『국부론』(1776)에서 대중화시켰다. 중상주의(重商主義)는 말 그대로 상공업을 중시하고 국가의 보호와 통제 아래 수입을 억제하고 수출을 장려하여 국부(國富)를 증대시키려는 경제 이론으로, 16세기부터 18세기 중반까지 유럽의 여러 나라에서 시행됐다.

15세기 말부터 진행된 지리상의 발견과 동인도 항로의 개척에 의해서 시장이 급속하게 확대되었고, 이와 함께 식민지와 자원 획득을 둘러싸고 스페인·네덜란드·영국·프랑스 간에 상업 전쟁이 벌어졌다. 특히 16세기 중반에 볼리비아와 멕시코에서 금광과 은광이 발견되어, 다량의 금과 은이 유럽으로 유입되기 시작했다. 이와 같은 역사적 배경 아래에서 중상주의라는 경제사상이 싹트게 된 것이다.

중상주의자들은 금과 은은 국부(國富) 가운데 가장 귀중한 영구 불멸의 재산이기 때문에 경제 정책의 중점을 귀금속의 증대에 두어야 한다고 주장했다. 이들은 화폐를 자본 축적 수단으로 보았으며 국내로 유입된 화폐를 국외로 유출시키지 않는 중금주의(重金主義) 정책을 취했다. 그러나 이와 같은 정책은 오히려 무역의 발전을 저해했으며 금은의 획득에도 효과가 없었다. 후기 중상주의자들은 초기 중상주의자들처럼 외국으로부터의 상품 수입을 제한하거나 금은의 반출을 금지하지 않고, 수입한 상품보다 많은 상품을 수출함으로써 금은의 유입을 도모했다.

1600년에 창설된 영국의 동인도회사는 중상주의 정책의 전형이었으며, 같은 종류의 회사가 네덜란드·프랑스·덴마크·스웨덴·프로이센 등에서도 설립되어 경쟁이 벌어졌다. 프랑스에서는 루이 14세의 재무 총감이었던 콜베르가 극단적인 중상주의 정책을 취했기 때문에 중상주의를 콜베르주의라고 부르기도 한다.

중상주의는 아담 스미스가 지적했듯이 '군주에게 봉사하는 경제'였다. 중상주의 경제 이론에서는 국가가 핵심적인 역할을 수행한다. 국가는 자국의 산업을 보호 육성하기 위해 관세장벽을 설치하여 수입을 억제하고 수출을 장려하는 정책을 취한다. 한 국가가 중상주의의 보호무역 정책을 취하면 다른 국가도 똑같은 정책으로 맞서기 마련이다. 경제 전쟁은 무력 전쟁으로 치달을 위험이 있다. 중상주의 시대에 유난히 전쟁이 많았던 것은 이같은 이유 때문이다. 중상주의의 역기능을 극복하기 위해 나온 것이 중농주의와 고전 경제학의 자유 무역 정책이다.

▶ 관련 항목 : 중농주의

119 청교도
puritans

잉글랜드는 1559년 수장법과 통일법을 제정하여 프로테스탄트 교회 체제를 정비했다. 수장법은 잉글랜드 교회를 가톨릭교회로부터 분리시키며 잉글랜드의 국왕이 교회의 수장임을 천명한 것이고, 통일법은 모든 교구에서 '공동 기도서'를 사용하도록 규정한 것이다. 중도적인 길을 선택한 잉글랜드 국교회는 외적으로는 가톨릭교회와의 싸움을 계속하면서, 내적으로는 급진파와의 싸움에 말려 들어갔다. 잉글랜드 국교회의 미온적인 개혁에 불만을 느끼고 교리와 의식에 남아 있는 가톨릭 요소를 씻어 내어 교회를 정화(purify)해야 한다고 주장한 사람들을 '청교도(puritans)'라고 부른다. 청교도라는 용어는 1570년대에 이들의 과격성을 비판하던 사람들이 경멸적인 의미로 사용했다.

청교도 운동은 메리 여왕(Bloody Mary) 시절의 박해를 피해 대륙으로 망명했던 프로테스탄트들이 칼뱅주의 개혁가가 되어 돌아오면서 시작됐다. 청교도들은 칼뱅주의를 기본 교리로 받아들였지만 하나의 교파를 형성하지는 않았다. 그것은 '정화 운동'의 성격이 강했다. 청교도 운동은 1563년의 제의(祭儀) 논쟁으로 촉발됐다. 그들은 성직자가 착용하는 흰색 제의가 가톨릭교회의 제의와 닮았다고 비판하면서, 사제가 복장을 마음대로 선택할 수 있어야 한다고 주장했다. 아울러

♠ 미국 초기 식민지 시대의 청교도.

성찬식에서의 무릎 꿇기, 세례 때 성호 긋기도 정화의 대상이었다. '의식'에서 시작된 운동은 교회 조직이라는 핵심적인 문제로 비화됐다. 청교도들은 대체로 3가지 입장을 보였다. 첫 번째 집단은 국교회의 감독 체제를 인정하면서도 스코틀랜드의 장로교회를 지지한 온건파였다. 두 번째 집단은 캠브리지 대학의 토머스 카트라이트가 주도한 엄격한 칼뱅주의자들이었다. 세 번째 집단은 로버트 브라운이 주도하는 독립파로서, 이들은 교회에서의 강제력과 상위 권위를 거부하고 모든 신자들이 자유롭게 교회를 구성할 수 있다고 주장했다.

청교도들은 칼뱅주의와 성서주의를 공유하기는 했으나, 교리, 교회 조직, 관용 등의 문제에서는 상이한 입장을 보여 하나의 교파를 형성하지 못하고 제5왕국파, 수평파, 밭갈이파, 침례교, 퀘이커, 유니테리언 등으로 분열됐다. 청교도의 역사에서 극적인 사건은 1620년에 102명의 청교도들이 메이플라우어호를 타고 아메리카 대륙으로 건너간 것이다. 청교도 혁명 이후 올리버 크롬웰이 이끄는 독립파 청교도들이 권력을 잡고 엄격한 청교도주의를 시행했으나 국민들의 지지를 받지 못했다. 크롬웰 사후 이루어진 왕정복고와 함께 '청교도' 라는 용어 자체도 사라지고 비국교파(non-conformists)라는 용어로 대체됐다.

▶ 관련 항목 : 청교도 혁명

120 청교도 혁명
Puritan Revolution

청교도 혁명은 1642년에 잉글랜드 국왕 찰스 1세의 왕당파와 의회파와의 내전에서 승리를 거둔 의회파가 대체로 청교도들이었다는 이유에서 붙여진 이름이다. 권력을 잡은 올리버 크롬웰은 1649년 1월 30일 찰스 1세를 처형하고 공화국을 수립했다. 크롬웰의 청교도적인 통치는 그의 사후에 왕정복고가 이루어짐으로써 단명으로 끝났다. 의회파가 젠트리로 구성됐다는 점에 주목하여 이 '혁명' 이 부르주아 혁명의 성격을 띠고 있다고 주장하기도 하나, 실제로 왕당파와 의회파 모두 유산층이었으며 상인, 법률가, 귀족, 흥기 또는 몰락하는 젠트리로 구성됐다는 점에서 '혁명' 의 계급적인 성격보다는 종교적인 성격을 강조하는 것이 일반적이다. 청교도 혁명이라는 명칭은 잉글랜드 고유의 의회주의를 확립하려는 혁명이었다는 점을 반영하지 못하기 때문에 그냥 '영국 혁명' (잉글랜드 혁명이라고 해야 옳을 것이다)이라고 부르기도 한다. 수정주의 역사가들은 '혁명' 이라는 용어 자체를 거부한다.

그것은 근대적인 시민 혁명이 아니라 유럽 최후의 종교 전쟁이었으며 잉글랜드 최후의 중세적인 귀족 전쟁이었다는 것이다.

엘리자베스 여왕이 죽자 스코틀랜드의 제임스 1세(재위 1603~1625)와 그의 아들인 찰스 1세(재위 1625~1649)가 잉글랜드의 왕위를 계승했다. 잉글랜드의 정치 현실에 적응하지 못한 제임스와 찰스는 왕권신수설을 주장하여 의회와의 대립을 자초했다. 전비를 조달하기 위해 왕이 의회를 소집하자, 의회는 "의회의 승인 없이 과세 없다.", "자유민은 이유 없이 구속할 수 없다." 등의 내용을 담은 '권리청원'(1628)을 제출했다. 그러자 찰스는 의회를 해산하고 의회 없는 통치에 들어갔다. 찰스는 재정 지출을 줄이기 위해 전쟁을 포기했으며, 선박세 등의 새로운 세원을 발굴하면서 재정을 꾸려 나갔다. 의회 없이 통치하려면 전쟁이 일어나지 말아야 했다. 그러나 영국 국교회의 기도서를 스코틀랜드 교회에 강요하려는 데에 스코틀랜드인들이 반발하여 폭동을 일으키자 의회를 소집하지 않을 수 없었다.

1640년 소집된 '장기 의회'는 찰스의 측근들을 사형시키고 국왕의 의회 해산권을 제약하는 법을 통과시키는 등 왕권 규제에 나섰다. 찰스는 스코틀랜드로 가서 군사를 일으키려고 했으나 실패했다. 아일랜드에서 대규모 반란이 일어나 수천 명의 프로테스탄트 정착민들을 학살하자 아일랜드 원정을 둘러싸고 왕과 의회가 대립했다. 찰스를 의심한 의회는 사령관을 의회에서 임명하려고 했다. 1642년 1월, 찰스는 주도적인 의원들을 체포하기 위해 직접 무장 호위병들을 이끌고 의회로 진입했다. 런던의 민병대가 소집되자 찰스는 런던을 떠나 국왕 지지가 강한 북쪽으로 갔다. 왕당파와 의회파 사이에 내전이 벌어진 것이다.

국교도들은 대부분 왕당파였고, 청교도들은 대부분 의회파였다. 싸움은 대도시인 런던과 해군의 지지를 받은 의회파가 우세했다. 의회파는 스코틀랜드인들과 동맹을 맺어 잉글랜드에 장로교를 세울 것을 약속함으로써 스코틀랜드 군대를 끌어들였으나, 왕당파는 아일랜드의 지원을 받지 못했다. 의회군은 마스톤 무어 전투에서 승리를 거두었는데, 이때부터 철기병 지휘관인 올리버 크롬웰이 부상하기 시작한다. 크롬웰은 젠트리 출신이며 청교도였다. 그는 승리를 거둘 때마다 잉글랜드를 새로운 예루살렘으로 인도하기 위해 하느님이 그와 그의 군대를 예비했다는 믿음을 다져 나갔다. 크롬웰이 새로 편성한 '신형군(new model army)'은 1645년 네이스비 전투에서 결정적인 승리를 거두었다. 1646년 찰스는 스코틀랜드인들에게 투항했다. 스코틀랜드인들은 찰스가 국민맹약에 서약할 것을 거부하자 찰스를 잉글랜드 의회에 넘겼다.

승리한 의회파는 새로운 질서의 수립을 둘러싸고 장로제를 전국적으로 실시하려는 '장로파'와 개별 교회들의 자유와 독립을 주장하는 '독립파'로 분열했다. 장로파는 의회를 기반으로 하고 있었으며, 독립파는 군대를 기반으로 하고 있었다. 의회가 군대 해산 명령을 내리자 군이 반발하여 군 지휘관들과 각 연대에서 선출된 2명의 장교 대표와 2명의 사병 대표들로 군 평의회를 구성했다. 크롬웰이 지휘하는 군은 장로파를 지지하는 런던으로 진입하여 11명의 장로파 지도자들을 의회에서 몰아냈다.

승리한 독립파 내부에서는 고급장교들(grandees)과 수평파(levellers)가 대립했다. 대부분 사병들로 구성된 수평파는 공화정, 종교적 관용, 십일조의 폐지, 법 앞의 평등, 인민 주권 등을 믿는 급진파였다. 이러한 대립을 틈타 찰스가 스코틀랜드로 도주하여 싸움을 재개했으나 크롬웰이 프레스톤에서 격파함으로써 제2차 내전은 쉽게 끝났다.

사태는 완전히 군의 수중에 들어갔다. 1648년 12월 크롬웰은 프라이드 대령을 시켜 장로파 의원들을 숙청했고, 1649년 1월에는 국왕을 처형했다. 왕으로서의 위엄을 지키고 죽은 찰스는 국교회의 신앙을 위해 목숨을 바친 순교자가 됐다. 찰스를 처형한 후, 급진파 의원들로 구성된 '잔부의회(Rump Parilament)'는 아예 군주정을 폐지하고 공화정을 수립했으며, 귀족원과 국교회도 폐지했다. 공화국(commonwealth)은 형식상으로는 의회가 최고 권력 기구였지만 실권은 크롬웰의 수중에 있었다.

아일랜드에서는 찰스를 지지하는 왕당파와 가톨릭교도들이 잉글랜드에 저항했다. 크롬웰은 아일랜드 반란을 진압하고 아일랜드 토지의 3분의 2를 프로테스탄트 정착민들에게 넘기는 등 가혹하게 처리했다. 스코틀랜드에서는 스코틀랜드 혈통의 국왕을 처형한 데에 대한 저항이 일어났다. 1649년 2월 스코틀랜드 의회는 찰스의 장남을 새로운 왕 찰스 2세로 받아들였다. 찰스 2세는 국민맹약에 서명함으로써 스코틀랜드인들의 충성을 확보했다. 스코틀랜드군은 잉글랜드에 침입했으나 패배했고 찰스는 프랑스로 도주했다. 크롬웰은 아일랜드와 스코틀랜드를 잉글랜드에 통합했다.

1653년 크롬웰은 잔부의회를 해산하고, 독립파 교회가 지명한 140명으로 새로운 의회(지명의회)를 구성했으나, 의회는 5개월 만에 권한을 크롬웰에게 돌려주고 해산했다. 크롬웰은 '통치 헌장'을 제정하고 호국경에 올랐다. 크롬웰은 가톨릭을 제외한 모든 종교에 관용을 선언했으며, 유대인에게도 잉글랜드 거주와 자유로운 신앙을 허용했다. 이단들에게 관용을 베푼다는 이유로 의회가 통치 헌장에 반대하자, 크롬웰은 의회를 해산시켰다. 이제 호국경 체제를 떠받치는 것은 군대밖에 없었다. 왕당파의 폭동이 일어나자, 크롬웰은 전국을 11개의 군관구로 나누고 사실상의 군사 독재를 실시했다. 크롬웰은 '왕'이라는 칭호를 끝내 거부했지만 호국경 체제는 왕정과 다름없었다. 호국경은 종신이었고 세습이 가능했기 때문이다. 크롬웰의 엄격한 청교도 정치에 대한 반감이 고개를 들면서 군주정에 대한 향수가 일어났다. 1658년에 크롬웰이 죽고 그의 아들인 리처드가 호국경에 취임했으나, 호국경 체제는 오래가지 못했다. 의회 선거에서 왕당파와 왕정을 지지하는 장로파 의원들이 다수를 차지했다. 의회는 찰스 2세를 불러오기로 결정함으로써 왕정복고가 이루어졌다. 크롬웰은 반역자로 규정되어 시체는 부관참시 되었고, 머리는 1684년까지 의회 바깥에 전시됐다.

잉글랜드는 다시 왕정으로 돌아갔지만 20년 동안의 내전은 소중한 정치적 유산을 남겼다. 혁명은 절대주의를 패퇴시키고 의회주의를 정착시켰다. 영국인들은 왕정을 복구하기 전에 먼저 의회를 복구하고 그 의회로 하여금 왕을 불러들이게 함으로써 의회가 잉글랜드 정부의 필수불가결한 일부임을 확인해 준 것이다.

▶ 관련 항목 : 청교도, 수평파

121 초야권
Droit de cuissage

초야권(初夜權)은 서양 중세의 영주가 농노의 결혼 첫날밤을 차지하는 권리이다. 중세의 영주는 자기 장원의 농노들에게 경제적인 강제와 경제 외적인 강제를 행사했다. 농노들은 이동의 자유가 없었으며, 부자유민임을 상징하는 슈바주 외에도 상속세, 혼인세 등을 냈다. 기본적으로 농노들은 영주의 절대적인 권력 앞에 거의 무방비 상태로 노출되어 있었으니, 영주가 초야권을 요구해도 거절하기 어려웠을 것이다.

영주가 농노의 성(性)을 착취했을 가능성은 높다. 그러나 그것이 초야권이라는 형태로 공인됐다고 말할 수 있기 위해서는 역사적인 증거가 필요하다. 물론 사료가 없지는 않다. 1247년에 작성된 몽생미셸 수도원 자료에는 영주가 초야권을 가지고 있음을 시사하는 내용이 들어 있다. 그러나 역사가들은 이 사료를 신뢰하지 않는다. 역사가들의 사료 비판에 의하면, 이 문서는 수도원과 세속 영주가 마찰을 빚고 있던 상황에서 수도자들이 세속 영주의 야만성을 과장하기 위해 꾸며낸 위조문서이다. 근대에 들어 초야권을 비판하는 문서들이 늘어났지만, 역사가들의 신뢰를 받지 못하기는 마찬가지이다.

초야권으로 비난받는 사람들은 세속 영주들만이 아니다. 가톨릭 성직자들도 초야권을 행사했다는 비난을 받았다. 그러나 성직자 초야권은 가톨릭교회가 요구한 결혼 후 3일간의 금욕을 피하기 위해 결혼 당사자들이 교회에 돈을 지불하는 관행에서 빚어진 오해이다.

초야권은 담론적으로는 실재했지만 역사적으로는 실재하지 않았다. 초야권은 중세와 근대의 싸움, 국왕주의자들의 봉건 사회에 대한 비판, 가톨릭과 프로테스탄트의 싸움, 19세기 반교권주의자들의 가톨릭 비판 등이 만들어 낸 '신화'이다.

▶ 관련 항목 : 농노

122 칼뱅주의
Calvinisme

칼뱅은 1509년에 프랑스 북부 누아이용에서 출생했으며 대학에서 법학을 공부했다. 1534년 격문 사건 이후 프로테스탄트들에 대한 박해가 시작되자, 바젤로 도주하여 1536년에 『그리스도교 강요』를 출판했다. 주네브에서 잠시 목사 생활을 한 후 스트라스부르에서 활동했는데, 이곳에서 가까이 지낸 재세례파

♠ 장 칼뱅(Jean Calvin, 1509~1564).

목사의 미망인인 이델레트 드 뷔르와 결혼했다. 둘 사이에는 자식이 없었다. 아내가 죽은 후에도 칼뱅은 재혼하지 않았다. "나와 결혼하면 누구든지 행복하지 못할 것입니다. 나는 하느님을 더욱 자유롭게 섬길 수 있도록 결혼을 피하고 싶은 것입니다." 칼뱅은 주네브에서 '신정정치'를 한 후 1564년에 사망했다.

칼뱅 신학의 특징은 하느님의 전지전능함을 강조하는 것이다. 하느

님은 자기의 영광을 위해 천지를 창조했고, 우주는 하느님의 의지에 철저히 의존하고 있다. 인간은 원죄로 말미암아 하느님의 은혜로부터 떨어져 나왔으므로 태어날 때부터 죄인이며, 손발이 악에 결박되어 있어 도저히 풀려날 수 없는 존재이다. 그럼에도 불구하고 하느님께서는 인간이 모르는 이유로 어떤 사람들에게는 영원한 구원을 예정했고, 어떤 사람들에게는 지옥의 고통을 예정했다. 인간은 자기의 운명을 바꿀 수 없다. 그들의 영혼에는 하느님의 축복 또는 저주의 낙인이 찍혀 있기 때문이다.

그렇다고 그리스도교인들이 현세의 삶에 무관심해도 좋다는 것은 아니다. 선택된 사람이라면, 하느님은 그들에게 올바르게 살고자 하는 욕망을 심어 줄 것이다. 올바른 행위를 한다는 것은 그 사람이 영광의 보좌에 앉도록 선택받았음을 보여주는 징표이다. 칼뱅은 경건하고 도덕적이고 적극적인 삶이야말로 기독교 공동체 구성원들에게 부여된 의무라고 주장했다. 칼뱅이 생각한 훌륭한 기독교인은 자신을 지상에서 하느님의 섭리를 수행하는 도구로 생각해야 하며, 자신의 영혼 구원을 위해서가 아니라 하느님의 영광을 위해 노력해야 한다. 칼뱅은 『그리스도교 강요』에서 다음과 같이 말했다.

> 우리가 우리 형제들 중 하나를 다치게 하고, 중상하고, 조롱하고, 모욕하고, 상하게 하면 그와 동시에 그 안에 계신 그리스도를 다치게 하고, 중상하고, 조롱하고, 모욕하는 결과를 빚기 마련이다. 우리가 우리 형제들과 불화하게 되면 그와 동시에 그리스도와도 불화하지 않을 수 없는 것이다. 우리가 우리 형제 안에 계신 그리스도를 사랑하지 않고는 그리스도를 사랑할 수 없는 것이다.

♠ 제네바(주네브)에 있는 칼뱅의 부조물. 왼쪽에서 두 번째가 칼뱅.

칼뱅은 신학적인 면에서 루터의 영향을 받았다고 인정했지만, 그의 종교적 가르침은 루터의 가르침과 여러 면에서 달랐다. 첫째, 그리스도교인이 세상에서 취해야 할 합당한 행동에 대해서 칼뱅은 루터에 비해 적극적이었다. 루터는 훌륭한 기독교인이라면 현세에서의 고난과 시련을 참고 견뎌야 한다고 주장한 반면, 칼뱅은 부단한 노력으로 하느님을 위해 이 세상을 정복해야 한다고 가르쳤다. 둘째, 칼뱅의 종교는 루터의 종교에 비해 율법적이고 구약 신앙에 가까웠다. 이것은 두 사람의 안식일 준수에 대한 태도에서 잘 드러난다. 루터는 안식일에 신자들이 교회에 다녀 온 후에 오락이나 일을 삼가해야 한다고 말하지 않았으나, 칼뱅은 유대인의 안식일 개념을 부활시켜 세속적인 일을 금지시켰다. 마지막으로 두 사람은 교회 행정과 예식의 근본 문제에서 현저한 입장

♠ 칼뱅의 제네바 아카데미. 1559년에 설립된 이곳은 수많은 신학생들이 공부하며 제네바 부흥운동의 본산이 됐다.

차이를 보였다. 루터는 가톨릭의 위계 제도와 결별했다고는 하지만, 루터주의에서 감독은 주교와 다를 바 없었다. 루터는 제단과 예복 같은 가톨릭의 특징들을 유지했으나, 칼뱅은 가톨릭의 냄새가 나는 것들을 모두 거부했다. 그는 위계 제도의 모든 흔적을 제거할 것을 주장했고, 신도들이 목사들을 선출하도록 했으며, 목사들과 장로들로 이루어진 평의회가 교회를 다스리도록 했다. 예배를 간소화하고 예식, 예복, 악기, 성상, 스테인드글라스 등을 금지시켰다. 이러한 가르침이 실천에 옮겨지자 칼뱅주의 신도들의 예배는 '4면의 벽과 설교' 속에서 이루어지게 됐다.

칼뱅은 자신의 가르침을 실천에 옮겼다. 1541년에 주네브에 복귀한 후 주네브 시의 정치와 종교를 장악했다. 칼뱅은 '신정 정치'를 펼쳤다. 도시의 최고 권력은 12명의 평신도 장로와 5명의 목사로 구성된 당회가 장악했다. 칼뱅은 의장의 직무를 수행한 적은 없지만, 1564년에 사망할 때까지 당회의 결정을 좌지우지했다. 당회는 법안을 통과시키는 일 이외에도 도덕을 감시하는 일을 담당했다. 교회 회의에서 파견한 감시인은 불시에 가정을 방문하여 가족들의 생활을 검사했다. 온건한 오락도 금지됐다. 춤, 카드놀이, 극장 구경, 안식일에 일하거나 노는 행위 등 모든 것들이 악마의 소행으로 여겨져 금지됐다. 여인숙 주인은 식사 기도를 하지 않는 사람에게는 먹을 것이나 마실 것을 주어서는 안 되고, 손님이 9시 이후에는 잠자리에 들도록 해야 했다. 벌칙은 엄했다. 살인이나 반역뿐만 아니라 간음, 마술, 신성모독, 이단 등도 사형과 같은 중죄로 다스렸다. 칼뱅의 신정 정치는 처음 4년 동안 집행된 사형 건수만 58건에 이른다. 당시 주네브 시 전체의 인구는 겨우 1만6천 명이었다.

신정 정치는 종교 독재나 다름 없었다. 그러나 주네브는 일부 프로테스탄트 지도자들에게는 완전무결한 프로테스탄티즘을 상징하는 횃불로 비쳤다. 칼뱅의 제자로서 칼뱅주의를 스코틀랜드에 도입한 존 녹스는 칼뱅의 주네브야말로 '사도 시대 이래 지상에 등장한 가장 완벽한 그리스도의 학교'라고 선전했다. 많은 외국인들이 피난처를 찾거나 가르침을 구하기 위해 '완벽한 학교'로 몰려들었다. 칼뱅은 선교사를 파견하여 선전 공세를 강화했다. 16세기 중반부터 주네브는 프로테스탄트 신앙을 전파하기 위한 전투적인 공동 전선의 핵심 본부가 됐다. 칼뱅주의자들은 스코틀랜드에서 다수파가 되었고, 잉글랜드에서는 청교도 세력을 형성했으며, 네덜란드에서도 다수파가 됐다. 프랑스의 칼뱅주의자인 위그노들은 강력한 소수 세력으로서 가톨릭에 저항했다. 칼뱅주의 설교자들은 유럽의 거의 모든 지역에서 열성적으로 노력했다. 칼뱅주의가 확산되면 확산될수록 가톨릭의 대응 또한 단호해졌다. 그 결과 프랑스에서는 1562년에서 1598년까지, 독일에서는 1618년에서 1648년까지 피비린내 나는 '종교 전쟁'이 벌어졌다.

▶ 관련 항목 : 루터주의, 청교도

123 콘스탄티누스 황제의 기진장
Donatio Constantini

♠ 콘스탄티누스 황제의 기진 장면이 있는 8세기의 프레스코화.

이 문서는 콘스탄티누스 황제가 교황 실베스터 1세(314~335)가 자기의 나병(癩病)을 기적적으로 치유해 주고 자기를 그리스도교로 개종시켜 준 데에 대한 감사의 뜻으로 실베스터 1세와 그의 후계자들에게 로마와 서부 제국 전역에 대한 세속적인 지배권과 동방교회에 대한 우위권을 부여했다는 거짓 문서이다. 이 문서는 9세기에 『거짓 교령집』에 포함되었고, 11세기에 그라티아누스의 『교령집』에 포함됐다.

이 문서는 1054년 동서 교회가 분리될 무렵, 교황 레오 9세가 콘스탄티노플 총대주교에게 보내는 편지에서 처음 인용됐다. 교황들과 교회법학자들은 교황의 요구를 뒷받침하고 세속의 권력에 대항하여 교황의 권력을 옹호하기 위해 이 문서를 무기로 사용했다. 그러나 황제가 자기의 영토를 나누어 주었다는 것과 교황이 황제로부터 영토와 권력을 부여받았다는 것에서 신뢰성을 의심받아 오다가, 1440년에 르네상스 인문학자인 로렌조 발라의 문헌 비판에 의해 위조문서임이 입증됐다. 교황청은 이 문서가 위조문서임을 19세기에야 인정했다.

  이 문서는 750~800년 사이에 위조되었을 것으로 추측된다. 751년에 메로베우스 왕조를 무너뜨리고 왕이 된 페피누스는 합법성을 확보하기 위해 교황의 도움이 필요했고, 교황은 교황대로 새로운 보호자가 필요했다. 754년 페피누스는 과거에 콘스탄티누스 대제가 교황 실베스터에게 했듯이, 교황의 말을 끄는 몸짓을 재현하여 교황에 대한 존경심을 표명했고, 교황은 그에게 새로운 축성을 베풀었다. 페피누스는 교황청을 위협하고 있던 롬바르드족에게서 땅을 빼앗아 그 땅을 교황에게 주었다. 그런데 이 땅은 비잔티움 제국의 땅이었다. 아마도 이런 상황에서 교황은 이 땅이 원래 자기의 땅이었음을 주장하기 위해 콘스탄티누스 황제의 기진장이라는 거짓 문서를 만들었을 것으로 추측할 수 있다.

124 타보르파
Taborites

　타보르파(taborites)는 1415년 콘스탄츠 공의회에서 이단으로 몰려 화형을 당한 보헤미아의 종교 개혁가 얀 후스(Jan Hus)의 지지자들 가운데 급진파를 가리킨다. 이들은 1419년에 남부 보헤미아에 있는 언덕에 모여 복음 설교를 듣고 양형영성체(utraquism)를 실시했다. 가장 중요한 장소에는 타보르 산(山)이라는 성서적 이름을 붙였는데, 타보르파라는 이름은 여기에서 유래한 것이다. 1419년 7월 22일 타보르 산에서, 왕국의 전역에 모여든 수천 명의 남녀가 참가한 야외 집회가 열렸다.

　천년왕국사상은 1420년 초 몇 달 동안 타보르파를 고양시켰다. 타락한 '바빌론'에서 떠나라는 권고는 죄 많은 세상에 대한 하느님의 보복 이후에 세워질 새로운 세상에 대한 설계로 옮겨갔다. 타보르파는 그들의 공동체 바깥에 머물러 있는 사람들을 전멸시키라는 사명을 부여받은 하느님의 천사가 됐다. 형제애적인 삶, 비억압적인 쾌락, 노동의 저주가 없는 물질적인 안락, 고통·질병·죽음 없는 즐거운 삶, 에덴동산의 원죄 없는 상태로의 복귀라는 매력적인 판타지가 타보르파를 고양시켰다.

　이들은 성찬 교리를 영적으로 변화시켰다. 여기서 그리스도는 잔치에 참여한 형제들과 자매들 사이에 영적으로 존재했다. 급진주의자들의 에로틱한 잠재력은 아다미티즘(Adamitism, 나체로 제식을 거행하면서 형제애적인 사랑을 불태우는 것)으로 발전했다. 이러한 경향은 타보르파의 안정을 위협하는 것이어서 이들은 타보르에서 쫓겨났으며, 1421년 타보르파 군대에 의해 전멸됐다.

125 테르미도르 9일
Thermidor

테르미도르(Thermidor)란 그레고리우스 달력으로 환산하면 7월을 가리킨다. 1793년 10월 국민 공회는 1792년 9월 22일을 한 해의 시작으로 하는 혁명력을 제정했다. 1년은 12개월, 1달은 30일, 1주를 10일로 하였으며 나머지 5일은 상퀼로트의 축제일로 삼았다. 달의 이름도 기후와 계절적인 특징을 따서 붙였다. 가을은 방데미애르(포도의 달)·브뤼매르(안개의 달)·프리매르(서리의 달), 겨울은 니보즈(눈의 달)·플리비오즈(비의 달)·방토즈(바람의 달), 봄은 제르미날(맹아의 달)·플로레알(꽃의 달)·프레리알(목장의 달), 여름은 메시도르(보리의 달)·테르미도르(熱月, 열의 달)·프뤽티도르(열매의 달)이다. 혁명력은 반그리스도교 운동의 여파라고 볼 수 있다. 일요일을 없앴기 때문에 사람들은 미사를 보는 데 어려움을 겪었다. 노동자들은 휴일이 줄어들어 불만이었다. 혁명력은 나폴레옹에 의해 1806년 1월 1일부터 폐지됐다.

테르미도르 9일은 7월 27일이다. 테르미도르 8일, 로베스피에르는 오래간만에 국민 공회에 나와 반대파를 공격했고, 공포 정치가 과격해진 책임을 관용파를 가장한 잔인한 공포 정치가들의 탓으로 돌렸다. 그러나 그는 자신이 고발한 의원들의 이름을 밝히기를 거부했다. 의원들은 모두 위협받고 있다고 느꼈다. 바레르, 비요 바렌, 콜로 데르부아가 주동이 되어 오래 전부터 로베스피에르의 몰락을 획책해 온 의원들과 평원파가 공모했다.

테르미도르 9일, 국민 공회의 본회의가 개회했다. 음모자들의 의사 방해 공작으로 생쥐스트와 그의 뒤를 이은 로베스피에르는 침묵을 강요당했다. 파리 국민 방위대 사령관인 앙리오와 혁명재판소 재판장인 뒤마에 대한 체포안이 통과됐다. 루셰의 발의에 따라, 로베스피에르, 쿠통, 생쥐스트에 대한 체포안이 통과됐다. 이에 반발하여 파리 코뮌이 민중 봉기를 시도했지만, 이미 지도부를 잃은 파리 코뮌은 무력했다. 테르미도르 10일 저녁, 로베스피에르·생쥐스트·쿠통 그리고 그들을 지지했던 19명이 재판 없이 단두대에서 처형당했다. 그 다음날에는 71명이 처형당했다.

로베스피에르는 "공화국은 망했다. 악당들이 승리했다."고 외친 반면, 콜로 데르부아는 "이것은 독재에 반대한 봉기이고, 조국을 구한 봉기이다."라고 선언했다. 바레르는 "5월 31일에는 민중이 혁명을 했고, 테르미도르 9일에는 국민 공회가 혁명을 했다. 자유는 이 둘 모두에게 똑같이 박수를 쳤다."고 말했다. 테르미도르 9일은 프랑스 혁명사 해석의 뜨거운 감자이다. 테르미도르 9일을 'reaction'으로 표현하는 것이 보통이나, 그것의 번역어인 '반동(反動)'은 지나치게 편향적이다. 그것은 혁명에 반대하는 왕당파의 반동이 아니었기 때문이다. 그것은 혁명이 입헌 군주정→부르주아 공화정→민중 공화정으로 진행하는 것을 다시 부르주아 공화정으로 되돌린 것이다. 궤도를 이탈하여 탈선한 혁명, 공포 정치와 전쟁이라는 두 바퀴에만 의지하여 파멸로 치닫던 혁명을 구하려는 노력으로 볼 수 있을 것이다. 그러나 이미 혁명은 혁명가들의 통제에서 벗어나 있었기 때문에, 혁명을 안정시키는 데는 다른 힘이 필요했다. 군사력을 가진 나폴레옹이 그 역할을 맡게 된다.
▶ 관련 항목 : 프랑스 혁명

126 트렌토 공의회
Council of Trento

트렌토 공의회는 종교개혁에 대한 대책을 마련하기 위해 이탈리아의 북쪽에 있는 트렌토에서 1545~1547년, 1551~1552년, 1562~1563년에 열린 제19차 보편 공의회이다. 루터는 1520년에 교황의 교서를 불태우면서 보편 공의회의 소집을 요구한 바 있다. 교황은 공의회 소집을 기피했으나 프로테스탄티즘이 확산되자 공의회 소집을 더 이상 미룰 수 없었다. 트렌토 공의회는 예수회의 창설과 함께 대응 종교개혁의 핵심 요소를 구성한다.

기본 교리에 있어서 트렌토 공의회는 프로테스탄트 개혁가들이 공격한 교회의 교리들을 모두 재확인했다. 교리상에는 아무런 잘못이 없다는 것이다. 선행은 신앙만큼이나 구원에 필요하다고 인정됐다. 은총을 받기 위한 불가결의 수단으로서의 성사(聖事), 성(聖) 변화, 사제직의 사도 계승, 연옥에 대한 믿음, 성인에 대한 기도, 성모 마리아와 성인 숭배, 성물의 효력, 성직자의 독신 규정 등도 모두 가톨릭교회의 본질적인 요소로서 인정됐다. 그리스도교 신앙의 합당한 근거가 무엇인가에 대해서는 성경과 사도 전승이 동등한 권위를 갖는 것으로 인정됐다. 불가타 성서의 전통적인 권위도 인정됐다. 모든 주교와 사제들에 대한 교황의 수월성, 공의회에 대한 교황의 수월성도 당연한 것으로 받아들여져, 교회의 군주제적인 통치가 그대로 유지됐다. 종교개혁의 기폭제가 되었던 면벌부 문제에 있어서도, 면벌부 판매와 관련된 수치

♠ 대응종교개혁의 선구였던 트렌토 공의회.

스런 행태는 정죄했지만 기본 교리는 인정했다.

트렌토 공의회의 결정은 교리 문제에만 한정되지 않았다. 그것은 부패를 근절하고 규율을 강화하기 위한 규정을 포함했다. 주교와 사제는 하나 이상의 성직록(聖職祿)을 받을 수 없게 되었고, 부재 성직자가 여러 수입원으로부터 재산을 취득할 수 없게 됐다. 또 무식한 성직자의 폐해를 없애기 위해 교구마다 신학교를 설립하도록 했다. 공의회는 이단적인 사상이 신자들을 타락시키는 것을 막기 위해 서적을 검열하기로 결정했으며, 1559년에 금서 목록을 발간했다.

▶ 관련 항목 : 금서목록

127 파리 코뮌
Paris Commune

이영희 교수의 『대화. 한 지식인의 삶과 사상』(2006)에는 파리 코뮌에 대한 이야기가 나온다. "내가 공부하면서 오랫동안 관심을 가져온 것이 파리 코뮌이오. 1871년 3월 공동체 구성원의 평등한 정치, 경제, 사회체제를 선언하고 시민의 독자적 정권을 수립한 파리 코뮌의 젊은 용사들이 지배 계급의 중앙 정권과 2개월 동안 벌인 투쟁 끝에 5월 27일, 마침내 그 영웅적 투사들 전원이 전사하고 마지막 몇 십 명이 계급 통치의 반동적 정부군에 의해 총살당한 피어린 역사적 장소인 파리 시립공원의 피에르 라시에즈 묘지가 그 목적지였어요. 인류사에서 처음으로 평등 사회를 건설하기 위해, '자유로운 노동', '평등의 정의', '우애로운 질서'라는 숭고한 이상을 위해서 궐기했던 수만 명의 노동자와 지식인의 공동 투쟁은 이렇게 막을 내린 거지."

한국의 지식인 대부분이 파리 코뮌에 대해 가지고 있는 생각일 것이다. 코뮌군의 처참한 패배 이후 신화가 탄생했다. 마르크스의 『프랑스의 내전』에서 탄생한 그 신화는 파리 코뮌이 최초의 사회주의 정부였다는 것이다. 물론 파리 코뮌은 난동의 온상이며, 붉은 혁명가들과 거친 무정부주의자들 그리고 미친 여자들의 전당이라는 신화도 탄생시켰지만, 역사에서 승리한 것은 마르크스주의적 신화였다. 이영희 교수

♠ 파리 코뮌 당시의 파리의 모습.

도 이 신성한 신화를 신봉하는 것 같다. 고등학교 세계사 교과서는 "파리의 사회주의자와 노동자들은 파리 코뮌을 수립하고 정부에 대항했다."며 그 계급적 성격을 강조하고 있는데, 이 역시 신화를 받아들인 결과가 아닌가 싶다. 그러나 역사가들의 이야기는 다르다.

프랑스 제2제국의 마지막 해를 빅토르 위고는, '잔인한 해'라고 표현했다. 1870년 7월~1871년 5월 전쟁과 내전이 계속됐다. 1870년 7월 13일 엠스전보사건으로 긴장이 고조되었고, 7월 19일 프랑스는 독일에 선전 포고를 했다. 스당 전투에서 패배한 나폴레옹 3세가 항복을 선언했지만, 1870년 9월 4일 파리 시청에서 공화파 의원들은 제3공화정을 선포하고 전쟁을 계속했다. 9월 19일부터 이듬해 1월 28일까지 계속된 독일군의 포위 공략으로 기근이 발생하여 말, 고양이 심지어 쥐까지 먹었으며 추위까지 겹쳐 참혹한 피해가 발생했다. 34만 명의

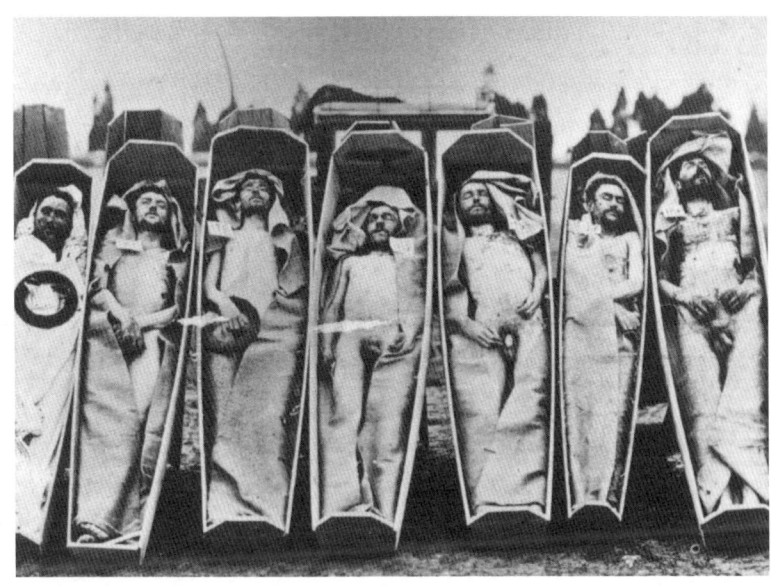

♠ 파리 코뮌 당시 교전 중 숨진 사람들.

국민 방위대는 혁명적 사회주의의 선전을 받아들여 1793년의 부활을 꿈꾸었다. 전황이 절망적이었고 파리에서 사회주의 혁명의 가능성이 커지자 임시 정부는 독일과의 협상을 택했다. 1월 28일 프랑스는 항복했다. 행정 수반이 된 티에르는 50억 프랑의 배상금을 지불할 때까지 독일의 점령을 받아들이고, 알자스 및 로렌 지방 일부를 독일 제국에 양도한다는 무거운 평화 조건을 받아들였으며, 1871년 5월 10일에 프랑크푸르트에서 공식적으로 평화 조약을 체결했다.

파리는 농촌적이고 왕당파적이며 항복한 사람들이 지배하는 의회의 결정을 받아들이지 않았다. 파리는 공화정을 지지했고, 전쟁을 계속하기를 원했다. 구체제의 상징인 베르사유에 자리잡은 의회는 파리 시민들이 겪는 고통에 대해 무지를 드러냈다. 국민 방위대의 봉급이 폐지되었고, 경제 활동과 노동이 재개되지 않은 상태에서 집세와 부채의 지불 유예가 철회되었기 때문에, 민중은 생존의 위기로 내몰렸다. 정규군이 국민 방위대의 대포를 회수하려고 하자, 병사들이 하극상을 보였고, 두 명의 장군이 살해당했다. 정부는 파리에서 베르사유로 도피했다.

수도의 주인이 된 국민 방위대의 중앙위원회는 3월 26일 선거를 실시했는데, 파리 시민의 절반만이 선거에 참여했다. 3월 28일 '파리 코뮌'이 구성됐다. 프랑스 혁명을 준거로 하여 만들어진 이 용어는 새로운 혁명 정부를 가리킨다. 코뮌의 정치적인 구성은 1793년의 재현을 꿈꾸는 자코뱅파, 민중 독재를 지지하는 블랑키파, 지방분권을 원하는 무정부주의 프루동파, 사회주의적인 개혁을 원하는 제1인터내셔널파 등 다양했다. 4월 19일 만장일치로 채택된 '프랑스 국민에게 보내는 선언'은 공화국을 수립할 것이며, 공화국은 더 이상 중앙 집권적이 아니라 프랑스의 모든 코뮌들의 연방일 것임을 선언했다. 이 무렵의 파리 코뮌을 지배한 것은 프루동주의였다. 코뮌은 교회와 국가의 분리, 상비군 폐지, 세속 의무 교육, 야간 노동 금지, 결혼 당사자의 합의에 의한 결혼, 사생아 인정, 재판의 무료화, 집세의 지불 유예, 전당포에 보관되어 있는 물품을 주인에게 돌려주기, 주인이 포기한 작업장의 코뮌화 등의 사회 정책을 발표했다. 포위 공략을 당하는 상황이었기 때문에 코뮌의 정책에 일관성은 없었지만, 확실한 것은 코뮌이 공화정, 도시의 자치, 독일에 대한 저항을 원했다는 점은 틀림이 없다.

5월 21일 베르사유군이 밀고 들어왔다. '피의 일주일(1871년 5월 21일~5월 28일)'이 시작된 것이다. 베르사유군과 코뮌군 사이에 처절한 전투가 벌어졌다. 베르사유군은 코뮌군을 대량 학살했고, 코뮌은 파리 대주교인 다르부아와 같은 인질들을 처형했다. 5월 28일, 파리의 시립 공동묘지인 페르 라셰즈의 한 벽에서 코뮌군 147명이 처형됐다. 베르사유군은 887명, 코뮌군은 2만여 명이 죽음을 당했다. 4만 명 가까운 파리 시민이 체포되었고, 7천5백 명의 코뮌 가담자들이 유배됐다.

참으로 참혹한 진압이었다. 생존자들은 복수를 꿈꾸었고, 1917년 러시아 혁명의 볼셰비키들은 코뮌파의 복수를 했다고 선언했다. 파리 코뮌을 감싸고 있는 사회주의 신화가 완성된 것이다. 사회주의자들뿐만 아니라 보수주의자들도 사회주의를 파리 코뮌의 원인으로 지목하기도 했다. 그러나 역사가들의 연구에 의하면 그것은 원인이라기보다는 결과였다. 사실 파리 코뮌에서는 부르주아 정부를 즉각적으로 프롤레타리아 정부로 전환하자는 마르크스보다는 무정부주의인 프루동이나 바쿠닌의 영향이 더 컸다. 마르크스주의가 프랑스의 정치에서 강력한 세력으로 등장하는 것은 파리 코뮌 이후이다.

128 파시즘
Fascism

파시즘은 고대 로마의 최고 권력자인 집정관(consul)이 행진할 때 선도병들이 들었던 파스키스(Fascis)에서 유래한 단어이다. 파스키스는 여러 개의 나뭇가지들 사이에 도끼를 끼워 만든 것으로 국가의 권위와 결속을 상징한다. 우리에게 친숙한 파쇼(Fascio)라는 이탈리아어는 라틴 어 파스키스에서 나온 말로, '묶음', '다발'이라는 뜻이다. 전체를 위해 개인을 희생할 것을 요구하는 파시즘의 기본 이념을 잘 보여주는 상징이다.

파시즘은 1919년 3월 23일 밀라노에서 무솔리니가 '파시 디 콤바티멘토(전투단)'를 창설함으로써 탄생했다. 그로부터 3년이 지난 1922년, 파시스트 행동대인 검은 셔츠단의 폭력적인 로마 진군을 통해 정부를 위협했다. 국왕 에마누엘레 3세는 무솔리니를 총리로 임명함으로써 무솔리니의 압력에 굴복하고 말았다. 프랑스에서는 1924년 선거에서 좌파 연합이 다수당이 되자, 1911년에 민족주의 노동자 조직인 '프루동 서클'을 설립했던 조르주 발루아가 '페소(Faisceau)'를 세웠다. 페소의 명칭과 행동 양식은 무솔리니의 파시즘을 직접적으로 모방한 것이었다.

무솔리니가 만들어 낸 신화는 독일에서도 재현됐다. 1920년에 국가사회주의 독일 노동자당, 일명 나치당을 만든 히틀러는 1923년 뮌헨의 맥주홀에서 개최된 민족주의자 집회에서 쿠데타를 시도했으나 실패했다. 첫 번째 '진군'에서 저지당한 히틀러는 무력으로 권력을 잡으려는 시도를 포기하고 암중모색하고 있었는데, 1930년대 대공황의 위기가 기회를 가져다주었다. 정부는 마비 상태에 빠졌고, 수백만 명이 일자리를 잃으면서 파시즘 운동은 동력을 되찾았다. 이탈리아의 사례는 파시즘 운동을 질서와 국가 권위, 경제 생산성 회복을 꾀할 새로운 방법으로 각광을 받게 한 것이다. 나치당은 1932년 의회 선거에서 제1당의 위치를 차지했다. 1933년 1월 30일 힌덴부르크 대통령은 히틀러를 총리로 임명함으로써 나치의 시대를 열어 주었다.

파시즘은 1922년에 이탈리아에서 출생했지만, 그것이 이탈리아에서만의 상황이 아니라 프랑스, 독일을 비롯한 전 유럽적인 상황이었다는 사실은 당시의 유럽이 정치·경제적으로는 물론이고 사회·문화적으로도 공통된 문제에 직면해 있었음을 알려준다. 파시즘은 제1차 대전의 부산물이다. 제1차 세계 대전은 파시즘이 탄생할 수 있는 문화적·사회적·정치적 기회를 제공했다. 문화적으로는 미래에 대한 낙관적이고 자유주의적인 전망이 흐려졌고, 사회적으로는 전쟁이 양산한 퇴역 군인들은 법과 도덕을 무시하고 자신들의 불안과 분노와 환멸

♣ 무솔리니(Benito Amilcare Andrea Mussolini, 1883~1945). 무솔리니가 이탈리아 제국의 상징인 독수리 상 옆에 포즈를 취하고 있다.

을 표현할 길을 찾아 헤맸으며, 정치적으로는 전쟁은 기존의 제도—자유주의건 보수주의건 간에—가 지닌 역량으로는 해결할 수 없는 사회적이고 경제적인 긴장을 야기했다.

이탈리아는 제1차 세계 대전의 승전국이었음에도 불구하고 기대와 요구에 미치지 못하는 보상을 받았다. '기형적 승리'에 대한 이탈리아의 여론은 연합국과 정부 모두에 대해 격노했다. 한때 사회주의자였던 무솔리니는 제1차 세계 대전에 참전하면서 열렬한 민족주의자로 전향했으며, 대전이 끝나자 제대 군인들을 모아 '전투단'을 조직했다. 패전국 독일은 뿌리까지 흔들릴 정도로 타격을 받았다. 패배하기 몇 주 전까지 독일의 지도자들은 승리를 장담했기 때문에 독일인들이 받은 심리적 충격은 훨씬 컸다. 독일인들의 긍지와 자존심은 산산이 부서졌고, 독일인들은 '등에 비수를 꽂은' 내부의 반역자들에게 패전의 책임을 돌렸다. 상병 아돌프 히틀러는 독일 패전의 충격으로 히스테리성 실명에 걸릴 정도였다.

파시즘은 1917년 볼셰비키 혁명에 대한 반발이다. 독일과 이탈리아는 사회주의의 위협이 특히 강했던 지역이었다. 유산 계급은 붉은 혁명의 확산에 대한 공포에 사로잡혀 이를 저지할 수 있는 강력한 대안 세력으로 파시즘에 기대를 걸었으며, 제대 군인들은 제1차 세계 대전 중에 사회주의자들이 보여준 반국가적인 태도 때문에 이들을 증오했다. 이들은 사회주의자들을 내부의 적으로 규정했다. 무솔리니는 1919년에 밀라노에서 '민족주의에 반(反)하는 사회주의와의 전쟁을 선포' 했다. 히틀러의 '국가사회주의'라는 말 자체가 사회주의 인터내셔널에 대응하기 위해 고안된 말이었다.

파시즘은 이렇게 제1차 세계 대전, 볼셰비키 혁명, 경제 공황의 직접적인 산물이지만, 그것의 정신적·문화적인 뿌리는 계몽사상에 대한 반발로까지 거슬러 올라갈 수 있다. 파시즘은 개인의 자유, 평등, 이성이라는 자유주의 신념에 대한 부정 위에 서 있다. 개인의 자유 대신 공동체의 안정, 평등 대신 위계, 이성 대신 힘이 파시즘의 신념이었다. 위기의 시대에 사람들은 이성적 토론이나 민주주의적 절차에 대해 인내심을 잃어버린다. 경제적 안정이나 민족적 위대함을 위해서라면 기꺼이 정치적 자유를 희생한다. 기본적으로 파시즘은 '부정(否定)'의 이데올로기였기 때문에 일관된 체계를 가지고 있지 못했다. 파시즘은 개인주의에 대한 거부이면서 동시에 엘리트주의를 내세웠고, 대중에 대한 거부이면서 동시에 대중을 동원한 잡탕 이데올로기였다. 근본적으로 계몽사상에 대한 거부감이 확산되는 가운데 제1차 세계 대전, 볼셰비키 혁명, 경제 공황 등이 겹쳐 심리적 위기가 발생한 것이다.

무솔리니와 히틀러는 권력을 '강탈' 하지 않았다. 그들은 폭력적인 분위기를 조장하기는 했지만 합법적으로 권력을 잡았다. 파시즘은 내적 정화와 외적 팽창이라는 국민적 목표를 향해 대중의 분노와 열정을 동원하였으며, 실업과 같은 시급한 경제적인 문제를 해결했기 때문에, 적어도 집권 초기에는 대중의 광범위한 지지를 받았다. 파시즘은 대중 사회의 산물이다. 대중민주주의 사회의 성립 이전의 권위주의 독재는 비록 그것이 파시즘의 성격을 지니고 있다 해도 이러한 점에서 파시즘과 구별된다. 공산주의의 공식적인 해석에 의하면, 파시즘은 노골적인 테러리즘 독재이며 금융 자본 가운데 가장 반동적이고, 가장 국수적이며, 가장 제국주의적인 세력이며, 자본주의의 앞잡이로서 권력을 손에 쥔 폭력배들의 정치운동에 불과했지만, 파시즘이 대중의 광범위한 지지를 얻었다는 사실은 인정해야 한다. 대중이 파시즘에 대한 책임을 공유해야 하는 이유이다.

파시즘에 대한 권위 있는 연구자인 로버트 팩스턴 교수는 파시즘을 다음과 같이 정의한다. "파시즘은 공동체의 쇠퇴와 굴욕, 희생에 대한 강박적인 두려움과 이를 상쇄하는 일체감·에너지·순수성의 숭배를 두드러진 특징으로 하는 정치적 행동의 한 형태이자 그 안에서 대중의 지지를 등에 업은 결연한 민족주의 과격파 정당이 전통적 엘리트층과 불편하지만 효과적인 협력 관계를 맺고 민주주의적 자유를 포기하며 윤리적 법적 제약 없이 폭력을 행사하여 내부 정화와 외부적 팽창이라는 목표를 추구하는 정치적 행동의 한 형태이다."

▶ 관련 항목 : 국가사회주의, 전체주의, 비시 정부, 인종 학살

129 프랑스 혁명
French Revolution

　프랑스 혁명은 1789년 5월 삼신분회 소집으로 시작하여 1799년 11월 나폴레옹 보나파르트의 쿠데타로 끝난다. 이 10년의 기간 동안 프랑스는 전제군주정─입헌 군주정─온건 공화정─민중 공화정─온건 공화정으로의 부침을 겪다가 최종적으로는 나폴레옹 보나파르트의 제정으로 이어진다. 단순히 정치 체제로만 본다면 나폴레옹은 공화정을 무너뜨림으로써 혁명의 성취를 부정한 셈이지만, 나폴레옹의 제정이 루이 16세의 왕정과 동일하지는 않았다. 나폴레옹은 혁명을 끝냈지만, 혁명을 부정하고 왕정으로 복고한 것이 아니었다. 나폴레옹은 스스로를 혁명과 동일시했으며, 혁명의 성과를 제도화시켰다. 그는 무엇보다도 혁명에 수반된 혼란을 종식시켰다.

　프랑스 혁명의 직접적인 도화선은 재정 적자였다. 영국처럼 은행이라는 근대적인 금융 제도를 가지고 있지 못했던 프랑스(나폴레옹이 처음으로 은행을 만든다)는 만성적인 재정 적자에 시달렸다. 게다가 미국 독립 전쟁 참전 비용 20억 리브르는 3년치 국가 예산에 해당하는 금액으로 정부의 재정 부담을 가중시켰다. 재정 문제를 해결하기 위해서는 면세 특권을 누리고 있는 특권 신분(귀족과 성직자)에게 과세하는 방법밖에 없었다. 귀족들은 과세를 하기 위해서는 삼신분회의 소집을 요구했고, 그래서 절대왕정 시대에는 열리지 않았던 삼신분회가 열린 것이다. 역설적이게도 프랑스 혁명은 이렇게 귀족들의 요구로 시작됐다.

　베르사유에서 열린 삼신분회에 출석한 제3신분의 대표들은 과거의 대표들과 달랐다. 계몽사상의 영향을 받은 제3신분의 대표들은 기민하게 움직여 주도권을 잡았다. 그들은 6월 17일에 스스로 국민 의회를 자처하고, 20일에는 "헌법이 제정되어 확고한 토대 위에 자리를 잡을 때까지 결코 해산하지 않는다."고 맹세했다. 7월 9일 제헌 국민 의회가 출범했다. 심각성을 깨달은 국왕이 파리에 군대를 모으자, 7월 14일 파리의 민중이 전제정의 상징인 바스티유를 함락시켜 베르사유에 있는 의회를 구했다. 국왕은 삼색기를 받아들임으로써 혁명과 하나가 됐다. 10월에는 파리의 민중들이 베르사유에 내려가 국왕과 함께 파리로 올라왔다. 농민들도 혁명에 가담했다. 삼신분회가 열리기 이전인 1789년 봄부터 농민 반란은 빈발했다. 국민 의회 의원들은 8월 4일 밤에 봉건제의 폐지를 선언함으로써 농민들을 달랬다.

8월 26일 '인간과 시민의 권리들에 대한 선언(인권 선언)'이 발표됐다. 인간은 자유롭고 평등하게 태어났고, '소유권'은 자유, 안전, 압제에 대한 저항권과 더불어 '자연적이고 소멸할 수 없는 권리'이며 '불가침의 신성한 권리'라고 선언됐다. 인권 선언은 프랑스 혁명의 성격을 분명히 천명한 것이다. 그것은 '자유'의 혁명이었다. 그것은 '평등'의 혁명이었지만 권리의 평등, 기회의 평등이었지 '향유'의 평등은 아니었다. 프랑스 혁명은 '소유권'을 보장한 부르주아 혁명이었다.

프랑스 혁명은 자유주의적이며 부르주아적인 혁명으로 시작됐다. 그러나 혁명이 이 단계에서 머물 수는 없었다. 바스티유를 함락시킨 파리 민중은 '형제애'를 외치며 완전한 평등을 요구했다. 농민들은 봉건제의 유상 폐지에 만족하지 않았다. 점점 부르주아 혁명에 대한 내부의 적들이 늘어나기 시작했다. 재정 문제를 해결하기 위해 교회 재산을 몰수함으로써 교회가 혁명에 반발할 수 있는 소지를 만들었다. 국왕의 프랑스 탈출 미수 사건은 국왕을 어떻게 할 것인가를 놓고 혁명가들 사이에 분열을 일으켰다. 공화주의자들이 시위를 벌이자 국민 방위대가 총격을 가했다. 혁명가가 혁명가를 죽인 것이디. 혁명을 범

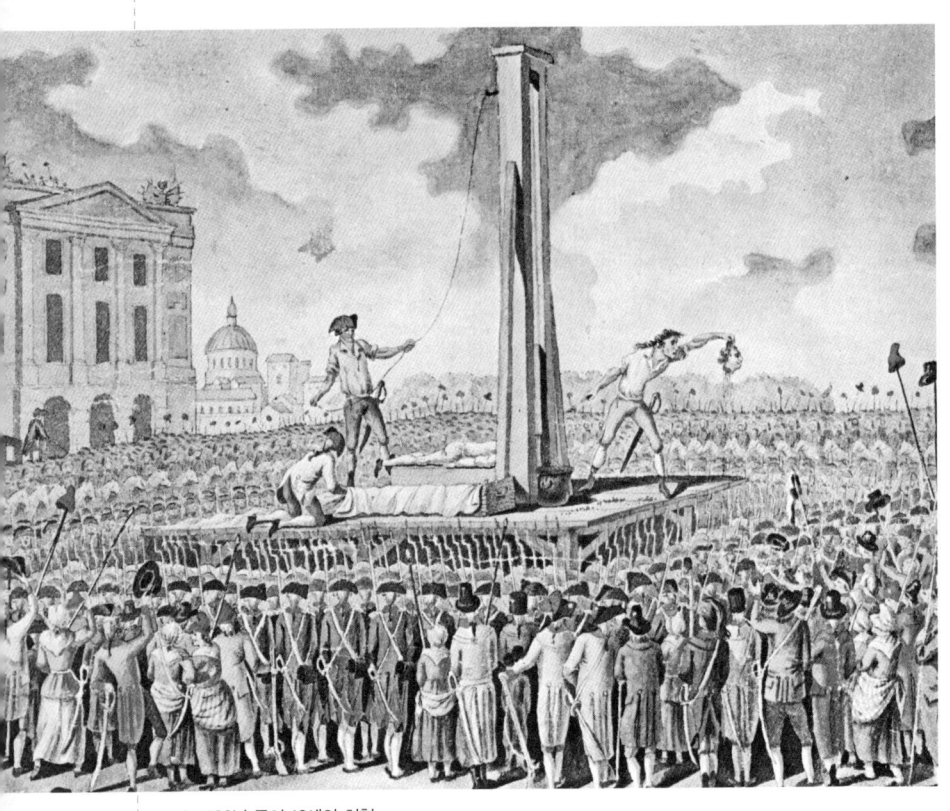

♠ 1793년 루이 16세의 처형.

추려는 혁명가들과 혁명을 전진시키려는 혁명가들 사이의 투쟁으로 혁명이라는 열차가 과속하기 시작했다.

전쟁이 일어났다. 프랑스 주위의 국가들은 프랑스에 개입할 여력이 없었기 때문에 말로만 위협을 가했지만, 프랑스는 전쟁을 원했다. 왕은 전쟁을 통해 프랑스가 패배하기를 원했고, 군인들은 전쟁을 통해 지위를 강화시키기를 원했다. 또한 혁명가들은 전쟁을 통해 국왕의 정체를 폭로하고 혁명을 수출하기를 원했다. 1792년 4월 프랑스는 선전 포고를 했다. 전선은 이중으로 형성되는 법이다. 외부의 적도 적지만 내부의 적도 적이다. 다시 파리의 민중이 개입했다. 8월 10일 민중은 왕궁을 장악하고 군주정을 종식시켰다. 그들은 감옥을 공격하여 1천 백 명이 넘는 수인(囚人)들을 학살했다. 1792년 9월 제1공화정이 수립되었고, 이듬해 1월 21일 국왕을 처형했다. 돌아올 수 없는 다리를 건넌 것이다. 혁명가들 사이의 투쟁이 격렬해졌고, 파리 민중의 압력이 거세졌다. 방데 지방은 농민들의 반란으로 지역 인구의 3분의 1에 해당하는 20만 명을 잃었다. '인종 학살'에 버금가는 보복을 당한 것이다. 지금도 이 지역 사람들의 기억에 '대전'은 제1차 세계 대전이 아니라 '방데 전쟁'이다.

전쟁과 내전으로 '혁명 열차'는 정상 궤도를 이탈했다. 정상적인 방법으로는 사태를 해결할 수 없었고, 의지할 것이라고는 공포 정치밖에 없었다. 새로운 헌법은 '권리의 평등'에서 향유의 평등으로 나아갔고, 재산권의 신성함을 부인하면서 1789년의 '인권 선언'을 침해했다. 부르주아 혁명에서 사회주의적인 혁명으로의 무리한 전환을 시도한 것이다. 1794년 6월의 법령은 재판 절차를 간소화시켜 증거 없이 사형이 가능하도록 만들었다. 대공포정치로 30만 명에서 50만 명이 수감되었으며, 3만5천~4만 명이 처형당했다. 1794년 7월 27일, 소위 말하는 '테르미도르 반동'이 없었더라면 사태가 어떻게 진전되었을지 예상하기는 어렵지 않다. 1794년 7월 27일 이후 프랑스 혁명은 '혁명성'을 상실하고 현상 유지를 지향한다. 그러나 민중과 단절된 온건 부르주아지들이 좌우의 위협으로부터 의존할 수 있는 것은 군대밖에 없었다. 쿠데타와 전쟁이 지루하게 지속되다가 1799년 나폴레옹 보나파르트가 쿠데타를 통해 권력을 잡고 황제가 되어 혁명을 종식시켰다.

프랑스 혁명 해석은 크게 마르크스주의적인 해석과 자유주의적인 해석으로 대립된다. 마르크스주의 해석은 프랑스 혁명의 원인이 국가

권력과 시민 사회의 괴리라는 구체제의 구조적 모순에 있고 혁명을 통해 시민 사회의 주인공인 부르주아가 정치권력을 장악하게 됐다고 본다. 이 과정에서 특권 계급의 강력한 저항에 직면한 부르주아는 민중 계급에 호소하지 않을 수 없었고 이들의 개입에 의해 봉건적 잔재가 더욱 철저하게 청산될 수 있었다고 본다. 그 결과 프랑스 혁명은 봉건제에서 자본주의로의 이행에서 결정적인 단계를 차지했을 뿐만 아니라 민중 공화정 시기에는 사회주의 혁명의 징조를 보여주었다고 주장한다. 이러한 교조적인 마르크스주의 해석을 수정하는 자유주의 해석은 혁명이 구조적 모순에 의해 발발했음을 부정한다. 전체 인구의 1퍼센트인 귀족이 전체 토지의 20~25퍼센트를 차지했다는 사실은 부의 편중 현상을 보여주는 것이기는 하지만, 그것만으로 혁명의 여건이 성숙했다고 말할 수 없다는 것이다. 수정 해석은 '사건'은 구조의 단순 반영이 아니라 상대적 자율성을 지닌 역동적인 과정임을 강조한다. 자유주의 해석은 18세기 말 프랑스에는 부르주아라고 하는 사회 경제적인 계급이 존재하지 않았다는 이유로 프랑스 혁명이 부르주아 계급에 의한 혁명임을 부정한다. 자유주의 해석은 자코뱅의 공포 정치를 혁명의 심화가 아니라 비정상적인 '일탈'로 본다.

 프랑스 혁명은 왕정을 무너뜨리고 공화정을 세웠으며, 온건 공화정에서 민중 공화정으로 이행하는 등 짧은 기간 동안 여러 가지 정치 체제를 실험한 극적인 사건이었다. 이 과정에서 현대 사회를 지배하는 여러 가지 이데올로기가 생산됐다. 그러나 혁명은 동시에 비극적인 사건이었다. 공포 정치와 내전, 혁명전쟁 등을 통해 수많은 사람들이 목숨을 잃었다. 1793년 11월에 처형당한 롤랑 부인은 "오, 자유여! 너의 이름으로 얼마나 많은 범죄가 저질러졌는가."라는 말을 남겼다. 프랑스 혁명을 생각하는 사람은 '인권 선언'의 의미뿐만 아니라 롤랑 부인의 말에 대해서도 깊이 생각해볼 필요가 있다.

▶ 관련 항목 : 공포 정치, 인간과 시민의 권리선언, 자코뱅주의, 테르미도르 9일

130 프로테스탄티즘
Protestantism

1529년 신성 로마 제국의 황제 카를 5세는 슈파이어에서 제국 의회를 열어 1521년 보름스 제국 의회에서 결정한 루터와 루터 추종자에 대한 추방령을 재확인했으며, 루터주의를 받아들인 지역에서도 가톨릭 의식에 따라 라틴 어로 미사를 지내야 한다고 결정했다. 루터파 제후들과 도시 대표들은 이러한 결정에 '항의'했고, 이때부터 프로테스탄트(항의자)라는 별명을 얻었다.

프로테스탄티즘은 다음 다섯 가지 '오직'을 공유한다. 첫째, 'solus Christus(오직 그리스도)' 그리스도만이 하느님과 인간 사이의 유일한 중재자이다. 여기에서 '만인사제론'이 파생된다. 둘째, 'sola scriptura(오직 성서)' 성서만이 유일하다. 따라서 교황의 교서나 공의회 결정은 권위를 상실한다. 셋째, 'sola fide(오직 믿음)' 그리스도에 대한 믿음만으로 영원한 구원을 받는데 충분하다. 인간의 선행은 부수적이다. 넷째, 'sola gratia(오직 은총)' 구원은 전적으로 하느님의 선물이다. 다섯째, 'soli Deo gloria(오직 하느님에게 영광)' 구원은 오로지 하느님 덕분이니 신에게만 영광을 돌려야 한다.

▶ 관련 항목 : 루터주의, 칼뱅주의, 재세례파

131 프롱드 난
Revolts of the Fronde

프롱드(fronde)란 어린이들이 가지고 노는 투석기이다. 역사적 사건으로서의 '프롱드 난'은 1648년부터 1653년까지 계속된 프랑스에서의 내전을 가리킨다. '프롱드'란 용어는 파리의 군중들이 프롱드(투석기)를 사용하여 마자랭 지지자들 집의 유리창을 부순 데에서 유래했다. 프롱드 난은 고등법원의 프롱드 난과 귀족들의 프롱드 난으로 전개됐다.

1643년 루이 13세가 사망하자 루이 14세가 계승했으나, 다섯 살의 어린 나이였기 때문에 모후인 안 도트리쉬가 섭정을 하게 됐다. 섭정은 국정을 이탈리아인 추기경 마자랭에게 맡겼다. 스페인 출신의 모후와 이탈리아 출신의 수석 대신은 스페인 전쟁을 계속했으나, 쉬운 일이 아니었다. 이 두 사람의 외국인을 상대로, 경쟁자인 지사들을 축출하려는 법관들과 "진정한 가톨릭"인 스페인과 연대하려는 얀센주의자들, 제후들, 1649~1652년의 흉작에 고통을 당하던 민중들이 들고 일어섰다.

재무 총관이었던 이탈리아인 파르티첼리가 전쟁 비용을 마련하기 위해 이제까지 면세 특권을 누리던 파리 시에 타유세를 부과하고, 관직 매매를 늘리자 관직 보유자들과 법관들은 자기들이 보유한 관직의 가격이 떨어지지 않을까 우려했다. 1648년 5월~7월, 고등법원의 프롱드 난이 발발했다. 파리의 최고 법원들(고등법원, 회계원, 보조세법원, 대참사회)의 법관들은 지사 제도를 폐지하고 최고 법원에게 과세 동의권을 주며, 판사의 허락 없이 하루 이상의 투옥을 금지하고, 새로운 관직 창설을 제한하는 내용의 광범위한 개혁안을 제출했다. 혁명적인 수준의 이러한 개혁안은 군주제를 통제하고, 리슐리외의 업적을 무효화하려는 것이었다. 모후와 마자랭은 양보하는 척했지만, 콩데 공이 랑스에서 스페인 군에 승리를 거두자 반격을 가했다. 마자랭과 모후는 주동자인 고등법원 판사 브루셀을 체포했다. 파리는 1,200여 개의 바리케이드가 쳐졌고, 군중들은 돌을 던졌다(fronde). 마자랭은 양보하여 브루셀을 석방했다. 바리케이드는 치워졌지만, 파리의 보좌주교이자 미래의 레(Retz) 추기경인 공디의 선동으로 민중 소요는 가라앉지 않았다. 고등법원은 계속해서 군주제에 대한 통제권을 주장했다. 콩데 공의 군대가 파리 근방에 도착하자 이 틈을 타서 모후와 그의 아들들과 마자랭은 1649년 1월 5일~1월 6일 밤에 파리를 빠져나가 생제르맹 앙 레에 자리 잡았다. 이때의 쓰라린 경험으로 루이 14세는 군중과 고등법원을 믿지 않게 된다. 파리는 격분했다. 고등법원은 민병대를 조직하고 정부의 책무를 맡는다고 선언했다. 4,000개에 이르는 소책자(마자리나드)가 마자랭을 공격했다. 콩티 공과 롱그빌 공작을 위시한 대귀족들이 가담했다. 혁명이 진행 중이던 잉글랜드에서 1649년 1월 국왕 찰스 1세가 처형당했다는 소식이 전해지자 국왕이 굴복했다(1649년 3월 11일 리에유 협정). 이로써 고등법원 프롱드 난이 종결됐다.

그러나 이어서 귀족들의 프롱드 난이 폭발했다. 군주제를 구한다는 자의식을 지녔던 콩데 공은 마자랭의 교체를 요구했다. 1650년 1월 모후와 그의 대신은 콩데 공, 콩티 공, 그리고 롱그빌 공작을 체포하게 했다. 소요가 다시 일어났다. 마자랭은 2월에 프랑스를 떠났고, 콩데 공을 석방시켜, 법관들과 귀족들, 파리 민중 사이에 반목이 일어나기를 기대했다. 귀족들은 귀족들의 석방과 국가의 개혁을 위해 1651년 3월 삼신분회의 소집을 요구했다(실제로 열리지는 않았다). 1652년 마자랭이 6천여 명의 독일 용병을 이끌고 돌아왔다. 콩데가 이들의 파리 진입을 저지했지만, 내전에 지친 파리는 프롱드 난에 반대했다. 고등법원에서도 반대의 목소리가 높아졌고 콩데는 스페인으로 두주했디.

1652년 10월, 모후와 루이 14세는 환호 속에 파리에 입성했고, 마자랭은 1653년 2월 3일에 파리로 돌아왔다. 이로써 귀족들의 프롱드 난이 끝났다.

한편 보르도에서는 느릅나무파(Ormée)가 봉기를 일으켰다(1651~1653). 중소 부르주아지와 관직 보유자들은 중앙 정부의 조세 정책과 상인들과 고등법원의 지방 권력 독점을 비판했다. 이들은 "민중의 목소리는 하느님의 목소리이다."를 외치며, 민주주의적이고 평등주의적인 요구를 제시했다. 잉글랜드의 수평파의 영향을 엿볼 수 있다. 보르도 고등법원이 이들의 모임을 금하자, 이들은 콩데의 부하들과 공모하여 도시 정부를 장악한 후 500인 의회, 30인 참사회 등의 민병대에 기초한 새로운 유형의 도시 정부를 구성했다. 그러나 콩데가 국왕과 화해하자 이들의 운명도 결정됐다. 의회는 폐쇄되었고, 지도자인 뒤르테트가 처형됨으로써 도시 공화정 실험도 종식됐다.

5년간의 소요에 어린이 장난감 이름이 붙여졌다는 사실은 특권 계급, 부르주아지, 민중이 동시에 참여하기는 했으나, 공통된 강령도 지도자도 없었던 이 반란의 기이하고 소란스러운 성격을 잘 보여준다. 프롱드 난은 왕국의 대귀족들이 국왕에게 반대하여 일으킨 마지막 반란이었다. 그것은 한 세계의 끝이었다.

▶ 관련 항목 : 고등법원

132 프리메이슨
Freemason

프리메이슨은 1717년에 영국 런던에서 창설된 비밀 단체이다. 프리메이슨은 '자유 석공(自由石工)'이라는 뜻으로, 역사가들은 그것의 기원을 17세기 잉글랜드와 스코틀랜드의 석공우애조합에서 찾는다. 장인 석공은 정교한 건축공학 지식과 기술을 가진 엘리트였으며 부유한 사업가였다. 석공들은 수세기에 걸쳐 궁정과 교회의 건축가로서 많은 전설과 제례 의식을 만들어 냈다. 점차 동업조합 바깥에 있는 사람들도 프리메이슨을 예루살렘 대성전 건축가인 히람을 비롯한 고대 지식인들

♠ 라파예트의 칼. 프리메이슨의 상징들이 새겨졌다.

의 지혜와 비밀에 접근하는 수단으로 보고 관심을 가졌으며 이 단체에 입문했다. 그 결과 프리메이슨은 '석공 조합'이 아니라 '사유하는 사람들'의 단체로 변했다. 대귀족을 위시한 많은 사람들이 가입했다.

프리메이슨은 가톨릭교회의 박해를 받았다. 종교적 상대주의를 주장하여, 가톨릭교회의 우월성을 인정하지 않았기 때문이다. 가톨릭교회는 프리메이슨의 가르침과 의식 가운데 많은 것들이 유대인의 카발라와 연관되어 있다고 보았으며, 유대교와 프로테스탄트, 프리메이슨을 '사탄의 삼총사'라고 비난했다. 프리메이슨은 공식적으로 금지됐다. 그럼에도 1750년대에 프리메이슨은 파리와 주요 도시에 집회소를 세웠다. 프랑스 혁명 직전에 전국적으로 600개 이상의 지부, 5만 명 내지 10만 명의 프리메이슨 단원이 있었다. 당시 도시 성인 남자 20명

가운데 1명꼴이었다.

앤더슨(Anderson)의 규정에 의하면 여성은 프리메이슨에 가입할 수 없었다. 실제로 1769년에 한 프리메이슨은, 단원의 첫 번째 자질은 자유이고 여성에게는 자유가 허용되지 않는다고 말했다. 그러나 여성이 배제되었던 것은 아니다. 1770년대부터 남녀 혼성 지부에는 남성 대장인뿐만 아니라 여성 대장인도 참석했다. 여성 단원들은 임원 선출과 공식 의식에도 참여했다. 1780년대에 일부 혼성 지부는 성적 평등과 여성의 고등 교육 권리 심지어는 무기 소지권을 변호했다. 이들을 혁명 초기에 나타난 여성 공화주의자 클럽의 선구로 볼 수 있다. 그럼에도 대다수의 집회소는 남성, 특히 부유한 장인들로 구성됐다. 미숙련 노동자는 상대적으로 적었다. 단원 자격의 필수 조건이었던 문자 해독 능력과 고가의 입회비는 가난한 회원의 입회를 막는 장애물이었다. 프리메이슨은 조직을 주도하는 부르주아 상인, 은행가, 법률가, 관리, 수도 성직자, 고등법원 법관, 귀족 등 다양했다.

프리메이슨은 합리주의와 세계 시민주의를 표방했으며, 종교적으로는 관용을 제창했다. 비교(秘敎)와 신비주의로 장식된 프리메이슨의 사회성과 의식(儀式)에는 평등주의적 요소가 뚜렷했다. 회합 안에서는 사회적 지위를 막론하고 모두 '형제'라고 불렀다. 입회 의식 역시 평등주의를 함축했다. 겉옷의 보석을 제거하고 왼팔을 벗어 심장 가까운 가슴을 노출한 것은 출생, 지위, 특권이란 우연적 요소를 제거하여 입회자가 형제로서 공유하는 보편적 인간성을 드러내는 상징이었다. 프리메이슨은 귀족과 부르주아 단원들에게 평등주의와 능력주의 정신을 고취시켰다. 그러나 이들이 민중적 세계관에 동의한 것은 아니었다. 르프랑 신부와 바뤼엘 신부는 프랑스 혁명을 프리메이슨의 음모로 서술하여 음모론적 해석을 제시했으나, 밝혀진 바는 없다. 현대 역사학에서는 프랑수아 퓌레가 프리메이슨의 도덕주의와 평등주의를 자코뱅주의의 선구로 평가했다. 프리메이슨과 프랑스 혁명의 관계는 역사학자들의 관심을 끄는 주제인데, 바이이·탈레랑·브리소·라파예트·콩도르세·마라 등은 프리메이슨이었으나, 카미유 데물랭·당통·로베스피에르는 프리메이슨이 아니었다. 프랑스 혁명과 프리메이슨의 연관성을 과장할 필요는 없을 것 같다.

정치적으로 대부분의 전체주의는 프리메이슨을 공격했다. 공산주의에게 프리메이슨은 계급투쟁의 적이며 반혁명적인 단체였다. 트로츠키는 프리메이슨을 계급투쟁의 적이라고 비판했다. 프랑스 공산당은 당원들에게 프리메이슨을 탈퇴하기를 명했다. 나치는 '바람직하지 못한 인종'이라는 이름으로 죽었거나, 레지스탕스에 가담했기 때문에 죽은 프리메이슨을 포함해서 대략 8만 명에서 20만 명의 프리메이슨을 학살했다.

현재 프리메이슨은 전 세계에 약 6백만 명 정도 있으며, 이 가운데 미국에 4백만 명, 영국에 75만 명 정도가 있는 것으로 알려져 있다. 프리메이슨에는 전체를 통제하는 본부가 없이 '로지(Lodge, 작은 집)'라고 불리는 각국의 지부가 있을 뿐이다. 로지는 다른 로지로부터 인증됨으로써 프리메이슨의 네트워크로 들어올 수 있다. 미국 독립선언서를 기초한 56명 가운데 50명이 프리메이슨으로 알려져 있으며, 조지 워싱턴·에이브러햄 링컨·시어도어 루스벨트·리처드 닉슨·빌 클린턴 등 전직 미국 대통령들과 영국의 윈스턴 처칠 총리도 프리메이슨으로 알려져 있다.

▶ 관련 항목 : 성전 기사단

ㅎ

133 한자 동맹
Hanseatic League

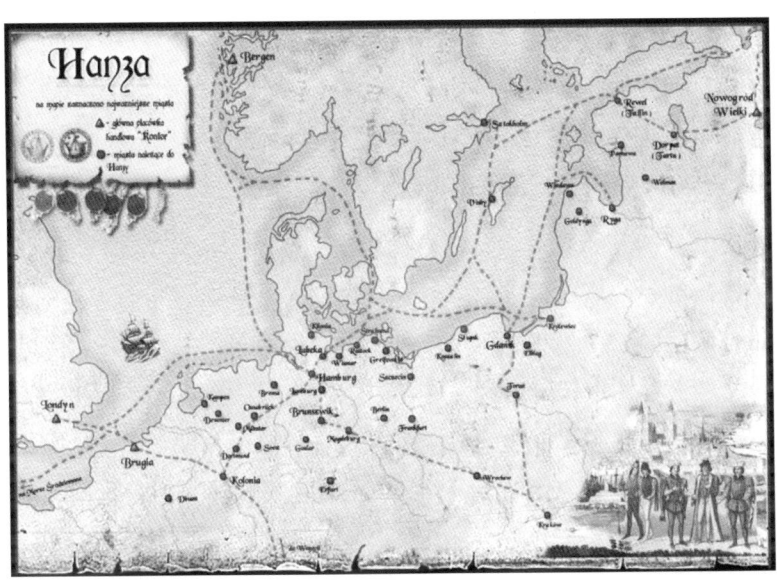

♠ 중세 한자 동맹을 나타낸 지도.

한자(Hansa)라는 말은 '결합하다'라는 뜻으로 12세기에서 17세기 사이에 북해와 발트 해에서 번창한 상업 도시들의 동맹체를 지칭한다. '한자'라는 단어는 1267년에 문서에 처음 나오지만, 상인들은 그 이전에 이미 '한자'를 조직했다. 한자의 중심 도시는 1158년에 세워진 뤼

벡(Lübeck)이다. 한자는 런던, 브루헤, 베르겐, 노보고로드 등 북방의 주요 교역 중심지에 상관을 설치했으며, 한창 때에는 180여 개의 도시가 동맹에 가입했다. 한자는 30년 전쟁으로 쇠퇴한다. 1669년에 마지막 한자 동맹 회의가 열렸다.

134 헬레니즘
Hellenism

헬레니즘(Hellenism)은 'Hellen(헬렌)'에서 유래한 말이다. 그리스 신화에서 헬렌은 프로메테우스의 손자이며, 프티아의 왕이다. 그리스인들은 헬렌을 기리기 위해 자신들을 '헬렌(hellenes)'이라고 부른다. 헬렌은 그리스인들의 명조(名祖)인 것이다. 그러니 넓은 의미로 헬레니즘은 고대 그리스인들의 문화에 충실하자는 주의(主義)를 가리킨다고 말할 수 있다.

역사적으로 헬레니즘 시대는, 기원전 323년 알렉산드로스 대왕의 죽음부터 기원전 30년 이집트의 멸망까지의 약 300년간을 가리킨다. 1863년 독일의 역사가인 드로이젠은 『헬레니즘 사(史)』에서 그리스 문명의 확산과 융합을 가리키기 위해 '헬레니즘'이라는 용어를 사용했다. 그러니 헬레니즘이란 그리스의 문화와 오리엔트의 문화가 상호 영향을 주고받으면서 융합된 문화를 가리킨다.

헬레니즘은 헤브라이즘과 함께 서양 문명의 두 원류를 구성한다. 신 중심적이고 내세 중심적인 헤브라이즘과 대조되는 헬레니즘은 헬레니즘 철학 속에 잘 나타나 있다. 헬레니즘 철학을 대표하는 것은 에피쿠로스주의와 스토아주의이다. 에피쿠로스주의는 욕망을 줄임으로써 행복을 극대화하자는 주의이다. 그러니 에피쿠로스주의를 쾌락을 추구하는 쾌락주의라고 번역하는 것은 치명적인 오류이다. 에피쿠로스주의는 쾌락주의가 아니라 금욕주의이다. 에피쿠로스주의는 문명은 인간의 욕망을 부추겨 인간을 불행하게 만들기 때문에 문명으로부터 벗어날 것을 가르친다. 문명에는 사회 제도와 관습뿐만 아니라 신, 내세, 영혼, 천국, 지옥 등이 포함된다. 종교는 인간의 불안이나 공포심을 조장하여, 인간을 불행하게 만든다. 에피쿠로스에 의하면, "죽음은 아무것도 아니다. 현세에서 최대한 행복을 누려야 하는 것이다." 근대 초

♠ 헬레니즘의 대표적인 조각물 라오쿤 군상(Laocon and His Sons).

에 에피쿠로스가 무신론자를 지칭하는 단어로 사용된 것은 이러한 이유에서이다. 에피쿠로스주의야말로 헤브라이즘과 대조되는 인본주의의 근간이라고 말할 수 있다. 스토아주의 역시 본질적으로는 에피쿠로스주의와 마찬가지로 금욕주의이다. 그러나 에피쿠로스주의가 욕망을 줄여 행복에 도달한다면, 스토아주의는 감정의 개입을 차단하여 이성에 의한 평정에 도달하고자 하는 이성주의이다. 이러한 의미에서 스토아주의 역시 신앙 중심주의인 헤브라이즘과 대조된다. 또 자연은 합리적으로 이해할 수 있는 원칙에 의해 지배된다고 보는 관점에서 자연주의이다. 스토아주의자들에게 있어서 "자연으로 돌아가라!"는 말은 "이성으로 돌아가라!"는 말과 같은 의미를 지니고 있다.

135 휴머니즘
Humanism

휴머니즘(Humanism)이란 19세기 초 독일의 교육학자인 니이타머가 중등학교에서 인성 교육을 위해 고전 교육을 강화하려는 뜻에서 만든 용어이다. 휴머니즘이 이렇게 고전 교육과 관계있다는 것은 '휴머니스트'라는 말에서 잘 드러난다. 'humanist(라틴 어의 humanista와 이탈리아 어의 umanista)'라는 말이 처음 사용된 것은 15세기 후반으로, 이탈리아의 대학에서 고전을 가르치는 교수를 지칭했다. '후마니타스'는 그리스 어 '파이데이아(교양, 교육)'를 라틴 어로 옮긴 것이다. 인간성·인간다움의 뜻을 가지고 있는 후마니타스에는 야만과 무지에 반대되는 교양·교육·학식·학문의 뜻이 담겨 있다. 휴머니즘은 교양 교육을 통해서 인간의 덕성을 높이려는 사상이었다. 이런 의미에서 르네상스 휴머니즘은 '인문주의'로 옮길 수 있다.

그러나 르네상스 휴머니즘이 교육 운동으로만 그친 것은 아니다. 르네상스 인문주의자들은 고전 연구를 통해 기독교 이전 시대의 삶과 사상에 대해 연구한 것이다. 그들은 고전에서 내세의 구원만을 바라는 중세 기독교적인 삶이 아니라 현세의 자연스러운 삶을 발견할 수 있었다. 그들은 고전에서 원죄에 신음하는 비참한 인간이 아니라 스스로의 운명을 개척하는 적극적인 인간을 발견할 수 있었다. 따라서 고전은 인문학자들에게 직업의 도구만이 아니라 삶과 세상을 바라보는 새로운 눈을 제공해 준 것이다. '인간의 발견'은 인간의 자유와 존엄성에 대한 발견으로 이어졌다. 이러한 관념은 르네상스 시대의 마네티, 피치노, 피코 같은 신플라톤주의 철학자들에 의해 옹호됐다. 피코는 『인간의 존엄성에 대하여』에서 "오직 인간에게만 스스로의 자유의사에 따라 성장 발전할 수 있는 가능성이 주어져 있다."고 강조함으로써 신의 피조물 가운데 인간만이 자유 의지에 따라 천사의 경지에 도달할 수도 동물의 상태로 전락할 수도 있다고 말했다. 인간은 자신의 운명을 결정할 수 있다는 피코의 믿음은 중세의 부정적 인간관을 긍정적 인간관으로 바꾸어 놓았다. 이러한 차원에서의 르네상스 휴머니즘은 인본주의라고 번역할 수 있을 것이다.

르네상스 시대의 지적 운동으로서의 휴머니즘은 인문주의 또

▲ 미켈란젤로의 피에타(Pieta, 1498~1499).

는 인본주의라는 의미를 가지고 있다. 그러나 인간 철학으로서의 휴머니즘은 다양하고 모순적인 의미를 가지고 있는 혼란스러운 개념이다. 휴머니즘은 인간의 가치와 존엄성을 강조하는 개념이다. 그러나 인간의 가치와 존엄성은 입장과 관점에 따라 달라진다. 종교가 인간을 존엄하게 한다고 보는 사람은 종교적 휴머니즘을 말하는 반면, 종교에서 벗어나는 것이 휴머니즘이라고 보는 사람도 있다. 과학 기술이 인간을 존엄하게 한다고 보는 사람은 과학적 휴머니즘을 말할 수 있지만, 과학 기술이 인간을 소외시킨다고 보는 사람은 과학을 반(反)휴머니즘으로 볼 수 있다. 마르크스주의를 휴머니즘으로 볼 수도 있고 반(反)휴머니즘으로 볼 수도 있다. 이렇듯 모든 것이 휴머니즘이 될 수도 있는가 하면 반(反)휴머니즘이 될 수도 있는 것이다.

▶ 관련 항목 : 르네상스

세계사 연대표

BC 4000년	도시들의 형성		AD 25년	후한의 광무제 즉위
3300년	이집트, 문명의 시작		54년	로마 황제 네로 즉위
3200년	문자의 발명		96년	네르바, 로마 황제가 되어 5현제 시대 개막
2500년경	인더스, 문명의 발흥			
1850년	『함무라비법전』 편찬		105년	후한의 환관 채륜, 종이를 발명
1200년	페니키아인, 알파벳 발명		220년	중국, 삼국시대
1100년경	중국, 주 왕조 성립		226년	사산왕조페르시아 성립
814년	페니키아, 카르타고 건설		286년	로마 분할 통치
776년	그리스, 올림픽 경기 시작		306년	콘스탄티누스 황제 즉위
492년	페르시아전쟁 시작		313년	로마, 그리스도교 공인
483년경	인도, 석가 열반		316년	중국, 5호16국시대(~439)
479년	공자의 죽음		317년	중국, 동진의 성립(~419)
431년	펠로폰네소스전쟁 발발		320년	인도, 굽타왕조 성립(~550)
403년	중국, 전국시대 시작		325년	니케아 공의회
399년	소크라테스의 죽음		375년	게르만족의 대이동
337년	마케도니아의 그리스 정복		385년	인도, 찬드라굽타 2세의 치세(~413?)
335년	아리스토텔레스, 리케이온 설립			
330년	알렉산더대왕의 소아시아 정복		392년	로마, 그리스도교를 국교로 승인
221년	진의 시황제, 중국 통일을 완성하고 황제를 칭함		395년	로마제국, 동서로 분열
			436년	아우구스티누스『신국론』저술
218년	제2차 포에니전쟁(한니발전쟁) 발발		476년	서로마제국 멸망
			484년	동·서교회의 분리
202년	한 제국 건설		486년	프랑크왕국 성립
58년	카이사르, 갈리아 정복		500년	인도, 힌두교 창시
31년	악티움해전		527년	유스티니아누스 1세 즉위(~565)
27년	아우구스투스 즉위(로마제정의 시작)		529년	『유스티니아누스법전』(로마법대전) 편찬
4년	예수 그리스도의 탄생			
			552년	돌궐제국 성립
			579년	이슬람교의 창시자 마호메트 출생

589년	중국, 수(隋)의 중국 통일
606년	비잔티움 제국과 사산왕조페르시아의 싸움
610년	이슬람교 창시
618년	당(唐)의 건국
646년	당의 현장, 인도 여행 『대당서역기』 저술
687년	피핀, 프랑크왕국의 정권 장악
732년	프랑크왕국, 사라센의 침입 격퇴
750년	위구르, 내몽골 통일. 아바스왕조 성립(~1258)
751년	카롤루스 왕조 성립(~1258)
800년	로마제국의 부활
8세기경	북방 게르만족인 바이킹(노르만족) 대이동 시작
843년	베르조약 체결
862년	러시아 건국
870년	메르센조약, 프랑크왕국 분열
875년	중국, 황소의 난(~884)
907년	중국, 당의 멸망. 5대10국 시대(~960)
916년	거란, 요의 건국(~1125)
960년	중국, 송(宋)의 건국(~1227)
962년	신성로마제국 성립(~1806)
979년	송 태종, 북한 평정하고 중국 통일
987년	프랑스 위그 카페, 카페왕조 시작
1000년	송, 나침반·화약 발명
1057년	신성로마제국 황제 하인리히 4세 즉위
1066년	노르만족, 잉글랜드 정복
1077년	카노사의 굴욕
1084년	송의 사마광, 『자치통감』 편찬
1096년	제1차 십자군원정
1115년	여진, 금(金)의 건국(~1234)
1127년	중국, 북송 멸망. 남송 건국(~1279)
1152년	신성로마제국황제 프리드리히 1세 즉위
1163년	프랑스, 노트르담대성당 건설 시작
1169년	잉글랜드, 아일랜드 정복
1170년	옥스퍼드대학교 설립
1180년	파리대학교 설립
1192년	일본, 가마쿠라막부 수립
1204년	십자군의 콘스탄티노플 약탈
1206년	몽골의 테무진, 칭기즈칸이 됨
1215년	영국, 마그나카르타 제정
1241년	한자동맹 성립
1254년	독일 대공위시대(~1273)
1271년	원(元)의 성립(~1368)
1299년	오스만튀르크제국 건국(~1922)
1299년	마르코 폴로, 《동방견문록》 발간
1302년	삼신분회 소집
1309년	교황의 아비뇽유수(~1337)
1337년	백년전쟁 발발
1347년	유럽에 흑사병 대유행
1368년	중국, 원 멸망. 명(明)건국(~1664)
1369년	티무르왕조 성립(~1508)
1378년	교회 대분열 시대(~1417)
1381년	와트 타일러의 난
1429년	잔 다르크, 영국군 격파
1450년	구텐베르크, 금속활자에 의한 인쇄술 발명
1453년	비잔티움 제국 멸망
1455년	장미전쟁(~1485)
1479년	에스파냐 왕국 성립
1485년	헨리 7세, 튜더 왕가 시작
1488년	디아스, 희망봉 발견
1492년	콜럼버스, 신대륙 발견
1498년	바스코 다 가마, 인도 항로 개척

1502년	사파비왕조 창건(~1736)	1636년	후금 태종, 국호를 청으로 바꿈
1511년	에라스무스, 『우신예찬』 저술	1642년	잉글랜드, 청교도혁명
1517년	루터, 독일 종교개혁 시작	1644년	크롬웰의 철기대, 왕당군 격파
1519년	마젤란, 세계일주 항해(~1522)	1648년	베스트팔렌조약 체결
1526년	무굴제국 성립(~1857)	1649년	잉글랜드, 공화정(~1660)
1534년	잉글랜드국교회의 성립(수장법)	1651년	크롬웰, 항해조례 발표
1536년	칼뱅, 종교개혁	1661년	청(淸)의 강희제 즉위(~1722)
1543년	코페르니쿠스, 지동설 주장	1665년	뉴턴, 만유인력의 법칙 발견
1545년	트렌토 공의회(~1563)	1673년	청, 삼번의 난(~1681)
1555년	아우크스부르크화의	1674년	시바지, 인도의 마라타왕국을 세움
1559년	엘리자베스 1세, 영국 교회 기초 확립	1688년	잉글랜드, 명예혁명
1560년경	명, 일조편법 실시	1689년	잉글랜드, 권리장전 제정
1562년	위그노전쟁(~1598)	1689년	청과 러시아, 네르친스크조약 체결
1565년	에스파냐, 필리핀 점령	1701년	에스파냐계승전쟁(~1714)
1581년	네덜란드, 독립선언	1701년	프로이센왕국 성립
1582년	그레고리우스력(현재의 태양력) 제정	1709년	제2차 북방전쟁 발발
1582년	갈릴레이, 중력의 법칙 발견	1710년	베르사유궁전 완성
1588년	잉글랜드 해군, 에스파냐 무적함대 격파	1713년	위트레흐트조약
1590년	도요토미 히데요시, 일본 통일	1714년	하노버왕가 성립
1598년	낭트칙령	1735년	청의 건륭제 즉위
1600년	잉글랜드, 동인도회사 설립(~1858)	1740년	오스트리아계승전쟁
1603년	잉글랜드, 스튜어트왕가 성립(~1714)	1748년	몽테스키외『법의 정신』저술
1603년	일본, 에도막부 성립(~1867)	1751년	프랑스,『백과전서』(디드로, 달랑베르 감수)간행. 볼테르『루이14세 시대』완성
1613년	로마노프왕조 성립(~1917)	1753년	런던에 대영박물관 설립
1616년	누르하치, 후금의 건국	1756년	7년전쟁 시작
1618년	30년전쟁(~1648) 시작	1757년	영국과 인도, 플라시전투
1620년	잉글랜드의 청교도, 아메리카대륙으로 이주	1762년	루소,『사회계약론』저술
1628년	잉글랜드, 권리청원 제출	1763년	파리조약 체결
1630년	인도, 타지마할 건립(~1648)	1769년	와트, 증기기관 발명
1632년	갈릴레이, 지동설 주장	1774년	괴테,『젊은 베르테르의 슬픔』완성
		1775년	미국독립전쟁(~1783)
		1776년	미국, 독립선언

1789년	프랑스, 대혁명 시작	1878년	베를린회의
1793년	프랑스 혁명기의 공포정치 시작	1882년	삼국동맹(독일 · 오스트리아 · 이탈리아) 성립
1798년	나폴레옹, 이집트원정		
1804년	나폴레옹 1세 즉위(~1814)	1884년	청-프랑스전쟁 발발
1804년	『나폴레옹법전(프랑스인민민법전)』 제정	1894년	청일전쟁(~1895)
		1896년	헤르츨, 시온주의운동 제창
1806년	라인동맹 성립, 신성로마제국 멸망	1896년	제1회 올림픽대회
1815년	워털루싸움	1898년	중국, 무술정변
1821년	그리스독립전쟁(~1829)	1898년	파쇼다사건
1823년	미국 대통령 먼로, 먼로주의 선언	1899년	보어전쟁
1830년	프랑스, 7월혁명	1900년	중국, 의화단운동(~1901)
1840년	아편전쟁 발발	1904년	러일전쟁(~1905) 발발
1842년	난징조약	1905년	러시아, 피의 일요일
1848년	마르크스, 공산당선언 발표	1907년	삼국협상(영국 · 프랑스 · 러시아)
1848년	독일, 3월혁명	1910년	대한제국, 일본에 합병
1851년	프랑스 대통령 루이 나폴레옹, 쿠데타	1911년	신해혁명
		1914년	제1차 세계대전(~1918) 발발
1853년	크림전쟁 발발	1914년	파나마운하 개통
1856년	애로호사건(~1860)	1915년	중국, 문학혁명
1857년	인도, 세포이의 항쟁(~1860)	1917년	러시아, 10월혁명
1858년	무굴제국 멸망. 청, 톈진조약 · 아이훈조약 체결	1918년	미국 윌슨, 평화원칙 14개조 발표
		1919년	베르사유조약
1859년	다윈, 『종의 기원』 출간	1920년	국제연맹 창립
1860년	베이징조약	1921년	중국공산당 성립
1861년	미국, 남북전쟁(~1865) 발발	1922년	소련 성립
1861년	이탈리아왕국 성립	1922년	터키혁명
1863년	링컨, 노예해방 선언	1925년	5 · 30사건 발발
1866년	프로이센-오스트리아전쟁 발발	1925년	로카르노조약
1868년	일본, 메이지유신	1927년	중국, 난징에 국민정부 수립
1869년	수에즈운하 개통	1928년	소련, 토지사유금지령 제정
1870년	프랑스-프로이센전쟁	1928년	파리조약 조인
1871년	독일제국 재건	1929년	뉴욕의 주가 대폭락, 세계 대공황 시작
1875년	프랑스 제3공화정 성립		
1877년	러시아-투르크전쟁(~1878)	1930년	인도의 간디, 소금 행진

1931년	마오쩌둥, 중화 소비에트 임시정부 수립
1931년	만주사변 발발
1932년	만주국 성립
1933년	히틀러, 독일 총리 취임
1933년	뉴딜정책 실시
1937년	중일전쟁 시작
1938년	독일, 오스트리아 합병
1938년	뮌헨회담 개최
1939년	제2차 세계대전 시작
1941년	대서양헌장 발표
1941년	태평양전쟁(~1945) 발발
1942년	독일의 소련 침공
1943년	제1차 카이로회담
1943년	테헤란회담
1944년	노르망디 상륙
1944년	파리 해방
1945년	얄타회담
1945년	포츠담선언
1945년	국제연합(UN) 성립
1945년	일본, 무조건 항복

찾아보기

ㄱ

가격혁명 Price Revolution 13
계몽사상 Enlightenment 16
고등 법원 Parlement 21
고딕 성당 Gothic Cathedral 23
공산주의 Communism 24
공상적 사회주의 Utopian Socialism 28
공안위원회 Comité de salut public 30
공의회 Council 31
공포 정치 La Terreur 33
공화국 Republic 35
과학혁명 Scientific Revolution 37
관용 Tolérance 40
광교파 Latitudinarianism 45
교회의 대분열 46
구체제 Ancien Régime 49
국가사회주의 Nazism 52
국가이성 Raison d'Etat 55
귀족 nobility 58
금서 목록 Index librorum prohibitorum 61
금인칙서 Golden Bull 63
기사도 chivalry 64
길드 Guild 68

ㄴ

낭만주의 Romanticism 73
낭트 칙령 Edict of Nantes 76
노예 Slave 78
노예무역 Slave trade 83
농노 Serf 87
농노 해방 Emancipation of Serfs 90

ㄷ

대학 Universitas 93
대헌장 Magna Carta 96
데카브리스트의 난 Dekabrist 97
도나티즘 Donatism 98
도덕 경제 Moral Economy 100
도시국가 polis 100
도편추방제 Ostracism 102
독일 농민 전쟁 der Deutsche Bauernkrieg 103
둠즈데이 북 Doomsday Book 106
드레퓌스 사건 Dreyfus Affair 107
디거스 Diggers 113

ㄹ

라티푼디움 Latifundium 115
러시아 혁명 Russian Revolution 116
레닌주의 Leninism 118
로마네스크 양식 Romanesque 121
로코코 양식 Rococo 123
루터주의 Lutherism 123

르네상스 Renaissance 129
리소르지멘토 Risorgimento 132

ㅁ

마녀사냥 witch-hunting 135
마르크스주의 Marxism 138
마키아벨리즘 Machiavellism 143
매카시즘 McCarthyism 144
맬서스의 세계 Malthusianism 145
면벌부 Indulgentia 147
명예혁명 Glorious Revolution 149
목동 십자군 152
무정부주의 Anarchism 154
문화투쟁 158
미국 혁명 American Revolution 160
민족주의 Nationalism 164

ㅂ

바로크 양식 Baroque 169
반교권주의 Anticlericalism 170
반유대주의 Antisemitism 172
밸포어 선언 The Balfour Declaration 176
범신론 Pantheism 177
보나파르트주의 Bonapartism 178
볼셰비키 Bolshevik 181
봉건제 Feudalism 183
부르주아지 bourgeoisie 187
브나로드 운동 V narod movement 189
비시 정부 Vichy government 191

ㅅ

사회적 다윈주의 Social Darwinism 199
사회주의 Socialism 202
산악파 Montagnards 203
산업 혁명 Industrial Revolution 205
삼신분회 Etats généraux 208
상퀼로트 Sans culottes 210
생디칼리슴 Syndicalisme 213
성상 파괴 운동 Iconoclasm 215
성전 기사단 Templars 218
소비에트 Soviet 221
수평파 Levellers 221
시오니즘 Zionism 222
신성 로마 제국 The Holy Roman Empire 223
실재론 Realism 228
십자군 Crusades 229

ㅇ

아날학파 Annales School 233
아르미니우스주의 Arminianism 241
얀센주의 Jansénisme 242
어린이 십자군 Children's Crusade 244
에라스투스주의 Erastianism 247
역사주의 Historism / Historicism 248
예수회 Society of Jesus 250
오리엔탈리즘 Orientalism 253
왕 King 254
유럽연합 EU 259
유토피아 Utopia 261
의회 parliament 264
이단 Heresy 268

이신론Deism 270
인간과 시민의 권리 선언Déclaration des Droits de lhomme et du citoyen 273
인종 학살Genocide 277
인클로저Enclosure movement 285

ㅈ

자본주의capitalism 287
자연법Natural law 290
자유사상가Libertin 294
자유주의Liberalism 295
자코뱅주의Jacobinism 297
장원Manor 300
재세례파Anabaptists 303
재정복Reconquista 306
전체주의totalitarianism 308
절대주의Absolutism 311
제국주의Imperialism 312
젠더Gender 315
젠트리Gentry 317
조합주의Corporatism 318
중농주의Physiocray 319
중상주의Mercantilism 321

ㅊ

청교도puritans 325
청교도 혁명Puritan Revolution 327
초야권Droit de cuissage 331

ㅋ

칼뱅주의Calvinisme 333
콘스탄티누스 황제의 기진장Donatio Constantini 338

ㅌ

타보르파Taborites 341
테르미도르 9일Thermidor 342
트렌토 공의회Council of Trento 344

ㅍ

파리코뮌Paris Commune 347
파시즘Fascism 351
프랑스 혁명French Revolution 356
프로테스탄티즘Protestantism 361
프롱드 난Revolts of the Fronde 362
프리메이슨Freemason 364

ㅎ

한자 동맹Hanseatic League 369
헬레니즘Hellenism 370
휴머니즘Humanism 372

참고문헌

- 강철구, 『역사와 이데올로기』, 용의 숲, 1994.
- 김영한 외, 『서양의 지적운동 1』, 지식산업사, 1994.
- 김영한 외, 『서양의 지적운동 2』, 지식산업사, 1998.
- 김용우, 『호모 파시스투스. 프랑스 파시즘과 반혁명의 문화혁명』, 책세상, 2005.
- 김응종, 『아날학파의 역사세계』, 아르케, 2001.
- 김응종, 『서양의 역사에는 초야권이 없다』, 푸른역사, 2005.
- 김응종, 『페르낭 브로델』, 살림, 2006.
- 나종일·송규범, 『영국의 역사』 2권, 한울 아카데미, 2005.
- 다니엘 리비에르, 최갑수 옮김, 『프랑스의 역사』, 까치, 1998.
- 로버트 팩스턴, 손명희·최희영 옮김, 『파시즘. 열정과 광기의 정치혁명』, 교양인, 2005.
- 데틀레프 포이케르트, 김학이 옮김, 『나치시대의 일상사』, 개마고원, 2003.
- 로베르 뮈샹블레, 노영란 옮김, 『악마. 천년의 역사』, 박영률 출판사, 2006.
- 라인하르트 코젤렉, 한철 옮김, 『지나간 미래』, 문학동네, 1998.
- 로제 샤르티에, 백인호 옮김, 『프랑스혁명의 문화적 기원』, 일월서각, 1998.
- 롤란드 베인톤, 이종태 옮김, 『마르틴 루터의 생애』, 생명의 말씀사, 1982.
- 마르크 블로크, 김용자 옮김, 『이상한 패배. 1940년의 증언』, 까치, 2002.
- 박상철 외, 『꿈은 소멸하지 않는다』, 한겨레출판, 2007.
- 박지향, 『영국사. 보수와 개혁의 드라마』, 까치, 1997.
- 박지향, 『슬픈 아일랜드』, 새물결, 2002.
- 박지향, 『일그러진 근대』, 푸른역사, 2003.
- 박지현, 『누구를 위한 협력인가. 비시프랑스와 민족혁명』, 책세상, 2004.
- 배영수 편, 『서양사강의』, 한울 아카데미, 2000.
- 백인호, 『프랑스 혁명과 종교』, 한국문화사, 2007.
- 브래들리, 차전환 옮김, 『로마제국의 노예와 주인』, 신서원, 2001.
- 슈테판 츠바이크, 안인희 옮김, 『폭력에 대항한 양심. 칼뱅에 맞선 카스텔리오』, 자작나무, 1998.

- 안병직 외, 『세계의 과거사 청산』, 푸른역사, 2005.
- 알렉시 드 토크빌, 이용재 옮김, 『앙시앵 레짐과 프랑스혁명』, 박영률 출판사, 2006.
- 알베르 소부울, 최갑수 옮김, 『프랑스대혁명사』 2권, 두레, 1984.
- 앙리 피렌느, 강일휴 옮김, 『중세 유럽의 도시』, 신서원, 1997.
- 에드워드 맥닐 번즈 외, 박상익·손세호 옮김, 『서양문명의 역사』 4권, 소나무, 1994-1997.
- 에드워드 사이드, 박홍규 옮김, 『오리엔탈리즘』, 교보문고, 1991.
- 엠마뉘엘 토드, 김경근 옮김, 『유럽의 발견. 인류학적 유럽사』, 까치, 1997.
- 엠마뉘엘 르루아 라뒤리, 유희수 옮김, 『몽타이유』, 길, 2006.
- 이성형, 『콜럼버스가 서쪽으로 간 까닭은?』, 까치, 2003.
- 이용우, 『프랑스의 과거사 청산』, 역사비평사, 2008.
- 자크 르 고프, 최애리 옮김, 『연옥의 탄생』, 문학과지성사, 1995.
- 조르주 뒤비, 최애리 옮김, 『중세의 결혼. 기사, 여성, 성직자』, 새물결, 1999.
- 조셉 폰타나, 김원중 옮김, 『거울에 비친 유럽』, 새물결, 1999.
- 조지 이거스, 임상우·김기봉 옮김, 『20세기 사학사. 포스트모더니즘의 도전, 역사학은 끝났는가?』, 푸른역사, 1998.
- 조한욱, 『문화로 보면 역사가 달라진다』, 책세상, 2000.
- 존 베리, 박홍규 옮김, 『사상의 자유의 역사』, 바오, 2005.
- 주경철, 『문화로 읽는 세계사』, 사계절, 2005.
- 주경철, 『대항해시대』, 서울대학교출판부, 2008.
- 최창모, 『기억과 편견. 반유대주의의 뿌리를 찾아서』, 책세상, 2004.
- 콜린 윌슨, 황종호 옮김, 『잔혹, 피와 광기의 세계사』, 하서, 2003.
- 패트릭 기어리, 이종경 옮김, 『민족의 신화. 그 위험한 역사』, 지식의 풍경, 2004.
- 프랑수아 퓌레·드니 리셰, 김응종 옮김, 『프랑스혁명사』, 일월서각, 1990.
- 프랭크 매뉴얼, 차하순 옮김, 『계몽사상시대사』, 탐구신서, 1976.
- 토머스 매든, 권영주 옮김, 『십자군』, 루비박스, 2005.
- 페르낭 브로델, 주경철 옮김, 『물질문명과 자본주의』 6권, 까치, 1995~1997.
- 폴 존슨, 김한성 옮김, 『유대인의 역사』 3권, 살림, 2005.
- 폴 존슨, 윤철희 옮김, 『지식인의 두 얼굴』, 을유문화사, 2005.
- 퓌스텔 드 쿨랑주, 김응종 옮김, 『고대도시』, 아카넷, 2000.
- 한나 아렌트, 박미애·이진우 옮김, 『전체주의의 기원』 2권, 한길사, 2006.

서양사 개념어 사전

펴낸날	초판 1쇄 2008년 7월 23일
	초판 10쇄 2018년 8월 16일

지은이	김응종
펴낸이	심만수
펴낸곳	(주)살림출판사
출판등록	1989년 11월 1일 제9-210호

주소	경기도 파주시 광인사길 30
전화	031-955-1350　팩스 031-624-1356
홈페이지	http://www.sallimbooks.com
이메일	book@sallimbooks.com

ISBN	978-89-522-0966-5　03900
	978-89-522-0968-9　03900(세트)

살림Friends는 (주)살림출판사의 청소년 브랜드입니다.

※ 값은 뒤표지에 있습니다.
※ 잘못 만들어진 책은 구입하신 서점에서 바꾸어 드립니다.